汪堂家文集

著述卷

本书由上海文化出版基金会图书出版专项基金资助出版

Essays on Philosophical Concepts
哲学的追问
——哲学概念清淤录

汪堂家 著

复旦大学出版社

《汪堂家文集》编纂组（按姓名拼音为序）

郝春鹏　　黄　韬　　李之喆
孙　宁　　石永泽　　吴　猛
王卓娅　　叶　子　　张奇峰
曾誉铭

《哲学的追问——哲学概念清淤录》编校组

吴　猛　王卓娅

《汪堂家文集》编者前言

汪堂家先生是我国当代著名哲学学者,在近现代欧陆哲学、美国实用主义哲学、生命-医学伦理学等领域卓有建树。同时,先生还是一位卓越的学术翻译家,迻译了包括德里达的《论文字学》、利科的《活的隐喻》在内的大量学术作品。此外,先生还是一位优秀的哲学教育家,通过在大学的授课和言传身教影响了众多青年学子的思想和人生道路。

1962年5月21日,先生出生于安徽省太湖县。先生早年毕业于安徽大学,后就读于复旦大学并获得哲学博士学位,生前担任复旦大学哲学学院教授、西方哲学史教研室主任,并兼任复旦大学杜威研究中心副主任和《杜威全集》中文版编辑委员会常务副主编。先生因病于2014年4月23日去世,享年52岁。

先生一生笔耕不辍,虽天不假年,却在身后为世人留下总计约400万字的著述和译作,这些作品记录着一位当代中国学者苦心孤诣的思考历程。为缅怀先生对当代学术与思想所作的贡献,全面呈现先生一生的工作和成就,我们谨编纂《汪堂家文集》,作为对先生的纪念。

从内容上说,《汪堂家文集》(以下简称《文集》)包括两部分,一部分是先生的著述,另一部分是先生的译作。无论是著述部分还是译作部分,都既包括先生生前发表过的作品,也包括先生的遗著中相对完整者。

先生生前发表的著述包括著作和文章。著作中有独著和合著,文章也有一部分已汇成文集出版。先生的独著有《死与思》(完成于20世纪80年代的遗著)、《自我的觉悟——论笛卡尔与胡塞尔的自我学

1

说》(1995年)和《汪堂家讲德里达》(2008年),合著有《心灵的秩序》(1997年)、《人生哲学》(2005年)、《17世纪形而上学》(2006年);先生的文集有两部:论文集《哲学的追问——哲学概念清淤录之一》(2012年)和散文集《思路心语——生活世界的哲思》(2011年)。我们将尽可能完整地收录先生的这些著述和文章,不过一些作品的呈现方式会有所变化,读者会见到一些在先生生前未曾出现过的书名,原因在于:其一,有不少著述需要从不同地方(合著或期刊)汇集到一起;其二,先生的著述中有不少是未曾发表过的遗稿;其三,先生临终前有过比较明确的系统整理自己著述的想法,并设计好了相应的书名。我们根据先生的遗愿确定了相应作品的书名。具体说来:《文集》将全文发表《死与思》;我们还将《自我的觉悟——论笛卡尔与胡塞尔的自我学说》与先生的多篇"应用现象学"研究论文合为一册,名为《现象学的展开——〈自我的觉悟〉及其他》;同时,《文集》将先生关于伦理学的著述汇作《生命的关怀——汪堂家伦理学文集》;另外,《文集》将先生的学术随笔和其他散文、时评等收入《心造的世界——汪堂家散论集》。除此之外,《文集》将没有收入上述各书的文章以及比较完整的遗稿一起收入《哲学思问录》一书。

先生留下的翻译作品共约180万字。除了他最有影响力的译作《论文字学》(1999年)和《活的隐喻》(2004年)之外,先生还翻译了《乱世奇文——辜鸿铭化外文录》(2002年)、《无赖》(合译,2010年)、《承认的过程》(合译,2011年)、《杜威全集》中期15卷(合译,2012年)等。《文集》将以最大努力呈现先生的这些工作。除此之外,我们将先生的译文遗作汇为《汪堂家遗译集》,其中特别收入先生早年译的福柯《知识考古学》(残篇)。

《文集》的主要编纂工作是汪堂家先生的学生们戮力同心完成的。这部《文集》寄托了我们的期盼:愿先生的生命在他留下的文字中延续。尽管我们在整理先生的文稿过程中尽了最大努力,然囿于识见,相信仍会有不少错讹之处.敬祈诸位师友斧正。

《文集》的出版,若非得到众多师长、同仁和朋友的鼎力襄助,是不可能实现的。在此我们要特别感谢上海三联书店总编辑黄韬先生,正是他的倾力帮助,使本《文集》得以顺利出版。同时我们还要感谢孙向晨先生、袁新先生、邵强进先生、林晖先生、孙晶女士、陈军先生、金光耀先生、汪行福先生、张双利女士、丁耘先生、赵荔红女士、杨书澜女士、杨宗元女士和师母廖英女士的热情支持。本文集的出版,得到了复旦大学哲学学院和复旦大学亚洲研究中心的支持,特此鸣谢。最后,特别要说明的是,由于所涉作品版权等原因,本《文集》的出版采取了多家出版社联合出版的形式,在此我们谨向参与《文集》出版的各家出版社致谢!感谢上海三联书店牵头组织了本《文集》的出版,并感谢复旦大学出版社、上海译文出版社、中国人民大学出版社、上海人民出版社和北京大学出版社在《文集》的整个出版过程中给予的大力支持和帮助。还有其他帮助过我们的朋友和机构,恕不--,谨致谢忱。

《汪堂家文集》编纂组
2018 年 4 月

目录

导论:哲学教育与哲学定位　　　　　　　　　　　1

第一部分　概念的展开

第一章　"进步"概念的哲学重审　　　　　　　3
第二章　"启蒙"概念及其张力　　　　　　　　24
第三章　"后现代"概念的哲学诠释　　　　　　40
第四章　"记号""符号"及其效力　　　　　　　56
第五章　"死亡"概念的两种理解　　　　　　　75

第二部分　诠释学初论

第六章　文本、间距化与解释的可能性　　　　87
第七章　世俗化与科学的诠释学因素　　　　　102
第八章　隐喻诠释学:修辞学与哲学的联姻　　119
第九章　隐喻:翻译与诠释　　　　　　　　　131
第十章　同名异释:德里达与列维纳斯的互动　150

第三部分　实用主义再探

第十一章　杜威教育哲学的当代意义	169
第十二章　杜威眼中的科学对精神生活的意义	182
第十三章　道德自我、道德情境与道德判断	196
第十四章　身体与经验的多样性	208
作者后记	224
编后记	228

导论:哲学教育与哲学定位

自1977年恢复高考开始,我国恢复哲学教育已有30多年了。在这30多年里,我们见证了思想界从封闭到开放、从禁锢到解放的历程,也见证了本民族的思想传统从断裂到再续、从荒废到复兴的过程。在这30多年里,我们的哲学和哲学教育历经从过分的意识形态化到回归其常态的过程。只需将这30多年间各个大学哲学系的课程表做一个前后对比就不难发现,我们的哲学课程越来越丰富,授课方式越来越灵活,对经典文本的解读越来越重视,互动性教学越来越受欢迎,与国际同行的交流越来越频繁,本国的思想资源越来越激起人们的兴趣。

然而,我们越是深思,越是觉得,哲学教育的浮华掩盖不了其中的问题与危机。这种问题与危机也是哲学的问题与危机,因为哲学与哲学教育的关系是一体两面的关系。如今,我们可以看到,哲学教育的理想正日益被社会对哲学的功利性要求所破坏,以致哲学越来越变成了以"搞"和"做"为标志的职业,而无法变成以"思"与"问"为特征的、令人向往、令人痴迷的志业。其后果必然是,人们不再相信精神的力量,不再享有思想的乐趣。

我们也可以看到,随着哲学被分为条条块块的知识部门,哲学教育变成了对这些部门知识的传授。哲学本应给科学以统一,给知识以统一,可它自身却无法把那些条条块块的东西统一在哲学的名下,以致"中""西""马"成了哲学这门曾经不断孕育一些新学科的学科的标准建制。这种建制不仅损害了我们的哲学教育,而且以制度化的方式妨碍着思想的交流。今天,我们依然看不到这种已有50多年之久的建制有丝毫改变的迹象,相反,它仍然牢牢地纠缠着我们,使我们自限于、自安于、自娱于所谓的专业之中。

我们还可以看到,哲学本应具有的传道、授业和解惑的传统教育功能被狭隘地转变为单一的授业功能,而哲学如果有"业"可授的话,其最大之"业"本是思想,本是传道和解惑。如今,随着哲学教育变成知识教育,学生们变得不爱思考、懒于思考或害怕思考,他们关心的是某门哲学课可以得到几个学分以及哪门课更容易通过。与此相应,哲学教师们"太驰骛于外界,而不遑回到内心",即便有回到内心的意愿,也无回到内心的闲暇。其表现是,大家要么忙于通过不断地开会来进行意见的展览,要么通过日复一日的申请、评比、填表、检查、汇报、公关以及其他所能想象的与思想无关的事务来证明自身的职业性存在。其后果必然是,人越来越繁忙和烦忙,思想却越来越荒疏和苍白。

但是,随着以一人的思想为思想、以一人的意志为意志的时代的远去,中国比以往任何时候更需要思想,更呼唤思想。众所周知,中国正在变成一个经济大国和政治大国,但中国还远远没有成为文化大国,更没有成为思想大国。英国前首相撒切尔夫人曾说,中国并不可怕,因为中国没有思想。我们自然会说,没有思想的中国不可怕,有思想的中国更不可怕。重要的是,中国应当拥有不仅属于自己而且属于全人类的思想,拥有让人安心、让人热爱、让人痴迷、让人激动的思想。只有当中国学者向世界贡献了那种源于自己的时代、属于自己的时代并超越了自己的时代的思想,中国才能成为一个不仅为中国人而存在,而且为整个人类和人类文明而存在的中国。

客观地讲,中国要成为文化大国和思想大国,还有很长的路要走。但是,中国要在未来的30年中成为拥有思想并创造思想的国家还是有可能的。其前提是,中国不仅能营造一个尊重创造、尊重思想并激励思想的人文环境,而且能培养为思想的繁荣所必不可少的一大批杰出学者。于是,催生一种能造就这类学者的哲学教育体系也便成了我们无法逃避的使命。

一

哲学和哲学教育是有着自身的法则的。揭示这种法则、遵循这种法则正是我们这些哲学教师的主要职守之所在。"在人们按惯例教授哲学时,哲学强化了过去的思想的历史并且引导职业哲学家去研究通过既有的体系得以表述的题材。"① 人们常说"哲学是世界观与方法论",这自然是不错的说法;人们还一再重复说"哲学是时代精神的精华",我本人甚至要说,"哲学是文化的灵魂。它不仅为自身而存在,而且为时代精神而存在。哲学家不仅为同时代人而工作,而且为子孙后代而工作"②。但是这并非对中国现有的哲学状况的现象描述,而是对过去的哲学的辉煌时代的真切怀念,以及对思想抱有极大热忱的人们对哲学提出的本质性要求,或毋宁说,是他们对哲学的"应然状态"的一种让人振奋的期待。因此,我们不应陶醉在历史上的哲学曾经为我们提供的种种希望与远景里,而不自觉到现行哲学和哲学教育的困局与危机。"为天地立心,为生民立命,为往圣继绝学,为万世开太平",这是我们的先哲张载为我们提出的崇高要求,这也是今天哲学和哲学教育应当积极回应的要求。它既道出了"天、地、人、圣"的统一,也道出了他对绝学的忧思以及对绝学不绝的信念,更道出了以太平盛世为定向的历史愿景以及由这份愿景所引领的人类生活的意义。

当我们今天把张载的这种要求作为哲学和哲学教育的理念时,我们也许会觉得它太过崇高、太过远大。但自视为思想尊严的代言人的学者们也应当自视能配得上这样的理念。通过对这种理念的具体化以及在这一具体化过程中所表现出来的对于哲学的丰富内容、表现风格、语言策略和存在样式的开放性思考,我们已把自己置于精神生活的重要地位上。黑格尔曾说:"追求真理的勇气,相信精神的力量是哲

---

① John Dewey, "The Need for a Recovery of Philosophy", in Larry A. Hickman and Thomas M. Alexander (eds.), *The Essential Dewey*, Bloomington and Indianapolis: Indiana University Press, 1998, Vol. 1, pp. 46-70.
② 汪堂家、孙向晨、丁耘:《十七世纪形而上学》,北京:人民出版社,2005年,第1页。

学研究的第一条件。"①就此而言,当前哲学教育的首要任务是把哲学课堂作为锻炼精神能力的场所,使学生们意识到,世上除了纷繁的物质世界之外还有丰富的思想世界可供我们开掘与享受。

然而,诚如歌德所言,一切实用的东西毋需鼓励亦会自行发展,而真正美的东西、高尚的东西却需要鼓励与扶持。真正的哲学虽然不一定是美的东西,但一定是高尚的东西,是能体现思想的尊严并坚守这种尊严的东西。当前哲学教育的急务是要破除对哲学的实用性的迷思,正是这种迷思将哲学降格为工具性的知识。实用性的东西总是与物质性的要求相联系,而美的东西、高尚的东西总是与精神的力量相联系。人们常问:"哲学有什么用?"当我们接受这种问法时,我们早已先行接受了这种"问"本身的合理性。我们极少反问:"这里所说的'用'是什么样的'用'?是'小用'还是'大用'?"当人们以问"杯子有什么用""钢笔有什么用"的方式去问"哲学有什么用"时,答案自然是"哲学是无用的",因为哲学之用显然不是谋生之用、谋财之用,不是器物之用,而是体道之用、悟道之用和明道之用,总之,是思想之用。这种"无用之用"堪为"大用",或者说,是"无用之用"所造就的"大用"。

正因如此,海德格尔说:"这种无用的东西,却恰恰拥有真正的威力。这种不承认日常生活中直接反响(Widerklang)的东西,却能与民族的本真历程生发最内在的共振谐响(Einklang)。它甚至可能是这种共振谐响的先声(Vorklang)。"②当我们与学生们一道问"什么样的追问值得追问"时,当我们与学生们一道区分"小用""大用"与"无用"时,我们已经把自己带入了哲学的思考之中;当我们与学生们一道追问"什么样的问题才是哲学问题""什么样的东西才配称为哲学"时,我们已经在问哲学问题了,已经在把自己从日常习见的实用性知识中抽离出来、超拔出来并把自己投入哲学的思考之中。不断地追问这样的问题,恰恰能从哲学的根源处显示出哲学的生命。

哲学本是生气蓬勃的思想。哲学教育如果不能让学生为思想所

---

① 黑格尔:《小逻辑》,贺麟译,北京:商务印书馆,1982年,第16页。
② 海德格尔:《形而上学导论》,熊伟、王庆节译,北京:商务印书馆,1996年,第10页。

鼓动,就只能听任事务性要求和实用性知识把他们拉入与思想无关的杂务之中。但精神的不满足仍会不时地向那些偶有所悟的人袭来。所以,当今的哲学教育如果不能培养训练有素的头脑,至少应当能让学生们偶有所悟,偶有所思,偶有所疑。如果做到了这一点,也就算得上取得了最低限度的成功。

二

哲学教育应当实现什么目标呢?我以为,它首先要培养学生的批判精神。正是这种批判精神使我们不囿于成见,不故步自封,不被已有的经验、观点、知识和视域限制自己追求新知的热忱以及防止外在的权威泯灭创造的勇气。盲从权威是创造的大敌。当我们致力于创新型国家的建设时,意识到这一点具有至关重要的意义。学术创新也只有在承认批判精神的正当性的学术氛围中才有可能。然而,我们所说的批判并非对已有的东西进行无根基、无根据的纯粹否定或对现实进行犬儒主义式的抵制。它首先是对对象的研究性介入,是基于这种介入和细究其缘由的挑战性发问。因此,此处所说的批判绝不等于对已有的东西做无来由的拒绝,而是在揭弊中引入有价值的尺规,是在进行肯定之际不忘抱有怀疑精神的否定性姿态。它可以让我们意识到视角的多样性、视野的开放性和思维方式的可转换性。

批判的本质在于意识到一个东西的有限性以及我们对它的认识的有限性。万物存在的有条件性和对这种有条件性具有明确意识的人的局限,使批判不仅成为探求真知的条件,而且成为社会进步的动力。我们甚至可以说,能批判性地对待"社会进步"的观念本身就是衡量社会进步的标尺。因此,批判精神中合乎逻辑地包含了以批判的方式去对待批判自身。马克思说:"批判的武器不能代替武器的批判。"这句名言道出了对批判本身进行批判的必要性。马克思的理论就是在批判中产生的,也是在批判中自我完善的,他的一些书名就表明了自身的批判性特征。当我们讨论批判的必要性、可能性,讨论批判对于哲学和精神生活的意义以及审查批判的手段的可靠性时,我们已经把自己带入了对批判的批判中。

批判的本质也在于意识到一个东西的不完满性和可超越性。尽管完满性是我们追求的目标,但真正说来没有什么现实的东西是完满的。完满性只存在于想象里,存在于我们的信念里,存在于我们的期盼里,存在于我们的信仰里。哲学要求我们以想象的完满性的尺度去度量那原本就不完满的事物,所以那些事物在哲学家挑剔的目光下就显得愈发不完满。这是哲学好发忧思的原因,也是一部分人害怕哲学的原因。哲学史在一定意义上乃是批判史,具体地说,乃是认识批判、社会批判和自我批判的历史。哲学既在批判中产生,又在批判中自觉,更在批判中演进。这一点是由哲学的超越本性决定的。哲学往往关注的是人类的普遍问题或关于万事万物的"大道理",因此,它不拘泥于一时一地的个别现象。哲学家无疑要关注自己的时代,但哲学家也总是与时代保持某种适度的距离,以便对自己的时代采取一种客观的立场和静观的态度。正因如此,海德格尔说:"哲学的一切根本性问题必定都是不合时宜的,之所以如此,是因为哲学或者远远超出它的当下现今,或者反过来把这一现今与其先前以及起初的曾在联结起来。……哲学本质上是超时间的,因为它属于那样极少的一类事物,这类事物的命运始终是不能也不可去在当下现今找到直接反响。"①

哲学的批判本性决定了哲学传统是无法通过固守来保持的。只有变革才能给哲学本身注入活力。我们不能设想哲学只有一种表述方式。承认哲学文本的多样性,承认其存在形态的多样性本身就是哲学变革自身的力量。为获得这样的承认,批判精神始终在哲学变革中发挥作用。德里达甚至说哲学不会有最终结论,但哲学是有前途的,哲学就是前途本身。哲学要考虑那些让它终结的东西,要考虑一系列有限的可能性。人们常感到,哲学话语已经穷尽了,哲学不可能有什么新花样,哲学只能以不同的方式,以不同的组合来复制自身。谈论哲学的完结恰恰给哲学以机会,给思想以机会。"它丝毫不同于死亡

---

① 海德格尔:《形而上学导论》,熊伟、王庆节译,北京:商务印书馆,1996年,第10页。

或终结,而是机会。如果将这称为哲学,那么,我认为,哲学不仅有前途,而且只要存在前途,只要不可预料的事件会发生,哲学就意味着前途。"①

然而,正如德里达曾经指出的那样,总有一些人害怕哲学。我们至少可以发现,一些不愿变革或不思进取的人害怕哲学,一些因循守旧的人害怕哲学,一些思想懒惰的人也害怕哲学,他们害怕自己苦心经营的摊子在哲学的挑剔目光下破绽百出,讲到底,他们害怕真正的哲学提倡的批判精神,这种精神要求我们不要承认万古不易的教条并且要勇于批判自身和超越自身。同时,哲学家们多半是时代的观察者、诊断者和批判者,这些被称为牛虻的人总是不满足于现状,总爱对现行的东西说三道四,总爱捕捉哪怕一丝社会疾病的信息,他们有时与敏感的诗人为伍,充当时代危机的感应者和呻吟者。实质上,哲学让人警觉起来。不管是无病呻吟还是尖锐批评,哲学始终在提醒我们,我们的时代是一个充满重大危机和内在冲突的时代。"杞人忧天"对哲学家来说是最自然不过的事,也是必不可少的事,甚至是最重大、最根本的事。人类的存亡续绝恰恰系于这种危机意识,因为正是这种出于本源处的忧虑既使我们常怀改进之心,常存进取之念,常思自满之弊,常想变革之难,也使我们意识到自己的承诺、责任与决断以及它们在多大程度上得到了成功的履行,更使我们不断意识到自身能力的有限性以及无法应对不断变化着的现实的僵化思维模式隐含着许多人尚未意识到的危机。"哪里有危机,哪里也有救。"危机的存在正是寻找出路的开始和动力。哲学未必能开救世良方,但它敦促我们不忘检查社会的机体,甚至要对检查手段的可靠性和检查方法的有效性进行检查。当一些人还不习惯做这种检查的时候,逆耳的哲学便开始出现并不断地向他们发话和发问。但哲学决不是消极地对待现在的事物,每种哲学都是在现行的社会机制中展开的,即便它的困惑和矛盾也是这种社会机制的一部分。进行批判并接受批判是所有哲学的

---

① 《德里达与莫特利的谈话》,载 Raoul Mortley(ed.),*French Philosophers in Conversation*, London and New York: Routledge, 1991, pp. 93-108。

命运。

"哲学不仅是一种没有历史界限、语言界限和民族界限的普遍计划,哲学还是一种长期由它自身的危机构成的计划。哲学始终是对它自身危机的经验,它也始终通过批判性的要求探询它自身的根源,它自身的可能性。"① 当哲学在确定自身的意义、自身的价值、自身的正当性时,哲学也在自我批判中不断重复和再造它自身的传统。

三

哲学教育要让学生们学会发问以及就"问"本身发问。亚里士多德曾说哲学源于惊异。惊异意味着什么呢?意味着新事物、新现象、新观念在人们心灵中激起不同于旧印象、旧经验和旧观念的强烈反差感。这种反差感会让人疑,让人思,让人问。所谓见疑启悟,见疑明性,见疑还思是也。但哲学之问不同于常人的随随便便的疑问。哲学之问是从生命本根处的问,用王玖兴先生的话说是"通观全体的问",是能问出新视野、新境界、新生面和新天地的问。哲学之问是在深思中颠覆庸人识见的问。我们常说,问得好不如问得巧。哲学之问的巧妙性在于它总让人觉得是"问到在者之外去"。何谓"问到在者之外去"?它不拘泥于个别性,不追逐外在的杂多性,而是让我们超越个别性、杂多性,存心于、潜心于万类的根据中。简言之,哲学之问是问一切问题之问题,它问最古老、最原始的问题,也是问最广泛、最深刻的问题。这个问题被海德格尔表述为一切在者之在的问题,在中国古典哲学中它被表述为道的问题和其他本源性问题。其他问题都被这一类本源性问题所统摄。所以,海德格尔说:"进行哲学活动意味着追问:究竟为什么在者在而无反倒不在?而这种询问则意味着,通过澄清所要询问的东西去冒险探究和穷尽在这一问题中不可穷尽的东西。哪里出现了这样的活动,哪里就有哲学。"②

---

① Jacques Derrida, *Du droit à la philosophie*, Paris: Verdier, 1990, p. 158.
② 海德格尔:《形而上学导论》,熊伟、王庆节译,北京:商务印书馆,1996年,第9页。

尽管哲学也像其他学科那样问一些特殊的问题，如，某某概念、某某方法、某某文本的问题，但这些问题总是服从于、服务于或至少勾联于那种总体性、根本性或本源性的问题，亦即生活世界的根源或根据问题，生活的意义与价值问题。即便一些哲学家遗忘了这类问题或以特殊的问题掩盖了这类问题，也并不表明这类问题就不存在或已得到了解决。提这类问题是提其他问题的总体背景，或毋宁说，这类问题隐含在其他问题中，至少它已先行地成了追问其他特殊问题的形而上的预设。它在逻辑上和历史上的先在性保证了问其他问题是可靠的，是有价值的，因而是值得不断追问的。因为它最终使我们回到了人的存在意义以及意义之根和意义之源问题。所以，我们不妨说，其他问题是从哲学的本源性问题中生发出来的。问其他科学的特殊问题或多或少会让人回溯到哲学的本源性问题。因此，疑问最终会过渡到现象学所说的"回问""反问"或"探问"（Rückfrage）。用存在哲学的语言说，其他学科要问在者的问题并且将在者之在的问题悬置起来了，而哲学恰恰要问有关"在"本身的问题。用中国哲学的语言说，其他科学问的问题是有关"器"的问题，哲学的问题是有关"道"的问题。尽管"在"也是一种"在者"并且是特殊意义上的"在者"，但追问"在"的问题是哲学的使命之一，因为不追问和解答"在"的问题，形形色色的"在者"问题都只能作为分散的问题而不能作为整体性问题呈现给我们，知识的统一性和科学的统一性问题也就不可能激起我们的兴趣，更不可能有解决的前景。其原因在于，"在"的问题的解决为所有以"在者"为对象的科学的问题的解决提供了价值效准。同时，就"在"发问与就"在者"发问突显了哲学问题作为根基性问题的可能性与特殊性，也突显了哲学之问因关注在者整体而为我们提供了一种问其他问题的总体视域，从而防止其他科学之问停留于"只见树木不见森林"式的疑问或探问。借用海德格尔的话说，通过哲学的追问，"在者整体才得以作为这样一个整体，以及向着其可能的根基展开并且在发问中保持其展开状态"[①]。

---

① 海德格尔：《形而上学导论》，熊伟、王庆节译，北京：商务印书馆，1996年，第6页。

然而,哲学之问的特殊性还在于,它不仅要问到"在者之外去",不仅就"在"本身发问,就在者总体发问,而且要就"问"本身发问。在纪念王玖兴先生的一篇文章中,我曾说,每个人都会常常发问,"问邈远太空,问苍茫大地,问巍巍高山,问悠悠长水,问四时运演,问历史流迁,但只有像他这样的哲人才会就问本身发问,也只有像他这样的哲人才会'问到在者之外'去"①。就"问"本身发问意味着什么呢?意味着对问题本身的反问,意味着探讨问题的来由和根苗,意味着把所有特殊的问题放在一个超乎寻常的东西面前进行考问。考问什么呢?考问那些特殊的问法是否关乎世界的总体,是否为一个超乎寻常的总问题所统领。用海德格尔的话讲,就是"对超乎寻常的东西作超乎寻常的发问"②。就"问"本身发问也意味着不仅要就世界总体、人的总体、生活总体和知识总体问一个"为什么",而且要问"为什么要问'为什么'"。问"为什么"是人的形而上的本性,但问"为什么要问'为什么'"是揭示人的形而上学本性的哲学所要昭示给人的东西。哲学通过问这样的问题塑造着它的反思性的品格。它也通过问这类问题维持着精神的深度和思想的庄重性。当哲学沦为纯粹的分析技巧时,这种深度就丧失了,或者说,哲学家就不再是哲学家,而成了与木匠和铜匠无异的常人。木匠和铜匠的工作自然是不可小视的,但他们的工作只有放在人的总体境域中才能显示其深层意义。哲学之"问"不仅要提供一个问题域,而且要把问题问得奇特,问得有深度,就不能不对问题的性质做一番考察。比如,它要反问某个问题是否问得恰当,是否问到了根底上;它也要反问,什么样的问题才值得一问以及"……是什么"这样的问法是否能不加限制地运用到所有的领域。哲学不加限制的提问以及对提问方式的反思既体现了哲学之问的自由自在性,也体现了哲学之问的自反性。正是基于这一点以及对哲学史"事实"的考察,我们断定,哲学史既是流动的概念史和命题史,又是活跃的论辩史,也是丰富的方法史,更是无尽的问题史。正如保罗·利科所言:

---

① 汪堂家:《思与问的人生》,载《文汇读书周报》2006年3月17日,第13版。
② 海德格尔:《形而上学导论》,熊伟、王庆节译,北京:商务印书馆,1996年,第15页。

"哲学史首先必须以当前的充满活力的哲学询问为前提:当活着的哲学家在置身于其他问题中时,他克服自己的局限性,开始使自己提出的问题普遍化。通过历史的大量回忆的这种迂回的最后意义仍然是历史通过当前哲学的再现。"①

四

哲学教育要实现有学术的思想和有思想的学术的统一。无思想的学术是丧失灵魂的学术,无学术的思想是浮泛无根的思想。许多人可能像我一样感到,一个人一辈子即便要说上两句新话也是极为困难的。之所以如此,是因为我们的先人已经先于我们做了超越其时代的言说,只有了解那些言说、理解那些言说、阐释那些言说,那些言说才能作为有意义的言说呈现给我们。至少,只有在这种前提下,我们才能知道我们的言说是否还有必要。正因为有根基的思想是为训练有素的头脑准备的,我们的哲学教育需要对学生进行良好的学术训练。

学术训练意味着什么呢?意味着培养学生对学术问题的敏感,对材料的鉴别能力,发现新问题的能力,当然也意味着培养学生进行分析、比较、归纳、论证和驳难的能力。不过,哲学教育还要致力于培养人们的洞察力。洞察力并不是天生的,它需要培养和训练。如果说培养一个民族的想象力在很大程度上是文学和艺术的任务,那么,培养人们的洞察力在很大程度上则是哲学的任务。一种具有深厚底蕴的文化传统总有某种哲学在背后起作用,因为正是哲学主导着对其精神品格的塑造。

不过,为了进行哲学的学术训练,在中学和大学对所有学生开设一些专门的哲学课是必不可少的。我这里所说的哲学课自然不是指让学生死记硬背的政治课,而是激发学生好奇心和思辨力的哲学课,因为我们需要一些这样的课来保证思想传统的继承,保证哲学诠释技巧的训练和传授,保证人们可以学习那些无法直接为普通人所把握的

---

① 利科:《历史与真理》,姜志辉译,上海:上海译文出版社,2004年,第43页。

哲学论著。这些哲学论著是文化的源头活水,但它们要通过学习和阐释才能变成新时代的资源。就像"四书五经"和其他哲学论著在很大程度上造就了中国的文化品格一样,没有发源于古希腊罗马的西方理性主义哲学传统,没有积极发扬这一哲学传统的启蒙运动,现代科学和文化是不可能形成的。中国古典哲学代表着一种精神传统,一种智慧资源,一种文化气质,但只有通过受过学术训练的学者的阐释才能生发对于新时代和新生活的意义。仅凭个人的兴趣和一时的意愿,人们无法使它具有一种连续性,也无法将不同兴趣集中于一个统一的精神空间里,并使它们成为一种彼此互补与合作的力量,或营造一种共享的精神氛围。哲学交流机构(如柏拉图学园、伊壁鸠鲁花园、中国的书院、近代西方的大学和沙龙等)都对学术做出过这样或那样的贡献。从哲学的观点看哲学教育,我们不仅应把哲学教育看作基本的思想训练,而且要突出它如何传承某种精神传统,如何唤起人们对于思想的热忱,激发人们对思辨的兴趣。

那么,我们该如何进行学术训练呢?我以为最好的方式仍然是研读经典。经典之所以为经典,就在于它是经过淘汰而留存下来并证明其恒久价值的东西。经典既是过去的人留下来的思想资源,又是有待我们进行创造性解释的范本。通过研读经典,可以让学生们对过去的哲学保持历史的敏感,使他们感到过去的哲学其实并没有"过去",因为过去的哲学所提的问题仍然以新的形式出现在我们的面前。况且过去的哲学一直维系着我们的精神传统,这一传统首先是通过那些经典文本以及不同时期的人对那些经典的不断记忆、领悟和诠释而延续下来的。

今天,为使思想成为有学术的思想,我们的哲学教育还有一件紧迫的事情要做,这就是,哲学教育需要为绝学的继承、改造和发扬开辟道路。在这方面,尼采是我们学习的榜样。许多人说尼采的哲学是虚无主义的。但我们不要忘记,尼采比谁都更重视希腊的古典哲学传统。他不仅是古典语言专家,而且是古典修辞学家。在他生活的时代,古典修辞学几成绝学,欧洲绝大部分的大学都取消了修辞学教席,延续了两千多年的修辞学传统已奄奄一息。尼采却认为修辞学不应死亡,古典修辞学传统应当得到继承。为此,即使只有一个学生听他讲修辞学,他仍照讲不误,以致他后来干脆与那个学生一边喝啤酒,一边讲修辞学。我想,如果我们认定一门学问儿成绝学,我们就应像尼采那样即便只有一个学生听课也要讲授,哪怕对着墙壁也要讲授。

令人遗憾的是,逻辑与修辞在我国今天的哲学教育中几成绝学。除了少数哲学系还有部分人研究逻辑并教授逻辑之外,一些大学纷纷取消了本应面向所有学生的逻辑学教学,我尚未听说哪个大学哲学系专门开设修辞课。逻辑、语法与修辞在过去并称"三科",其重要性毋庸置疑。早在1945年,王玖兴先生就在《论必然命题》一文中说过:"我个人一向觉得逻辑的势力伸张于一切知识之内而为一切知识的骨干,逻辑不研究任何现实事物却不能逃其规范,既叹服其权威,又惊讶惶惑其权威所自来。"① 现在,我们天天谈学术创新,不重逻辑训练,学术创新从何谈起呢?在这方面,我们学习一下杜威的做法肯定是大有帮助的,即把逻辑学的教学和研究和哲学的教学和研究结合起来,从而赋予哲学和哲学教育以生气。

---

① 《王玖兴文集》,保定:河北大学出版社,2005年,第31页。

第一部分
概念的展开

第一章 "进步"概念的哲学重审
——兼评建构主义的进步观

"没有其他概念像进步概念那样表达了现时代的自我画像和殷切希望。无限的不可遏止的进步的观念取代了基督教的历史神学。进步概念尤其打上了启蒙运动的烙印,以下的命题预示着这一概念的出现:理智的自由发展特别是对自然科学认识的提高或多或少自动导致了日趋人道的社会的出现。就此而论,进步就相当于作为历史过程的启蒙。"① 这段话无疑描述了一个历史图景,也表达了启蒙运动以来的一个深入人心的观念,这种观念包含着对人的理智力量的确信,也包含着对科学的威力的出自内心的信任。进步的观念就像发展的观念那样几乎成了融入现代社会的一种意识形态,甚至成了我们社会的一种不可动摇的信念。

但是,当发展的观念引起人们的盲目乐观并因为这种乐观而导致了许多过去未曾料到的难题时,对这一观念进行重审和修正也就顺理成章了。我们有理由相信,这种重审和修正恰恰体现了以发展的眼光看发展的要求。在此,我们也自然要问,我们是否也要以进步的眼光看进步呢?答案无疑是肯定的。这不仅是因为进步观念与发展的观念是相互关联的,而且是因为它们代表了启蒙运动的两个基本信条。至少从字面上看,发展会让人联想到量的增多和范围的扩展,进步则让人想到质的提高。它们都源于人对自身理智力量

---

① Arnold Burgen, Peter McLaughlin, Jürgen Mittelstraβ (eds.), *The Idea of Progress*, Berlin, New York: Walter de Gruyter, 1997, p. IX.

的自信。然而,这种自信并没有必然的保证。近20年来出现的"可持续发展"(sustainable development)的观念就是因环境危机与资源危机的出现而对传统的发展观念所作的修正,它标志着人们已经意识到发展是可以停滞和中断的,或者说,发展也可能是不可持续的。许多国家对产业政策、环境政策和能源政策的调整就基于这样的认识。

相应地,我们对进步概念进行重审也就是理所当然的事情。在这方面,建构主义哲学家们做了不少令人称道的工作。他们不仅组织了多次以进步为主题的会议,而且发表了不少相关的论著来讨论进步概念及其相关问题。其中,《进步的观念》(Mittelstraβ、Burgen、Mclaughlin编)、《进步与精英》(Mittelstraβ)和《作为自由文化的任务的科技进步》(Mittelstraβ)等一系列论著集中反映了建构主义的进步观。

正如Mittelstraβ(密特西特拉斯)、Burgen和Mclaughlin指出的那样,进步的观念现在已经失去了往日那种令人信服的力量。进步不仅解决问题,而且产生问题。社会的进步在很大程度上被认为是以科学的进步为基础的。但科学的进步也给社会带来了相互矛盾的结果。在近些年来的科学哲学中,知识进步的观念不断受到质疑。其原因是,人们可以提供不同的进步标准,从某些方面衡量,人类是进步的,而从另外的标准看,人类却是退步的。在科学知识和科学合理性的方法论标准方面,人们的分歧也日益明显,以致科学哲学家们不得不提出几种合理性的模式,虽然这些模式总体上都倾向于肯定知识特别是科学知识的进步,但对进步的解释和评估却因为采取不同的标准而大相径庭。一个众所周知的例子是,在科学昌明的时代,一些国家的自杀率非但不见减少,反而大大增加;在一些科学发达的国家,人们的幸福感反而不及一些科学落后地区的人的幸福感强烈。虽然有不少人承认进步仍然是科学活动的基本因素,"但进步概念失去了它往日的自明性和表面上的简单性。独立于其历史意义的进步概念现在甚至更多地成为哲学思考和科学思考的主题"①。

一、"进步"概念的前史

按建构主义的见解,进步概念像其他许多概念一样经历了建构和重构的过程。实际上,人们对进步的认识也在不断地进步。"现代人的进步观念的起源与现代经验科学和精密科学的起源是同步的。早期一些谈论进步的人本身就是科学的先锋。"②从学术史的角度看,现代的进步概念是在文艺复兴之后开始形成的,它的真正确立要到启蒙运动。然而,这并不等于说,现代的进步概念没有早期的萌芽形态。考察这些形态不仅可以帮助我们认识进步概念从何处来,而且可以帮助我们在一定程度上预知进步概念将往何处去。

英义和法文的"进步"一词(progress, progrès)都是从拉丁文 Progressus 来的。德文的 Fortschritt 则是它们的翻译。据著名古典学家 Walter Burkert 的考证,拉丁文的 Progressus 是由西塞罗首先使用的。它有两个与其相关的希腊词源,一个是 epidosis,另一个是 prokopé,但这两个词只是当时的时髦用语,并无特别的学理意义③。它们大体表示个人能力的长进。而据《新约神学辞典》对 Prokopé 的解释,此词主要用来描述个人品德方面的"进步"④(十八世纪末康德对进步概念的阐释就是沿此路径展开的)。在相当长的历史中,这个词几乎没有被用来描述社会或文明的"进步"。正因为这个原因,伯瑞(J. Bury)在 1920 年写的《进步的观念》中认为古人没有进步的观念。

---

① Arnold Burgen, Peter McLaughlin, Jürgen Mittelstraβ (eds.), *The Idea of Progress*, Berlin, New York: Walter de Gruyter, 1997, "Introduction".
② Georg Henrik von Wright, "Progress: Fact and Fiction", in Arnold Burgen, Peter McLaughlin, Jürgen Mittelstraβ (eds.), *The Idea of Progress*, Berlin, New York: Walter de Gruyter, 1997, pp. 1 - 18.
③ Walter Burkert, "Impact and Limits of the Idea of Progress in Antiquity", in Arnold Burgen, Peter McLaughlin, Jürgen Mittelstraβ (eds.), *The Idea of Progress*, Berlin, New York: Walter de Gruyter, 1997, pp. 19 - 46.
④ 参见 *Theologisches Wörterbuch zum Neuen Testament VI*, Sttugart, 1959, pp. 703 - 719。

他认为:"传统的古代及随后的时代的智力氛围并非有利于关于进步的学说的诞生。直至十六世纪,进步观念出现的障碍才开始无疑地加以超越,而一种有利的氛围也逐渐准备就绪。"①

的确,在西方文化中,就像在中国文化中一样,人们的思想长期受历史循环观念和人类退化观念的支配。赫西俄德的《神谱》首次提到人类经历金、银、铜、铁时代的过程。值得注意的是,他用这些价值依次降低的金属来表示那些时代并以时间系列表明它们逐渐退步的特征。犹太-基督教传统对人类历史的看法同样呈现出一种悲观主义的色彩。《旧约》谈到世界历史的创造,《新约》则谈到基督的再次降临和世界历史的终结。自亚当被逐出伊甸园后,人类的生存状况总体上在不断恶化。在失去的乐园与重新获得的乐园之间,人类的退步成了挥之不去的阴影和社会思想的基调。尽管如此,古代仍有少数勇敢的思想家提出过人类在短时间内并在某些方面能够取得进步的观点。这些观点成了现代"进步"观念的思想资源。

众所周知,被认为开始了西方文明的第一次启蒙的古希腊创造了辉煌灿烂的文化,以至于柏拉图谈到希腊人在工艺上取得的成就时用了 epidedokasin(大体相当于"先进"的意思)这样一个词,并认为与他同时代的人相比古代艺术家简直不值一提(Plato, *Hippias Maior*, 281d)。西方医学的鼻祖希波克拉底更是以他自身的成就证明今人的医学水平可以高于古人。他在《论古代医学》和《论医学技艺》中都提到了医学技艺不断改进的事实并相信将来会继续改进。智者派哲学家们则前无古人地促进了人的自我认识,他们把人作为价值源泉的思想直到两千多年以后才得到系统化的表述。这一事实既证明了他们思想的超前性,也证明了他们正试图在世界上确立价值等级和人的优越性的观念,这一观念恰恰是文艺复兴和启蒙运动所激发的乐观主义情绪的最终根源。也正是在智者派那里,教育被视为提高人的理智能力的手段。按 Walter Burkert 的说法,"老的"或"旧的"一词(archaion)就是在智者派那里渐渐被赋予消极意义的,与此相应,新

---

① 伯瑞:《进步的观念》,范祥涛译,上海:上海三联书店,2005年,第4页。

诗、新音乐、新工艺和新风尚得到了热情的赞扬和肯定。这是对"进步"的反面,亦即"退步"观念所作的首次批判性的反应。作为历史学家的修昔底德(Thucydides)在研究城邦时就采纳了类似的思维模式,比如,他认为城邦的繁荣不是靠固守已有的东西来实现,而要靠不断发明新东西来实现。他本人还发明了两个与"进步"一词相近的新词。一个是 epitéchnesis,可以大致翻译为"更新"和"升级";另一个是 kekainotai,可以大致译为"崭新的"或"现代的""时髦的"①。新东西虽然不一定是好东西,但更好的东西一定是新东西。"进步"只有在新东西超过旧东西时才能实现。因此,从修昔底德的想法和他发明的新词中我们可以发现进步观念的萌芽。

然而,除了斯多葛派哲学家 Posidonius 和塞涅卡以及卢克莱修之外,直到文艺复兴之前,很少有人对与"进步"相关的问题倾注理论上的热情。按照伯瑞的看法,塞涅卡的确相信"知识的进步并且意识到知识进步的价值,但他给知识进步所赋予的价值并不在于他给人类的普遍群体带来任何优势。他并不认为它会给世界带来任何改进"②(也许奥古斯丁是为数不多的几个例外之一)。但他的基督教哲学的理论前提决定了他只能在非常狭小的范围内讨论这一问题。他所说的人的精神能力的提高和改进不过是人类堕落和退化的插曲而已。文艺复兴对于"进步"观的意义则在于,它唤起了人的自觉,也促进了人对自己文明进程的关注。由于进步问题本质上是人的问题,人对自身利益和命运的关切使人不得不思考人是否能选择自己的未来,如果能选择的话人将如何选择更好的未来。

在十六至十七世纪,西方广泛开展的古今之争为上述问题提供了答案,也为进步观念的确立提供了崭新的机会。在参与争论的人中,我们不能不提几个重要人物,一个是培根,一个是帕斯卡。培根在《新

---

① Walter Burkert, "Impact and Limits of the Idea of Progress in Antiquity", in Arnold Burgen, Peter McLaughlin, Jürgen Mittelstraβ (eds.), *The Idea of Progress*, Berlin, New York: Walter de Gruyter, 1997, pp. 19-46.

② 参见 Theodor E. Mommsen, "St. Augustine and the Christian Idea of Progress", in *Journal of the History of Idea*, 12, 1952, 346ff.

大西岛》(The New Atlantis)中对科学技术给人和人类社会带来的积极变化所作的描述是对进步所作的预言式讴歌或者说是对立足于科技进步的社会所作的憧憬与展望。如果这种展望成为社会精英们为之奋斗的目标，它就可以成为引领社会潮流的强烈信念，不管这种信念是个人的还是群体的，它都在客观上创造了一种要求发展科学技术的精神氛围。

帕斯卡显然不像培根那样乐观。他引入了进步蕴含退步的观念，在某种意义上他也在力图用辩证的观点来看进步。比如，他断言，"通过进步而完善起来的东西也通过进步而消失"[1]。一方面，他肯定了个人的智慧和能力随着年岁的增长而增长的事实，因为常识告诉他，人在早年是无知的，但教育和学习会让他不断取得进步；另一方面，他明确地提出了人类整体会随科学的进步而取得进步的观念。在《真空论残篇》(Fragment sur le vide)中，他几乎是以欢呼的语气说，不仅每个人在科学上一天天地取得进步，而且整个人类也随宇宙的变老而不断取得进步。那个在思想上一向带有忧郁气质的帕斯卡说出这样的话可谓石破天惊。这在"进步"观念史上也是一个划时代的转折。正因如此，法国非常权威的 Littré 法语词典就是采用帕斯卡的那段话作为"progrès"(进步)一词的释义[2]。

1668年，德里登(Dryden，亦译德雷顿)在谈到科学的广泛影响时指出，"在适当而普遍地加以培植时，没有什么比科学传播得更快了"[3]。1683年，法国著名科学家封特奈尔(Fontenelle)进一步肯定了培根和德里登的见解并明确指出科学技术使人有了掌握和利用自然的手段，人的认识能力、对付自然压迫的能力和获取物质财富的能力会因科学的出现而获得空前的进步。

但按通行的说法，对"进步"这个术语的完整的现代表述要归功于孔多塞(Condorcet)。他写的《人类精神进步史概要》(原文为：

---

[1] 帕斯卡：《思想录》XXIV，96。
[2] Paul-Emile Littré, *Dictionnaire de la langue française*, pp. 130–133.
[3] Alistair Crombie, *Styles of Scientific Thinking in the European Tradition*, 3 Vols., London: Duckworth, 1994, p. 43.

Esquissed'un tableau historique des progrès de l'esprit humain,直译为:《人类精神进步的历史图景概观》)首次以进步的眼光系统地考察了人类精神生活的演进。其中,他对科学作用的肯定集中反映在这样一个不断被人引用的句子中:"科学上的所有发现都是人类的幸运(un bienfait)。"这就意味着,科学的发现越多,人类就越幸福,人类社会就越美好。孔多塞的观点在启蒙运动时期获得了普遍的认可。启蒙运动对进步观念的重构表现在:进步被视为独立于个人愿望和主观意志的客观趋势,进步与知识的增长密切相关,基于理性能力的运用和自由天性的发挥的进步会成为人的普遍需要和必然要求。尽管同是启蒙思想家的卢梭在《论科学与艺术》中对科学非但不能敦风化俗反而会败坏道德的前景表示深深的担忧,但启蒙思想的主流最终还是把进步作为一种信条肯定下来并且作为与基督教的末世学和循环史观相对抗的世俗化工具。与此相应,进步概念的使用不再限于知识领域,它被推广到其他诸多领域,以致它越来越成为一种意识形态概念。政治的自由、民主理想的实现和个人权利的获得被纳入进步的框架之内并作为社会进步的一把标尺。政治上的进步首次以合理化的方式成为对许多人颇有诱惑的基本诉求。

二、"进步"概念的结构与问题

从概念上看,"进步"是与"退步"相对而言的。按通常的理解,进步意味着变好,退步意味着变坏。但无论是变好还是变坏,都需要一种参照物,因为它们都是相对于过去的状态而言的。也就是说,变好或变坏的观念已经包含了特定的时空条件。

在空间上,过去是指那个过去了的东西的过去,是承载了过去的某事、某物的过去,是某个空间中的东西及其相关事态的过去。抽象的过去其实只存在于具体的过去之中,就像我们通常所说的过去实际上是指人的过去或与人相关的东西的过去,是指在人所生活的地球上发生的事情的过去,而不是指别的星球和别的星球可能存在的生命的过去。那些星球的过去是天文学的对象,但它反而是以人世的过去为认识背景和认识起点的。人们谈论那些星球的演化,但不曾谈论那些星球的"进步"。也没有人将"进步"二字与那些星球联系在一起。其原因就是,"进步"是人为自己和自己的生活世界所确立的价值校准。

  在时间上,传统的进步观念是以线性的时间观为基础的。伯瑞(J. B. Bury)对"进步"概念所作的经典定义就反映了这一点。他说,进步意味着"文明已经、正在并将继续朝有利的方向前进"[①]。在此,我们暂且撇开进步的未来向度而专谈进步与过去和现在的关联。过去的东西总要留下痕迹,在一定的意义上,现在只是过去的重组。大家知道,抽象的过去是可以无限追溯的,而人对过去的认识其实是有限的,这是因为人的认识工具是有限的、人的认识能力是有限的,人的生命无论是作为个体还是作为类也都是有限的。过去的不可复原性加深了认识过去的困难。就目前的认识所及,猿人的产生也不过几百万年的时间,相对于已存在几十亿年的地球,那不过是短短的一瞬。在地球存在的几十亿年的时间里,生命经历了怎样的演化,现在依然是谜团重重;在类人猿出现之前,有没有比人类更高级的生命存在过,现在也无从得知。所以,我们至多只能说,人们谈论变好或变坏只是就人所知的过去而言的。随着未知的过去变为已知的过去,比较的时间跨度得以延长,比较的空间范围得以扩展。但进步概念的适用范围仍然是非常有限的。从短时段看,进步是一个事实,但从长时段看,进步更多的是一种信念。

  不过,进步不单单涉及过去与现在,它在很大程度上还要涉及未来,至少在某些情况下对进步做出评估必须如此。因为在对事物的过去与现在进行比较时,我们已先行地超越了过去与现在,至少我们已在内心里与它们保持着距离。比较只有在进行比较的人与比较的对象保持距离时才有可能。有距离才需要比较,有距离才能进行比较。但比较的尺度每每是作为理想的东西而存在的,事物趋近这个理想的

[①] Alistair Crombie, *Styles of Scientific Thinking in the European Tradition*, 3 Vols., London: Duckworth, 1994, p. 1776.

东西的过程就是进步。作为理想的东西自然是可以不断重构的,但它仿佛预悬在我们的前头,烛照着我们,引领着我们,以致它代表着进步的前途本身。所以,著名哲学家、建构主义哲学的长期对话者雷歇(Nicholas Rescher)在《进步与未来》一文中断言:"进步有两个向度:回顾(我们已经走了多远)和前瞻(我们必须走向哪里)。一般的进步观念具有至关重要的未来向度。"①

可是,未来只是我们想象的对象、思考的对象,当未来到来了,当未来已经为我们所把握,它就不再是未来。未来是与某种预期相联系的。当我们谈论理想、许诺、信念、前途、预见乃至乌托邦时,我们已预想了某个我们所欲奔趋的目标。那个目标如果关联着积极的方面并且优于现有的性质,我们就说趋近这个目标的过程就是进步。从这种意义上讲,未来是可以朝积极的方向塑造的。按雷歇的理解,认识、评价和行动是人的努力的三个主要领域。相应地,人对未来的首要关切与它的可预见性(predicatability)、受欢迎性(welcomability)、可控性(tractability)相关联。可预见性是指未来在何种程度上是可知的以及可知的范围有多大。受欢迎性是指未来在何种程度上预示着好坏,它给人类的利益与关切预示了什么。可控性是指人在何种程度上可以塑造未来,未来在何种程度上是我们所能控制的②。可预见性既与未来的远近相关,也与现有的条件与未来事件的关联程度有关。人所能预见的东西是很有限的,这是因为世界充满了偶然性并且人的生命周期是很短暂的。他所能了解的只是最近的未来。对遥远的未来,他只能做一些假设。因此,人只能在短期范围内谈论未来的进步(比如,我们可以基于现有条件谈论量子通讯或下一代电脑可能是什么,下一代飞船可能是什么)。未来的受欢迎性实际上带有价值评判的因素,未来的好坏程度构成了我们能否做出"进步"判断的尺度。在这方面,悲观主义、乐观主义和中性的立场都会影响我们的评判和预期。前两种

---

① Nicholas Rescher, "Progress and the Future", in Arnold Burgen, Peter McLaughlin, Jürgen Mittelstraß (eds.), *The Idea of Progress*, Berlin, New York: Walter de Gruyter, 1997, pp. 103 – 119.
② 同上。

态度我们无需多谈,后一种态度则反映了人们对前景的矛盾心情,即悲观和乐观互杂的预期。悲观的预期会认为事情将向不好的方向前进,乐观的预期会认为事情将向好的方向前进。所以,进步与退步的想法常常在这里交织在一起。可控性取决于人对未来的认识、人的意志和让事情适应自己意志的能力以及外在条件的变化在多大程度上容许人的调节能力起作用。预期与控制虽然相互关联,但毕竟不是同一回事情。预期是被动的,你在这里没有影响事物的进程,控制却要影响事物的进程并且要让这种进程体现自己的意志和目标。如果事物的进程符合自己设定的向好的方面转化的目标,我们就说实现了进步。

在此,我们仿效分析哲学的做法对"进步"概念做一下语词分析也许不无益处。既然进步意味着变好,我们当然要问"何为变好?"既然"变好"是"变"和"好"的结合,我们自然要注意"进步"概念中包含的两个基本因素,即事实因素和价值因素:一方面,进步是以变化为前提的,这里涉及事实的方面。因为"变"是一种事态,一种事实,它意味着事物由一种状态过渡到另一种状态。当我们说某物或某人变了时,我们是在对发生的事情进行描述。尽管这种描述可能受到主观认识的影响,但无人可以否认某物或某人所发生的变化,毕竟,这种变化是不难通过观察来验证的。另一方面,"好"是一种评价,它不但与人的经验、知识相关,而且与既定的价值标准有关。在某些情况下它甚至受到人的好恶的影响。即便我们用"好"字去描述某种自然现象,比如,诗人说"好雨知时节",那也是因为它要么被赋予特殊的意义,要么符合人的情趣,要么被作为人的愿望的投射,要么被认为体现了对人的生活世界的价值,这种价值可以是实用价值,也可以是审美价值。一般说来,在情感和审美的领域里,"好"的评价比在其他领域更容易受到个人好恶的影响。

然而,进步无疑要看结果,但不限于结果,它体现的是从前一种结果到后一种结果的过程。所以,进步不是一个静态的概念,而是一个动态的概念。对"进步"的断言不同于单纯地断定某物、某事或某人

"好"。这里所说的"好"其实是比较级的"好",即"比以前更好"。按著名生物学家艾亚拉(Francisco Ayala)在《可以把"进步"定义为生物学概念吗?》一文中的看法,"更好仅仅意味着更有效率,更加丰富,或更加复杂"①。我们暂且不讨论对"更好"做这样的定义是否更好。我只想表明,这一定义旨在将"进步"这个多少带有价值论色彩的概念引向描述科学(descriptive science)或事实科学(factual science)的方向,因为"效率""丰富"和"复杂"是可以用定量的方法加以衡量的,甚至在许多情况下可以凭感觉经验来确定。

值得注意的是,当我们谈论进步时,我们是把历时性的东西转化为同时性的东西来处理。要而言之,我们所说的进步的主体并非两个事物,而是同一类事物的系列。进步既基于那个事物的系列的同一性,也强化着那个变化了的系列的同一性。时间系列的引入对进步观念的形成具有重要的意义。除了比喻性用法之外,我们不说某物比另一物进步,我们只是说某物比另一物先进或高级。并且,当我们说某某人进步了,我们通常会想到某人在某某方面进步了。对于进步,人们都能接受的一个基本描述是:进步不仅是量的增多,而且是质的提高。当然,量与质的区分在这里不可绝对化,因为好的因素在量上的增加本身就是进步。

进步也意味着向更好的方向转化,向积极的方向转化,因此,进步是或多或少的改进。由于它离不开比较,它已先行地包含了过去而又超越了过去。用大家熟悉的哲学语言讲,进步乃是一种扬弃。断定某某进步需要进行比较,而这种比较是对两种不能同时出现的前后状态的比较,相对于对两个同时存在的事物进行的比较,这种比较要难得多。因为它意味着将不同时空中的东西放在同一时空中加以审视,准确的记忆和记录在此显得特别关键。进步是通过记忆机制而起作用的。假如没有记忆,进步就无从发现,也无从判断,甚至可以说没有意

---

① Francisco Ayala, "Can 'Progress' be Defined as a Biological Concept?", in Mathew Nitecki (ed.), *Evolutionary Progress*, Chicago/London: University of Chicago Press, 1988, pp. 75-96.

义。对前后状态的比较就是在记忆中进行的,对先前状态的记忆被置于现有的尺规之上,这就是所谓的评估。评估者需要把自身设定为超越过去与现在的旁观者,对过去与现在的全面了解是这个旁观者的任务,这也是进行准确评估的先决条件。只有把自己放到客观与公正的立场上,评估才可能是准确而有效的。因此,对进步及其程度的判断离不开对事物的前后状态的准确了解和对比。

这样一来,当人们思考进步概念时,有一个问题自然浮现出来:进步有没有客观标准?如果有,它由哪些基本要素构成?这些要素之间又有什么关联呢?在诸多的要素中,哪些要素是最根本的东西?在回答这类问题之前,我们有必要指出人们从未就进步的定义达成一致。实质上,抽象地谈论进步也是无法取得一致意见的。也许,我们会问,为什么一定要取得一致意见呢?进步本来就是多义的,进步概念在运用到不同领域时会有不同意义并且起不同作用。我们关心的是,建构主义哲学家们是如何解决这个问题的。

三、"进步"概念的类型学分析

任何概念都需要某种确定性才能将人们的日常经验和科学思想固定下来并为他人所理解,也只有具备一定的确定性才能具有自明性和严格性。但概念一旦凝固化,它又会失去吸纳新经验、表达新发现的能力。所以,概念在一定意义上维持某种弹性反倒延续着概念的生命。"进步"概念也不例外。

建构主义哲学家们也承认,进步概念虽然问题多多,但我们又不能不用。哲学最需要做的是澄清这一概念。这样便于我们在该用的地方恰当地使用这一概念,在不该用的地方果断放弃这一概念。据沃尔特(Gereon Wolters)的研究,"进步"一词针对完全不同的对象会呈现很不相同的意义。比如,它可以用于理论、形势、制度、时代、器具、能力、有机体,等等。如果不针对具体情况澄清词义,我们就会误用和误解它们。他把那些东西统称为"现象"。但现象本身无所谓进步,现象只是"涉及至少一种特征,这种特征因某种原因对某人显得积极、有利或更好。进步意味着这种特征或这些特征分别在量上或质上获得增长。同一种现象的其他特征,包括那些有利的特征,可以维持不变,甚至有所减少"[①]。也就是说,我们通常所说的进步只是就某物的某个方面或某些方面而言的。比如,理论的进步意味着它在统一的能力、范围或经验的内容方面有所提高或扩大。交通工具的速度提高了也被认为是进步。有时,人们在"进展"的意义上使用"progress"一词。在中文里,"进步"是褒义词,而西文中的"progress"(progrès, Fortschritt)也可以用来描述消极的东西,例如,进行性疾病。但本文不在消极意义上使用此词。

沃尔特引进了类型学方法对"进步"概念进行分析,这种分析多少也带有建构主义的特点,因为建构主义总喜欢对一些模糊的东西进行分解,然后,按一定的模式进行重构。在沃尔特看来,一种类型的进步现象构成一个系列。这个系列按两种方式排列。一是按时间,二是按性质的程度或数量排列。在时间上,进步是指越来越好或越来越大的现象。沃尔特把这种系列称为进步类(progress class)。进步类可分为"强进步类"(strong progress class)和"弱进步类"(weak progress class)。强进步类是指连续地、不间断地向更好的目标前进的现象;弱进步类则是指不连续地向好的方面前进的现象。

让我们先来讨论弱进步类。弱进步类之所以被称为进步,是因为它在总体上代表了进步倾向。比如,太阳能汽车就速度而言现在还无法与其他汽油驱动的汽车相比,但没有人可以否认它比其他汽车在技术上更进步。弱进步的概念并不一定考虑在某些情况下事物朝有利的方向发展,它旨在表明进步中有某些退步现象。连续的进步在特定时段内是可能的,但几乎所有事物都不可能永远进步下去。就此而言,我们所说的进步其实是相对的。在现实生活中,许多进步都属于

[①] Gereon Wolters, "The Idea of Progress in Evolutionary Biology: Philosophical Considerations", in Arnold Burgen, Peter McLaughlin, Jürgen Mittelstraβ (eds.), *The Idea of Progress*, Berlin, New York: Walter de Gruyter, 1997, pp. 201 - 217.

弱进步类。这类进步类在前进中有时发生倒退,或者在某些方面发生退化。这一点在生物界非常明显。

比如,从地质年代看,有机体无法适应变化的环境导致地球上曾经存在过的生物有百分之九十五都灭绝了。即便是同一个有机体,它在某些方面进化的同时在另一些方面却退化了。蝙蝠和土拨鼠就是最好的例子。相对于他们的哺乳类祖先,它们的视力退化了,但相对于鱼和其他某些爬行类动物它们却进步了。而人除了手更灵活和大脑更复杂之外,其他器官大大地退化了。在近50年中,人的眼力和生殖能力在一些国家更是退化得厉害。也就是说,人在某些方面的进步是以另一些方面的退步为代价的。但沃尔特认为,从进化生物学(evolutionary biology)的观点看,"进步"并不是生物演化的普遍特征。

那么,强进步类的特性和结构又怎样反映出"进步项"之间的关系呢?首先,我们要了解这里的"进步项"概念(这是我本人使用的概念)。所谓的"进步项"是指构成进步链条的每个环节。比如说,假定事物由 A、B、C、D 进展到 F 是一个连续的发展过程,其中的 A、B、C、D、F 都是进步项。强进步类涵盖了所有同类的现象,"因此,强进步类是按线性方式排列的集合"[①]。在这里,后面的进步项相对于前面的进步项而言都是一种提高和改善。如果强进步类的最后一个进步项是界定进步的最终因素,这个进步类就被称为目的进步类(purposive progress class)。比如说,我们所说的进化论是以人作为生物进化的最终因素的。

按包含的进步项的多少衡量,进步类又可进一步分为普遍的进步类和特殊的进步类。沃尔特说,前者包含某类现象的整个系列,后者则仅仅包含整个现象系列的特殊阶段。既是强进步类又是普遍进步类的例子不多。绝大多数进步类属于特殊进步类。进步并非单子式的述谓关系(比如,说"A 是进步的""B 是进步的"就属于这种情形)。

---

① Gereon Wolters, "The Idea of Progress in Evolutionary Biology: Philosophical Considerations", in Arnold Burgen, Peter McLaughlin, Jürgen Mittelstraβ (eds.), *The Idea of Progress*, Berlin, New York: Walter de Gruyter, 1997, pp. 201-217.

用形式化的方式说,我们无法简单地断言现象 Pn 是进步的。我们需要区分两种情况,即简单情况和复杂情况。

在简单情况下,现象 Pn 至少与同一进步类中的一种现象 Pm 相关,Pn 与 Pm 具有至少一种相同的"积极"性质 Ci 并且呈现增长趋势。比如,与黑猩猩相比,智人在脑的体积、智能、适应能力方面是一种进步,但在爬树方面,智人显然退步了。在此,把一种因素挑出来作为"积极"的因素难免有主观性并且涉及价值判断。不过,主观性并非任意性。

在复杂情况下,讨论某种进步类的现象需要更为全面的进步概念。它也涉及更为复杂的价值判断。我们不妨假定,现象 Pn 至少与同一进步类的一种现象 Pm 相关,与后者相比,前者在积极性质 Ci 方面是进步的,这种积极性质在价值上超过了这两种现象所共有的消极性质。沃尔特给了一个有趣的例子来说明。我们通常将旅行的速度和舒适程度作为"旅行安逸"这种进步类的两种特征。无论在时间上还是在舒适程度上,乘火车从苏黎世到莫斯科比乘马车到那里都是一种进步。但如果你乘飞机的经济舱就没有乘火车的头等舱那么舒适。这样看来,乘飞机反而不占优势。但是,乘飞机的经济舱毕竟只有短时间的不舒适。所以从总体上看,乘飞机旅行比乘火车旅行在安逸程度上是更为进步的旅行方式。如果我们选一些别的特征进行比较,情况就有些不同。比如,你乘火车比乘飞机可以看更多的风景[①]。

从上述例子我们可以看到,要评价进步就不能不选择评价标准,选择要评价的特征并且要考虑多重因素。当我们使用"进步"一词时,我们已经在对现象进行归类。在逻辑上讲,"进步"是关系谓词,至少是三阶谓词。当我们说"进步"时,我们首先想到的是"什么"在进步,相对于哪个东西进步了,在哪个方面或哪些方面进步了。对选择的特征进行评价当然与我们选择的角度、选择的方式有关,因此与主观因

[①] Gereon Wolters, "The Idea of Progress in Evolutionary Biology: Philosophical Considerations", in Arnold Burgen, Peter McLaughlin, Jürgen Mittelstraβ (eds.), *The Idea of Progress*, Berlin, New York: Walter de Gruyter, 1997, pp. 201-217.

素有关。但选择绝非任意的安排,因为对选择的项目可以验证并要提供根据。在自然科学领域和社会科学领域,我们不断看到人们试图淡化进步标准的主观色彩并试图把进步归结为可以定量描述的东西。我们可以把这一过程称为主观因素的客观化过程。

在上一节,当我们引述艾亚拉对进步的定义(即进步意味着比以前更好,而"更好仅仅意味着更有效率,更加丰富,或更加复杂")时,我们已经看到了这种努力。在自然科学领域,这一努力的方向是值得肯定的。对生物界来说,在许多情况下,艾亚拉的定义可能是个不错的定义。但在人的精神生活领域里,这个定义未必适用,因为不少人感到,更简单反而让人感到更好。即便在某些物种那里,进步也并不一定意味着变得复杂。比如,马在进化过程中由五个脚趾变为一个脚趾反倒更便于奔跑。因此,其他一些进化生物学家对艾亚拉的进步标准做了修正和补充。比如,把生物进化中的进步定义为占支配地位的能力、侵入新环境的能力、在适应中的替代与改进能力、控制环境的能力的提高,以及专门化的增加,一般能量和生命活力的增加、适应环境的范围和种类的增加,等等[①]。这与其说是进步标准还不如说是对相关特征的现象描述。其目的是尽量降低"进步"概念的价值论色彩。艾亚拉本人也已注意到这些补充和修正并指出了其中的困难。为摆脱对进步的上述定义反而使事情越来越复杂的局面,艾亚拉干脆把进步归结为"获得和处理环境信息的能力的增长"。我以为这个带有还原主义特点的定义是以人作为进步的最高标准并且过于简单化了。获得和处理环境信息只是生物活动的第一步。对人这种高级生物来说尤其如此。所以,他又修正说,进步意味着获取环境信息并相应地做出反应的能力的提高。

作为康斯坦茨学派的哲学家,沃尔特敏锐地发现将"进步"概念引入生物学所面临的问题与困难。他不明白,生物学既然有了进化

[①] Francisco Ayala, "Can 'Progress' be Defined as a Biological Concept?", in Mathew Nitecki (ed.), *Evolutionary Progres*, Chicago/London: University of Chicago Press, 1988, pp. 75 – 96.

(evolution)概念,为何还要用一个更加模糊的"进步"(progress,此词后来也被翻译为"生长"或"进化"恰恰是为了向进化论靠拢)概念来说明进化过程。在他看来,将进化过程称为进步过程并不能给生物学提供多少新的知识,相反,只会给生物学带来更多不必要的困扰。从历史上看,将"进步"(progress)这个概念引入生物学的人恰恰不是别人,正是创立进化论的达尔文。他在1859年问世的《物种的起源》中指出:"由于自然选择只是通过每种存在物的好处并为了其好处而起作用,所有身体和精神方面的能力往往会向完美的方向进步。"("And natural selection works solely by and for the good of each being, all corporeal and mental endowment will tend to progress towards perfection.")①很可能是为了让更多的人接受进化论,达尔文引进了这个在当时已很时髦但也很模糊的词来说明生物现象。这也再次证明了爱尔兰根学派一贯坚持的观点:科学中的许多概念有着日常经验的根源。通过对这些经验的说明和解释,我们不难发现科学概念与生活世界的深刻联系。像沃尔特一样,艾亚拉也已经指出了同样的问题。他甚至说:"如果将'进步'一词从科学论著中清除出去,我会感到非常高兴。但不大可能出现这种情况。进步概念似乎无可挽回地深深扎根于现代人的思维范畴之中,因此很可能继续存在于生物学中。"②他的这番话表达了他对"进步"概念的矛盾心情——用之麻烦,弃之可惜。正是这种心情促使他做了不少努力来重新定义"进步"概念。

四、余论:进步的两面性

进步是手段还是目的?或者,进步既是手段又是目的吗?对建构

---

① Charles Darwin (1859), *On the Origin of Species*, ed. by Ernst Mayr, Cambridge, Mass: Harvard University Press, 1964, p. 489.
② Francisco Ayala, "Can 'Progress' be Defined as a Biological Concept?", in Mathew Nitecki (ed.) *Evolutionary Progress*, Chicago/London: University of Chicago Press, 1988, pp. 75-96.

主义而言，我们只有从不同角度去提问题，才能对进步概念有一种完整认识；也只有从不同角度提问题我们才能把握进步的广泛意义。人类的进步并非以个体理智能力的总和来衡量。社会的普遍进步是通过制度化的方式来实现的。但进步本身并非人类工作的最终目的。人的进步是以人的自由、尊严与幸福的提高为标志的。进步既是人的信念，也是基于观察和比较而确定的向好的方面过渡的进程。人是唯一既作为进步主体又作为进步对象的存在物。由于建构主义者眼中的对象是通过人建构出来的，所以他们理所当然地认为"进步的对象（至少部分地）源于进步的主体"[①]。这样一来，对进步的研究最终落实到对人的研究上来。由于人本身的不确定性，我们不得不回到第二节最后一段所提的问题，即"进步有没有客观标准？"如果有，我们需要考虑哪些因素？这些因素有什么关联？

一些建构主义哲学家，如卡姆拉(Kamlah)和密特西特拉斯，曾从政治人类学的观点出发来探讨进步问题。在前者看来，人的自由、尊严与幸福不仅体现在生的方面，而且体现在死的方面。只有拥有死的自由与尊严，人的自由与尊严才是真正完整的，也只有拥有死的自由与尊严，人的自由与尊严才能真正实现。为此，他很早就提出了"死亡权利"概念。这一概念被认为是对人的自主性概念和自由概念的重要补充，因为它将人由被动性的等待者变成了主动性的出击者。人的进步在很大程度上表现为人的自我主宰、自我完善和自我改进的能力的提高。但这种能力最终是通过死的能力来检验的。活得好好的人没有必要去死，并且极少有人在这种情况下去死。但在生不如死的情况下，在生命质量极端低下的情况下，死的勇气和死的意志可以守护人的自由和尊严。在近代以前，人们很少关注这个问题。近代以后，人的自由和尊严的提高也被作为人类进步的重要标志。

在密特西特拉斯看来，今天，进步已不再是幻觉，而是现实。"不

---

① Jürgen Mittelstraß, *Leonardo-Welt*, Frankfurt am Main: Suhrkamp, 1992, S. 18.

是进步属于世界,而是世界属于进步。"①但进步不是直线性的,它的表现方式在不同领域是极不相同的。进步在某些领域(如医学、生产工具的制造)是明显的,在某些领域(如文学)则不那么明显,在另一些领域进步概念甚至根本不适用。因此,重要的是确定这一概念的适用范围。在物质层面,我们比较容易谈论进步,因为我们能相对容易地找到比较的标准。而在精神的层面,我们很难确立这样的标准。其原因在于,"向好的方面转变"在这个领域容易受主观好恶的影响。审美领域就是典型的例子。我们看到现代建筑的技术含量无疑更高,但我们很难说现代建筑比古罗马的神庙更美。但无论如何,人类的认识能力、人类的生产工具和生产能力一直在取得进步却是无法否认的经验事实。即便是在中世纪,欧洲人的技术知识依然在取得进步。如果确认人是进步的主体并把这个主体看作开放的对象,"人"的进步观就与人的自觉或自我理解有关。我们目前谈论的进步是以人的理性能力的提高为基础的。因此,开放的进步观与开放的理性观密切相关。从个体层面看,古希腊人的喜怒哀乐与今天的人没有大的差别,但今天的人的计算能力是古人远远没法相比的。从社会层面看,进步虽然需要一定的条件,但最终取决于有意志的人的理性选择和努力。社会精英成了理性能力的普遍代表。他们浓缩了人类的普遍经验或集体经验并将它们与个人的理性能力结合起来。通过创造性的实践,社会精英们引领时代潮流,集中大家的智慧并发展人的普遍的理性能力。正是凭借这一能力,人类的认识能力和创造能力才取得了长足的进步。

然而,人的理性能力只有在科学技术领域才找到了最大的用武之地。科学的产业化为这一能力的发展提供了实际生活的动力,从而使科学的追求成了社会的需要。使人的理性能力得以发挥的中间环节就是技术和经济②。当技术思想成为科学活动的本质时,人的大脑仿

---

① Jürgen Mittelstraβ, *Die Häuser des Wissens*, Frankfurt am Main: Suhrkamp, 1998, S. 71.
② Jürgen Mittelstraβ, *Fortschritt und Eliten. Analysen zur Rationalität Industriegesellschaft*, Konstanz: Konstanzer Universitätsreden, 1984, 27ff.

佛得到了扩展,手脚仿佛得到了延伸。所以,从人类学的立场看,科学技术通过提升人的认识能力和控制能力而丰富"人"的内涵,改变"人"的形象并促进人的进步。但密特西特拉斯反对科学研究过分产业化,其原因是他担心过分的产业化会导致急功近利,会使人们放弃那些暂时还看不到应用前景但其价值要很多年以后才显现出来的科学研究。同时,"希望科学进步的人虽然能以一定的方式谋划科学的进步,但他无法强制实现这种进步。希望拥有精英,特别是科技精英的人也必须为使他们发挥作用留下余地。所有这些意味着,科学的产业化如果成为现代科学发展的天命,就不会促进科学的进步,而会阻碍科学的进步"①。

科学技术是人的工具,而进步首先在于人的工具能力的完善,虽然这种能力的提高并不总是伴随道德的完善。从根本上讲,科技的进步无疑表征着人的能力的进步。鉴于科学发展是可以进行衡量的,建构主义哲学家们认为,在科学技术领域,进步是有客观标准的。今天,科技进步不仅是一种事实,而且是当代自由文化的任务。科技是现代文化的一部分,甚至是现代文化的本质。没有科学技术,现代社会的自由文化就会丧失自己的理性本质,也会丧失自己的自由本质。

但是,在科学的量的积累与质的转变之间一直很难找到一种固定的对应关系,科学革命实际上已经昭示了知识的质变对进步的意义。科学作为知识的重要存在形式无疑对理解进步具有典型意义。但知识的增长与人控制未来的能力不一定成正比。这是因为知识的增长与知识的运用之间具有相当大的距离。况且,知识的不合理使用非但不会带来进步,相反,会造成对原有东西的破坏,乃至毁灭。所以,包括科学在内的知识的增长只是为社会进步提供了必要的条件。从这里我们看到了进步的后果并不都是好的。随着作为研究者的人与作为研究对象的人之间的距离越来越小,科学进步的悖论正变得日益明

---

① Jürgen Mittelstraβ, *Die Häuser des Wissens*, Frankfurt am Main: Suhrkamp, 1998, S. 201.

显。"科学技术世界的复杂性及其问题是随科学技术的进步而增长的。"①由于进步既解决问题又制造问题,我们就不得不以批判的眼光看待进步。科学的合理性理论表明,只有伦理的定向才能使科学进步的悖论有望被克服。

---

① Jürgen Mittelstraβ, *Leonardo-Welt*, Frankfurt am Main: Suhrkamp, 1992, S. 24.

第二章 "启蒙"概念及其张力

一、引言

启蒙运动是一个始于观念更新而及于自由实践的漫长过程,这一过程伴随着旧体制的瓦解和新气象的产生,伴随着人性的解放与理性的自觉,也伴随着圣界与俗界的分离以及韦伯所说的"合理化"过程,更伴随着以"精英"自诩的知识分子们试图以追求人类的普遍解放的名义将新时代的世界观和价值观向自己力所能及之处进行不遗余力的推广。随着这一过程与疯狂追求物质利益相联系,并从资本和市场的扩张以及技术的广泛运用中获得源源不断的动力,随着殖民化运动在二十世纪的结束以及两次世界大战给人类带来的浩劫,随着科学技术的不恰当运用给人类带来的负面影响不断显现,生活在二十一世纪的人们希望对启蒙本身进行批判性的反思,进而对启蒙运动的思想遗产进行重新审视和清理也便在情理之中了。

然而,"启蒙"这个原本仅限于理智活动的词语被赋予了过多感情色彩:它像"后现代"概念一样,要么被视为百宝箱,要么被视为垃圾袋。随之而来的是两种截然相反的态度:要么为启蒙作辩护,要么对其后果进行谴责。其实,"启蒙"的本意仅在于彰显精神的力量,它唯一可以允诺的东西就是理性的自由。尽管它作为运动为未来的社会秩序确立了一些基本原则,但要求十七、十八世纪的思想家们为十九世纪和二十世纪的灾难负责,不仅有违公正的原则,而且等于承认后代人已经倒退到了启蒙运动前的状态:树立思想的权威并盲从这种权威。启蒙运动只是为后人提供了选择的可能性,它无法决定后人如何做出选择。把今天的失败与灾难统统归咎于启蒙运动,就像一个身无分文的人把自己的贫穷归咎于自己的祖先。今天,当我们重温康德关于要按人的尊严去对待人的观点时,当我们重温康德在1784年8月30日写的下面这段话时,我们仍然有必要保持康德曾经拥有的那种理性的自谦:

> 这一启蒙运动除了自由而外并不需要任何别的东西,而且还确乎是一切可以称之为自由的东西之中最无害的东西,那就是在一切事情上都有公开运用自己理性的自由。①

但康德表明的"自谦"中也隐含着非常崇高的要求,亦即精神的自由。无论是对个人还是对于国家来说这都是最不易达到的理想。启蒙的真谛首先在于勇敢地运用理性,独立地运用理性,自由地运用理性。只有勇敢地运用理性,我们方能以启蒙的方式对待启蒙;只有独立地运用理性,我们方能以理性的方式去对待理性;只有自由地运用理性,我们方能以自由的方式对待自由。以理性的方式去对待理性,意味着不把理性情绪化,意味着看到情感中确有理性不可说明的因素,意味着看到理性自我展开的历程中已经显示出自身的矛盾;以自由的方式去对待自由,意味着不把自由看作一种固定不变的模式,而是把自由看作一种理想、一种观念、一种精神状态、一种制度,更是一种以尊重他人为特征的自我决定和自我规约的生活方式;以启蒙的方式去对待启蒙,意味着看到启蒙的两面性,意味着克服对启蒙的不成熟看法所强化的不成熟的社会心态,意味着像十八世纪德国《柏林月刊》的作者们那样展示对"启蒙"的解释的多样性。这些解释的确蕴含着多种可能发展的萌芽,也蕴含着二十世纪关于启蒙的争论的萌芽。

---

① 康德:《答复这个问题:"什么是启蒙运动"》,载《历史理性批判文集》,何兆武译,北京:商务印书馆,1990年,第22—31页。

我们只要看看启蒙思想家卢梭以及其他浪漫主义者对科学技术的不恰当使用的批评,看看雅可比(F. H. Jacobi)在《莱辛所言》中对启蒙运动不乏赞赏的温和指责,再看看康德和门德尔松(M. Mendelssohn,1729-1786)对启蒙运动的不同辩护,就不难明白,启蒙运动本身就存在一种张力,这种张力的消失恰恰会使"启蒙"显示出自身的偏颇。对"启蒙"的滥用就是这种张力消失殆尽的表征。早在1784年,门德尔松就发出了这样的警告:"启蒙的滥用削弱道德情感,导致铁石心肠、利己主义、无宗教和无政府主义。"①

二、"启蒙"的概念史

现代中文里的"启蒙"(古文中早就有这个词)、英文的 enlightenment 和德文的 die Aufklärung,均是对法文 les lumières 的翻译。在法文中,les lumières 字面上是指"光"或"光明"。用这个词的复数大写形式去指称"启蒙"或"启蒙运动"具有深刻的历史意蕴,并且体现了启蒙运动并非自绝于西方基督教文化传统,相反,它根植于这种传统并且远承希腊哲学的遗泽,近接文艺复兴的主脉,同时也给未来学者提供了发挥想象、进行不同解释的空间。十八世纪常被称为"启蒙的世纪",也被称为"理性的世纪"。对这个世纪,法国人取过不同的名称,比如,le siècle des lumières, le siècle eclaire, les lumières, 甚至有人借用意大利文 illuminismo 来表示这个世纪(意大利人至今仍沿用这一名称)。这些名称都有一个共同点,即都与"光"相关,而"光"总是让人产生遐想,激起希望,因此,这个世纪也被称为塑造理想的世纪。空想社会主义的出现,人们对现实的普遍不满以及对人类进步的坚定信念,都是对这个充满理想的世纪的最好注脚。如果我们对

---

① 詹姆斯·施密特编:《启蒙运动与现代性:18世纪与20世纪的对话》,徐向东、卢华萍译,上海:上海人民出版社,2005年,第56—60页。要了解《柏林月刊》的情况和有关启蒙的争论,可进一步阅读以下著作:*Was ist Aufklärung? Beiträge aus Berlinischen Monatschrift*, Hrsg. von N. Hinske und M. Albrecht, Darmstadt: Wissenschaftliche Buchgesellschaft, 1973.

"启蒙"或"启蒙运动"概念作一个简要的语源学考察,就会发现它与"光的形而上学"有着无法忽视的渊源关系。

用英文的 enlightenment 去翻译 les lumières 比较贴切,因为它既照顾到了法文原词的字面意义,又照顾到了它的隐喻意义;德文的 die Aufklärung 作为 les lumières 的译名只能算凑合,因为在当时的德语里的确找不到一个现成的词能十分恰当地表示法文原词的丰富意义,如果直接用 die Lichte(光照)或 die Illumination, das Glänzen 去翻译又嫌太直接、太普通,并且在德文里,此词并不能让人想起"光"与"理性"的联系。十八世纪的法国学者们用 les lumières 这个词来表示一场尊崇理性,怀疑权威,追求自由、民主和进步的思想文化运动,不仅是出于修辞上的考虑,而且也是出于学理上的考虑,因为这个词通过典雅的诗意化表达既显示了十七至十八世纪那场思想文化运动与自柏拉图以来的视觉中心主义哲学的深刻联系(从而显示其渊源有自己的历史底蕴),又显示出启蒙思想承继过去同时又昭示未来、烛照未来的勃勃雄心。可以说,用这个词来表示"启蒙运动"的确是再绝妙不过的选择。Die Aufklärung 作为 les lumières 的译名,盛行于十八世纪八十年代。在当时的德国政界、学界和宗教界,人们对这个词的用法非常混乱,有的从积极的方面去看待"启蒙运动",有的则从消极的方面去看待"启蒙运动",正统的宗教界人士尤其害怕它所倡导的自由精神会损害宗教权威,保守的政治家则担心它会破坏公共秩序甚至导致政治暴乱。因此,1783 年 12 月,著名神学家策尔纳(Johanan Friedrich Zöllner)在《柏林月刊》(*Berlinischen Monatsschrift*)第 1 期上发表题为"Ist es ratsam, das Ehebuendniss nicht ferner durch die Religion zu sanciren?"(《以后不经宗教而认可的婚姻行得通吗?》)的文章,要求对"启蒙"一词进行界定;随后,门德尔松和康德先后发表《论这个问题:什么是启蒙?》("Über die Frage: Was heißt Aufklärung?")以及《对这个问题的回答:什么是启蒙?》("Beantwortung der Frage: Was ist Aufklärung?")的论文,对策尔纳的提议做出回应。多亏《柏林月刊》、"柏林星期三协会"(Die Berliner Mittwochsgesellschaft)、"启蒙之友社"

(Die Freundeder Aufklärung)以及《柏林启蒙杂志》(*Berlinisches Journal der Aufklärung*)的广泛讨论，"启蒙"一词才渐渐深入人心并且多半与"光明""理性""自由""进步""怀疑""批判""革命"等联系在一起。实际上，die Aufklärung 这个词之所以还能凑合翻译 les lumières，既是因为 die Aufklärung 这个词在十八世纪本可以指"云开日出"，因而间接与"光"相关，也是因为它被大部分学者赋予与理性相关的意义并被广泛接受，尽管它从字面上显示不出与"理性"(die Vernunft)和"理智"(der Verstand)的特殊联系。

为何说用 les lumières 表示启蒙运动显示了它与自柏拉图以来的视觉主义哲学的历史联系呢？正如法国学者拉比卡(Georges Labica)在《启蒙的昨天与今天》("Les Lumières hier et aujourdhui")一文中所说："光的隐喻早已出现在柏拉图、普罗丁和玛尼那里，它因从(古伊朗的)拜火教 Avesta 中汲取灵感而更加完善，在那里，蒙昧的力量(Angra Mainyu 或 Daivas)与光明的力量(Spenta Mainyu 或 Ahura)使人们经历着各种各样的冲突。"①如果将启蒙时代的这一核心哲学概念追溯到柏拉图甚至巴门尼德，我们便可看到一个清晰的视觉中心主义的脉络，并且这一脉络与光的隐喻相关。希腊哲学中的一些重要术语〔如 theoria（理论）、eidos（本质、理念）等〕的最原始意义本身就是指"看"，而"看"是离不开光的，甚至可以说它就是光的作用过程。希腊哲学虽然也重视听（比如，苏格拉底和赫拉克利特就是如此），但与"看"相比，"听"仍然处于从属地位。且不说柏拉图的太阳隐喻，他所说的理念就有"光"的效能。理性不仅是"善"的光显，而且能在烛照万物中认识理念。当亚里士多德将心灵的认识比作光照并且认为精神使事物可以认识就如同光线使万物可见时，他已与他的老师相去不远②。普罗丁(Plotin)则在糅合柏拉图和亚里士多德思想的基础上使用"自然之光"这一概念，因为在他那里，自然之光既可以指对理念的

---

① Georges Labica, "Les Lumières hier et aujourd'hui", 见高宣扬主编：《法兰西思想评论》第 1 卷，上海：同济大学出版社，2005 年，第 22—36 页。
② 亚里士多德：《形而上学》，A50, 986a 25-26。

恍然大悟,也可以指理念照亮世界的功能。奥古斯丁对"自然之光"的解释奠定了这一术语在基督教哲学传统中的地位。他在《忏悔录》(见《忏悔录》VII. 137)中赋予了这个词以新的意义。他把"自然之光"解释为对上帝的话语的领悟,这样,"自然之光"不仅有了神学的意义而且有了认识论的意义。

真正把"自然之光"作为"理智之光"或"理性之光"使用的,是经院哲学的集大成者托玛斯·阿奎那。他在《神学大全》中将"神圣之光或上帝之光"与"理性之光"(lumen rationis)或"理智之光"(lux intellectualis 或 lumen intellectus agentis)明确地区分开来,并认为"理性的自然之光"分有了"上帝之光"或"神圣之光"(lumen naturale rationis participtio quaedem est divinis luminis)[1]。所以,密特西特拉斯在解释"自然之光"时指出,"自然之光"在这里是相对于"超自然之光"(lumen supranaturale)、"信仰之光"(lumen fidei)或"恩典之光"(lumen gratiae)而言的[2]。

在近代,用"自然之光"表示理性是从笛卡尔开始的。他在许多方面受到过阿奎那的影响,并从阿奎那那里继承了一些术语[3]。他通过将上帝的理性与人的理性完全分开,从而将理性作为独立的文明之源。此外,他强调要增强理性之光并有效地发挥它的作用。他还首次尝试以法语撰写哲学著作,从而为后来的启蒙运动所要达到的一个基本目标——开启民智——开辟了可能性。在《指导心灵的规则》中,笛卡尔指出:"如果有人想真心实意地探求事物的真理,他就不应选择某一专门的科学;因为所有科学都是相互联系,相互依赖的;他应该想想如何增强理性的自然之光,这不是为了解决这样或那样经院哲学式的

---

[1] *Summa theologiae*, I qu. 12 art. II ad 3.
[2] Jürgen Mittelstraβ, "Lumen naturale", in *Enzyklopädie Philosophie und Wissenschaftstheorie*, B. 2, Hrsg. von. Jürgen Mittelstraβ, Wissenschafts Verlag, Mannheim/Wien/Zürich, 1984, S. 726 - 727.
[3] Etienne Gilson, *Études sur le role de la pensée médiévale dans la formation du systeme cartesien*, Paris: J. Vrin, 1930, pp. 207 - 209.

困难,而是为了使他的意志在生活的各种偶然性中做出适当的选择。"①他在解释"直观"时说:"直观是纯净而专注的心灵的无可置疑的观照,并且只能源于理性之光。"②由于直观是认识所有真理的最根本的方法,理性之光也就成了真理之光或真理之源。这一观点几乎影响了十七世纪的绝大部分理性主义者。所以,斯宾诺莎在《伦理学》中将真理与光明相比拟、将错误与黑暗相比拟,也就顺理成章了。

对理性的这种乐观主义态度充分体现在斯宾诺莎的这一论点中:"遵循理性的指导,我们是直接地追求善,只是间接地避免恶","道德的原则基础在于遵循理性的指导"③。笛卡尔的后继者们对理性与情感的可能冲突没有给予足够的重视,他们也全然没有意识到在解释人的激情时依然采用物理学的方式并不恰当。他们甚至天真地相信:理性原则的贯彻,将自然而然地让人高尚。比如,莱布尼茨仍然没有放弃理性之光的隐喻,并将"清楚、明白"这一同样与光的隐喻相关的真理标准悄悄保留下来。当他断言"如果给予充分的认识,就肯定始终存在一种先天的可能性的认识"④时,我们不仅预先嗅到了康德的气息,而且会问这种先天可能性的认识的根源在哪里。1714年,他专门写了《以理性为基础的自然与神恩的原则》⑤,进一步扩展了理性概念的适用范围,并认为崇高的理性既可以认识事物的内在必然性,又可以让我们与上帝相通,并因此领受上帝的惠爱,从而达到至善与至福。

虽然从笛卡尔到莱布尼茨的形而上学受到十八世纪一些启蒙思想家的嘲笑,但这些启蒙思想家仍然自称是理性精神的传人。他们也

---

① E. S. Haldame and G. R. T. Ross (trs. and eds.), *The Philosophical Works of Descartes*, Vol. 1, Cambridge: Cambridge University Press, 1969, p. 2.
② 同上书,第7页。
③ 斯宾诺莎:《伦理学》(命题六十三、五十六),贺麟译,北京:商务印书馆,1983年,第220、212页。
④ G. W. Leibniz, "Betrachtung über die Erkenntnis, die Wahrheit und die Ideen", in G. W. Leibniz, *Philosophische Schriften und Briefe*, Hrsg. von U. Goldenbaum, Berlin: Akademie Verlag, 1992, S. 28 - 36.
⑤ 中译文见《莱布尼茨自然哲学著作选》,祖庆年译,北京:中国社会科学出版社,1985年,第128—137页。

打着理性的幌子强调人的感性生活,并为人的情感、意志与欲望作辩护。一方面,分析、经验与想象都在百科全书派那里被赋予同等重要的地位;另一方面,怀疑精神与批判精神被看作理性自觉的必然结果。除重新阐释"自然"概念并从理性之光引出各种各样的科学观念外,一些启蒙思想家如卢梭和伏尔泰,甚至早就批判了科学与道德的分离,并认为这便是理性时代的困境。正如法国学者德拉奴瓦指出的那样,伏尔泰"将一些地球人与外星客相对照。外星客对地球人的科技成果惊叹,但也为地球人的政治和道德缺陷懊丧"①。这是在提醒人们,要防止科学没有道德定向的可怕社会后果。卢梭的观点最清楚不过地证明了这一点。他富有激情地写道:"我自谓我所攻击的不是科学本身,我是要在有德者的面前保卫德行。""看一看人类是怎样通过自己的努力脱离了一无所有之境,怎样以自己的理性之光突破了自然蒙蔽着他的阴霾,怎样超越了自身的局限而神驰于诸天的灵境,怎样像太阳一样以巨人的步伐遨游在广阔无垠的宇宙里,那真是一幅宏伟壮丽的景象;然而,反观自我以求研究人类并认识人类的性质,责任与归宿,那就要格外宏伟和格外难能了。"②

卢梭所说的"理性之光"在十八世纪是一个最普通不过的词语。实际上,正如"自然之光"与"理性"可以互换,从而象征着"自然"与"理性"之间的本质关联一样,对"自然"概念的多种解释与对"理性"的多种解释相互对应并相互影响着。在不同的启蒙思想家那里,"理性"与"自然"往往被赋予不尽相同的含义,有些含义甚至相互矛盾,但有一点是共同的:他们都欲借理性之名来表达自己的观点、学说、计划乃至情绪,这本身就表明了"理性"的威名已经成为所有人都不可小视、不可回避的东西。同时,这里也潜藏着滥用理性、滥用启蒙的危险。下面,我们就来看看启蒙运动是怎样表现出自身的两面性的。

---

① 吉尔·德拉奴瓦:《启蒙思潮与行动:影响和批评》,见哈佛燕京学社编:《启蒙的反思》,南京:江苏教育出版社,2005年,第132—144页。
② 同上书,第6页。译文引自卢梭:《论科学与艺术》,何兆武译,北京:商务印书馆,1997年,第6页。

三、理性的裂变与启蒙的张力

"启蒙"的概念史表明,理性缺位的启蒙不叫启蒙。然而,问题在于,如何看待理性?如何界定理性?如何看待理性与启蒙的关系?"理性"本身就是一个流动的概念,它经历了多次裂变。从无所不包的宇宙理性到神的理性与人的理性的分离,从与直观相并列的逻辑推理能力到人文价值的提供者、评判者与守护者,从纯粹理性与实践理性的划分到工具理性和价值理性的判定,乃至二十世纪出现的形形色色的理性概念(如交往理性、辩证理性),"理性"含义的演变无不表明"理性"已被划分为互不相干的条条块块了。到了十八世纪法国启蒙运动时期,理性不但被视为一种认识能力和认识工具,而且被视为一种生活态度和精神气质。正如美国学者赖尔(P. H. Rell)和威尔逊(E. J. Wilson)所言:

> 启蒙运动时期理性概念的诸多含义,与启蒙学者的其他一些常用概念密切相关,这些概念包括理性主义、演绎法、几何学方法、归纳法、经验主义、自然法、科学方法、批判分类、常识。几乎每一门启蒙学科都出现了关于理性概念及其含义的讨论,尤其是认识论、心理学、数学、宗教和科学。共济会、巴伐利亚光明派等启蒙团体把理性提升到了近乎神圣的地位。自然神论及其相关的物理神学等宗教表达形式则把理性概念作为信仰的支柱,《圣经》评注运用理性来挑战《圣经》权威。最后,虔敬主义、卫斯理宗、贵格会等新的宗教教派以理性的名义奋起捍卫宗教。在所有这些现象和思想领域中,含义千变万化的理性始终起到了核心的作用,人们借此可以深入了解各种错综复杂的启蒙思想。①

---

① 彼得·赖尔、艾伦·威尔逊:《启蒙运动百科全书》,刘北成等译,上海:上海人民出版社,2004年,第44页。

但是,理性在不断分裂的同时,并没有找到一个令其自身得以内在地统一起来的纽带。于是,理性统一的问题到了启蒙运动之后,变成了如何统一理性的问题。黑格尔主义就是在这种情况下产生的。实际上,理性的裂变产生的张力也是启蒙自身的张力。这一点决定了启蒙可能被引向不同的方向。

按照德国著名哲学家密特西特拉斯的划分,西方经历了两次启蒙,一次发生在古希腊,一次发生在近代:"第二次启蒙把自身理解为一个时代,这个时代显然终结了过去并且成为未来的崭新开端。它由此作为历史的个体与其他时代(比如,古希腊或中世纪)迥然有别,而其他的时代并不把自身的存在归因于自身的自明性,而是归因于史学家的逐步完善的理解。"①这两次启蒙的共同点在于对理性力量的发现、人的理性与神的理性的分离以及前者的分化。它既是理性自觉的结果,也是启蒙运动的合乎逻辑的要求。回应这种要求乃是近代科学和一些自由主义政治哲学的基本目标和存在条件。对那些试图从自然律中引出道德律的人来说,它也是产生形形色色的现代伦理问题的重要原因。于是,"启蒙不仅被理解为对已成权威的传统的反动,而且被理解为对思想的日益增长的无纪律性的批判性抗议"②。

密特西特拉斯谈到的这两个方面几乎同时并存。理性一开始只是被视为一种从普遍性导出特殊性的认识能力。随着人被视为理性的动物,随着理性被视为人的本质,理性也被视为意识的根本和文明的支柱。帕斯卡所说的"几何学精神"和牛顿物理学所揭示的自然秩序成了理性活动的基本象征。以数学和物理学为样板的自然科学在近代的高歌猛进,既显示了理性的威力,也滋长了认为理性万能的风气以及以理性能力支配乃至代替其他意识能力(如情感与意志)的倾向。来自宗教和信仰领域以及其他领域的人士不愿让自然科学独享理性知识的名声,他们不仅纷纷仿效自然科学的做法,重新检讨自己的概念和方法,而且试图移植自然科学的基本原则。十九世纪出现的

---

① Jürgen Mittelstraβ, *Neuzeit und Aufklärung*, Berlin: Walter de Gruyter, 1970, S. 87.
② 同上书,"导论"第1页。

实证主义思潮就是启蒙时期形成的这种思维方式的自然结果。在此用不着谈论近代科学，因为近代科学作为理性一试身手的舞台已是众所周知的事实。启蒙思想家对理性的坚定信念也正是在近代科学成就的鼓舞下确立起来的。我们在此仅谈两个最易被忽视的方面：一是在近代法国文学中一度存在过彰显理性精神的倾向，二是法语与拉丁语的竞争是借理性之名而展开的。这是审视启蒙运动不可忽视而恰恰被我们忽视的因素。

关于第一点，我只想指出，近代法国文学中还存在一种对抗浪漫主义的因素，它也是启蒙运动的因素，即以理性为旗号反叛传统，或在文学描述中突出理性而将情感因素降到从属地位。具体地说，就是在文风上以简洁代替拖沓，以严谨代替松散，在对人物性格的刻画和情节安排上体现理性至上的要求。大家熟知的波瓦洛、高乃依和拉辛就是这方面的突出代表。

关于第二点，我要指出的是，语言既是启蒙运动的工具，又是它要改革的对象。一方面，为摆脱教会的统治，法国王室借口拉丁文不够严谨而渐渐改用法文作为行政与司法语言，与此同时，拉丁文到十八世纪末已不再作为官方语言。另一方面，学术研究和司法制度的完善要求法语本身更精确、更有逻辑性。卢梭十分正确地指出："随着需要的增加、世事的复杂，知识的传播，语言的特性亦在变化，它更精确，更少激情，更观念化，而不是情感化；它诉诸人的理智，而不再诉诸人的情感。"①孔狄亚克同样强调语言的精确化、标准化和规范化对于学术研究和思想事业的重要性。他说："一种语言就是一种分析的方法，而词即是思想的负荷者，思想艺术的第一工具就是和数学一样的，每个词都有明确的界说和分类的准确语言。"②由此，大量的专科词典和语法专著应运而生。它们是十八世纪法国启蒙思想家出版的《百科全书》得以产生的基础。有趣的是，词典一类的工具书常被看作弘扬理

---

① 卢梭：《论语言的起源》，洪涛译，上海：上海人民出版社，2003年，第38页。
② 转引自保尔·拉法格：《革命前后的法国语言》，罗大冈译，北京：商务印书馆，1978年，第58页。

性精神的手段。阿尔诺和朗斯洛编的法语语法书《普通的基于理性推理的语法》(*La Grammaire générale et raisonnée*)已被公认为法语史上的里程碑。达朗贝和狄德罗编的《百科全书》的副标题,则是"有关科学、艺术和工艺的基于理性推理的百科辞典"(Encyclopédie, ou dictionnaire raisonnée des sciences, des arts, et des métiers)。启蒙运动推动了法国政治和文化生活的世俗化,推动了法国的科学、哲学和文学艺术的繁荣,推动了教育的普及和法语的变革与推广。后一点既表现为语言禁忌的消失、语言特权的废除和大量新术语的出现(据 Ch. Bruneau 的研究,大革命时期法语中仅政治、经济、军事和教育方面的词汇就增加了 5000 个),又表现为语言结构的理性化[①]。

然而,自笛卡尔以来,理性的指导原则往往被认为并非靠启示或超自然之光提供,而是来自成熟的理性自身。理性既被视为知识之源、科学之源,又被视为幸福之源、自身完善之源。前一点帮助近代西方确立了知识论或认识论的基本原则,后一点帮助西方人确立了"进步"以及人类具有自我改进的能力的观念。而这两种观念是启蒙运动的基本信念,并成为鼓动人心、凝聚共识的重要口号。当启蒙思想家们纷纷相信只有理性能力能给人以尊严时,"理性之光"对他们来说就具有普遍的道德力量,但启蒙运动的困境恰恰也在这里。

众所周知,人的理性能力在近代西方集中体现为:知识的获取与把握,科学技术的创造与发明,社会的组织、管理及秩序的建立,工业生产的标准化、精细化和专业化,资本主义市场经济的谋划与计算,乃至为掠夺财富和进行控制以血与火的方式有计划、有步骤地实施的殖民扩张政策,等等。所有这些方面在启蒙运动中是一体的,并且服务于"进步"与"解放"这一基本目标。"民主"与"自由"在思想家那里是目的,而在政客那里则成了手段。这种理论与实践的不可避免的脱节,常常掩盖着启蒙运动期间西欧各国的海外殖民活动同时达到了疯

[①]《关于法语的深化与变革问题》,见梁启炎:《法语与法国文化》,长沙:湖南教育出版社,1999 年;Ferdinand Brunot, *Histoire de la langue française, des origines à 1900*, Paris: Colin, 1966; Jacques Derrida, *Du droit à la philosophie*, Paris: Édition Galilée, 1990, pp. 28 - 309。

狂的程度这一事实。那时的殖民战争几乎是在"解放"和"自由"的名义下,通过议会民主认可而进行的野蛮的集体抢劫。与此同时,启蒙时期的西欧国家内部在人们的物质欲望被全面煽动起来之后,几乎找不到遏制恶欲张狂的手段,以至出现了麦考莱所描述的那种状况:"人们说,我们这一个时代所产生的滔天罪恶是我们的祖先不能想象的。现在社会所处的状况甚至还不如完全毁灭更好。"①

我们不用一一列举近代资本主义的原始罪恶,也不用重复指出马克思早就分析过的近代资本主义的异化现象,我们只需追问:既然理性具有普遍的道德力量,它为何没有制止那些罪恶?是它不愿制止那些罪恶还是它根本没有能力制止那些罪恶?如果是它不愿制止,那就表明理性并不具有道德力量;如果是它根本没有能力制止,那么理性的自信以及启蒙运动时期四处弥漫的理性的乐观主义情绪就是理性给自身刻意制造的幻觉。科学技术的进步和物质财富的增长的确是理性能力得以发挥的结果,并且是理性可以计算的结果,但是,如果它们不能公正地被广大民众所分享,或者只是成为一部分人进一步压迫和宰制另一部分人的资本和手段,那么,人类就不可能有总体上的进步。财富的增加与道德的堕落并不必然成正比。但如果财富的增加不能与公正地分配财富并行,如果社会的普遍的道德水平非但不能相应地得到提高反而持续不断地下降,那就谈不上有实质意义的自由与平等,社会就不可能成为一个更加美好的社会。启蒙运动倡导的理性以道德的源头自居,而又无法承担道德责任,以至于甚至"恶"也在个人自由的名义下大行其道。与此同时,自以为自由或向往自由的个人,发现自己正受到市场规则的嘲弄。在启蒙运动中,资本主义已开始确立最低限度的信用原则,但它并没有区分有义之信与无义之信,更没有以有义之信取代无义之信。"只要出钱,一切都可以出卖","只要有钱,一切皆可应允","只要出钱,一切皆可兑现",这就是无义之信的写照。人们告别了无法看见的超然的上帝,但很快在心中把"金钱"和物欲作为"上帝",并且,这个新来的上帝无时无刻不在支配着他的

---

① 转引自怀特海:《科学与近代世界》,何钦译,北京:商务印书馆,1997年,第195页。

思想与行为。在启蒙运动中,是理性帮他赶走了前面那个超然的上帝,也是理性帮他迎来了后面那个上帝。因为与理性相伴的那种怀疑与批判精神帮他消除了对一切宗教权威的迷信。但当理性被视为无所不能时,理性本身也培植了对自身的迷信。因此,我们有理由像让·鲁瓦一样提出这样的问题:"如果任何存在的事物都遵循充分理性的原则,如果世界在事实上只遵循因果之间的顺承性,如果现实是完全理性的并可解析的,或者至少对我们自己和以上帝的观点来说是如此,如果恶本身只是表面的而且只是已经完全理性化了的现实内部的一个异种,那么,人们还有何可为?"①

卢梭和康德都敏感地看到作为理性之体现的科学与道德分离的危险,看到知识并不必然包含道德,知德并不等于行德并且不必然导致行德。启蒙运动曾以理性的怀疑精神为武器,这种武器本应用于检讨自身才可能有理性的健全。但现实的发展常常出乎思想家的预料。卢梭和康德为解决科学与道德的分离问题提供了今天仍有人信奉的解决方案。这一方案的要点是,反对按自然科学模式片面地理解理性,并且通过给信仰保留地盘来维持道德对人的恶行的约束力。于是,科学与道德的问题被进一步转换为理性与信仰的关系问题。

但是,理性在启蒙运动中一开始是作为信仰的对立面、宗教的对立面出现的,也是作为"已成权威的传统"的对立面出现的。启蒙的反权威倾向与它许诺的乌托邦思想紧密联系在一起,它试图在摧毁传统的前提下建立未来的大厦,这就好比人们为了建设新房屋而烧毁所有旧房屋,包括暂时用来栖身的房屋,于是只能住在纸糊的房屋里。孔多塞就是这方面的典型。他不仅认为自然科学的理性可以自动带来社会政治领域的启蒙,而且认为,传统宗教、道德和政治统统是引起人类不和的根源并有必要消除这些根源②。这种观点的普遍应用导致了霍克海默和阿多尔诺后来在《启蒙的辩证法》中所提到的情形:"启蒙

---

① 让·鲁瓦:《启蒙思想与恶的问题》,见哈佛燕京学社编:《启蒙的反思》,南京:江苏教育出版社,2005年,第117—131页。
② Nicolas de Condorcet, *Esquisse d'un tableau historique des progrès de l'esprit humain*, Paris: J. Vrin, 1970, p. 15.

的反权威倾向最终不得不转变成它的对立面,转变成反对理性立法的倾向。与此同时,这种原则也取消了一切事务的内在联系,把统治作为一种至高无上的权威来发号施令,并操纵着任何证明可以适用于这种权威的契约和义务。"①一旦理性把自身变成统治权威的工具,一旦它丧失自我批判的能力或不愿施展这种能力,它所拥有的形式上的明晰性、它在自然科学研究中表现出的计算思维以及以此为标准而建立的价值体系,就很容易削弱人的独立思考能力并将控制自然的那种能力用于控制人们的思想与意志。这样一来,人就势必成为像自然物一样的物件。在这种情况下,工业化生产和越来越细的专业分工,在提高生产力的同时也强化了人在生产过程中的从属地位,人就很容易服从于技术力量的宰制并不自觉地成为自己制造的工具的奴仆。伏尔泰曾经热情讴歌的正义感与同情心就会被渐渐侵蚀。此时,除非人以几种身份说话,否则他就无法找回作为一个完整的人的感觉。这就意味着理性已经背叛自己争取自由的事业,因为争取自由和解放曾是启蒙运动给自身确立的崇高目标。

由此看来,问题不在于启蒙运动的美好理想,也不在于启蒙运动对理性的真切肯定,而在于理性在破除迷信的同时确立了对自身的迷信,并将这种理性理解为单纯的工具。对传统和永恒价值的仇视不仅使理性无法全面地理解它自身,而且会导致对理性的误用。理性的自我理解,如果局限于技术的层面和计算的层面,而不能上升到人性的层面,就会在理论上走向偏执,在实践上走向蔑视情感和意志,并最终将人性降格为物性。理性的自我理解,如果缺乏自我怀疑和自我批判的精神,就会走向它曾经极力反对过的独断。在启蒙运动中,尽管人们对理性有不同的看法,但对理性的力量都坚信不疑。所以,对启蒙的理解归根到底在于对理性及其作用的理解。"启蒙"概念一开始就没有得到明确而统一的规定,各派思想家纷纷利用其模糊性来贩运自己的各种观念,但对进步的信念,对科学的重视,对自由、民主和人类

---

① 霍克海默、阿多尔诺:《启蒙辩证法——哲学片段》,渠敬东、曹卫东译,上海:上海人民出版社,2003年,第102页。

普遍解放的追求一直与启蒙运动紧密联系在一起并且成为普遍的共识。理性的呼声是多样的,但它的目标是抽象的,它的内部则充满矛盾和张力。尽管启蒙运动因为理性的误用而产生了不少消极甚至荒谬的后果,但它的目标还远远没有实现,人类仍然需要不断地启蒙。今天,问题的关键不在于要不要启蒙,而在于以怎样的方式合理地进行启蒙,在于勇敢地运用理性而不忘理性的限度,不忘批判地、公正地对待理性自身。用霍克海默的话说,"理性的希望在于摆脱它自己对绝望的恐惧"[①]。中国近现代的启蒙因长期的战乱而中断了,救亡图存压倒了一切,但启蒙的事业需要继续下去。为重续这一进程,我们既要汲取法国启蒙运动的经验,又要吸取它的失败教训:我们需要合理地对待自己的文化传统,合理地对待信仰,合理地对待科学技术,合理地对待自然;同时,我们也需要合理地对待理性自身。

---

① 霍克海默:《反对自己的理性:对启蒙运动的一些评价》,见詹姆斯·施密特编:《启蒙运动与现代性:18世纪与20世纪的对话》,徐向东、卢华萍译,上海:上海人民出版社,2005年,第368—375页。

第三章 "后现代"概念的哲学诠释

今天,"后现代"成了国际学术界频频使用的时髦术语之一。拥护者把它视为百宝箱,反对者把它视为垃圾袋。如今,不仅建筑、音乐和绘画领域,而且人文科学、社会科学、自然科学领域的某些新理论、新倾向、新潮流常被贴上"后现代"的标签,以致我们不能不承认,我们的讨论常因概念的误用而陷入理论混乱。本人并不打算,也没有能力对这一概念做全面的探讨,而只想结合"后现代哲学之父"利奥达(Jean-Francois Lyotard)的观点对"后现代"概念做点清淤性工作。

一、"后现代"概念释义及其矛盾

"后现代"概念是一个外延模糊、内涵空疏的概念,它之所以难以理解,不仅是因为"后现代"(postmodem)一词的反常用法,而且是因为不同学者对它赋予了不尽相同甚至相互矛盾的意义。早在二十世纪四十年代,"后现代"一词就出现在英语国家,但由谁首次使用尚难查考(有人说汤因比最早使用过这一术语,还有人说,早在十九世纪末就有人使用过这一术语)。六十年代这一概念经常出现在美国文学批评和艺术批评领域。七十年代,哈桑(I. Hassan)的《俄狄甫斯的解体——论后现代文学》(1971),伯纳慕(M. Benamou)和卡拉麦罗(Ch. Caramello)编辑出版的《后现代文化的表现》(1977),库勒(M. Khler)发表的《后现代主义:概念史的考察》从不同侧面推动了"后现代"概念的广泛传播。但我认为,简克斯(C. Jencks)对"后现代"概念的规定最为明确和具体。1975年,他首次将"后现代"概念引入建筑学领域并出版了颇有影响的《后现代建筑的语言》(*Die Sprache der Postmodern Architectur*, 2 Aufl, Stuttgart, 1980)一书。众所周知,他提出的一个观点曾引起许多人的共鸣:现代建筑既不能满足使用者的个性要求,也不能体现现代都市与其历史的应有联系,因此需要引入能体现这种联系的新理念——后现代建筑。在《后现代与晚现代》一文中,他将"后现代建筑"明确地表述为"既符合专业要求又为大众所喜爱的建筑,是将新技术与老样式结合起来的建筑"①。

然而,后人在运用"后现代"概念时大多忽视了简克斯的定义,而是采用了利奥达的模糊解释。1979年,利奥达应加拿大魁北克省政府大学委员会主席的要求撰写了题为《后现代状态》的研究报告,这部应时之作不仅使这位本来默默无闻的法国学者很快获得了世界性声誉,而且促进了"后现代"概念的流行,以致今天的学者们在讨论"后现代"问题时几乎不约而同地援引利奥达的解释。德国学者维尔希教授甚至评论说,"利奥达是后现代主义的创始人。没有人像他那样早,那样准确,那样明确地提出后现代哲学概念"②。

令人遗憾的是,利奥达本人对"后现代"概念的解释并不像维尔希教授所说的那样明确。譬如,在《后现代状态》中他把"后现代"解释成"对元叙事的怀疑";在《分歧》(*Le differend*, Editions de Minuit, 1983)中,他又把"后现代"解释成对共识的厌恶、对差别和分歧的尊重;在《回到后现代》中,他则说,"后现代"是"个不够确定的语词——正因如此,我才选择它——除起警告作用之外,它别无价值。它旨在表明,现代性已日薄西山"③。在接受波利特纳(Bernard Blistène)的采

---

① Charles Jencks, "Postmodern und Spät Modern. Einig grundlegende Definitionen", P. Koslowski u. a (H. g), *Moderne oder Postmoderne? Zur Signatur des gegenwartigen Zeitalters*, Weinheim, S. 209.
② Wolfgang Welsch, "Die Philosophie der Mehrsprachigkeit", *Die Politische Meinung*, Nr. 231, 1987, S. 63.
③ Jean-François Lyotard, "Retour au postmoderne", *Magazine Litteraire*, Dec., 1985, p. 59.

访时他甚至承认:"我虽然极力理解何为后现代,但我对此一无所知。"①后一点恐怕不是大部分"后现代"思想的拥护者愿意听到的回答。被称为后现代哲学之父的利奥达尚且如此,其他热衷于使用"后现代"概念的学者能避免这一概念的矛盾吗? 我不敢妄断。

在我看来,"后现代"一词的复杂性不仅在于它牵涉到对"后"字的理解,而且牵涉到对"现代"的理解。有些人从字面意义上将"后现代"理解为"现代"之后的历史时期。利奥达首先排除了这种理解。在《向儿童解释的后现代》(*Le postmoderne explique aux enfants*, 1986)中专门有一篇文章对"后"字作了解释(题目就是《释"后"》)②。按照这种解释,"后现代"绝不是一个编年史概念,人们通常用"后"字来表达某种秩序本质上源于对新思想的信奉,而这恰恰是一种现代观念。利奥达谈到,"后现代"中的"后"字并不是指时间之"后",也不是指"返回"或"重复",而是指"分解""回忆""变形",因此,"后现代"意味着对"现代"的分解、回忆和变形。"后现代"中的"后"字还意味着转向和接替,它怀疑传统,但不是弃绝传统,从某种意义上讲,它意味着对传统的"扬弃",对现代的重构或"改写",它要求把被压抑的因素揭示出来,让被遗忘的东西浮现出来。因此,他有时觉得"改写现代性"反而比"后现代性"更能准确地表达他的意思。

1985年前后,利奥达不断遭到各种批评,但他对"后现代"概念仍然痴心不改。两年之后,他发表《论后现代的正确用法》(*Du bon usage du Postmoderne*),他说自己使用"后现代"一词有点像开玩笑,但始终把"后现代"看作对"现代"的怀疑。问题在于,"现代"在这里究竟意味着什么? 为了回答这个问题,我们不得不从该词的词源入手。

按较为可信的说法,"现代"一词的使用至少可以追溯到五世纪,它源于拉丁文的 modernus,最早与 modus(方式,样式)有关,后来专指随基督教的兴起与传播而流行起来的新观念、新潮流。当初,人们在运用"现代"一词时突出的是它的"崭新"之意,而没有刻意把它与

---

① Jean-François Lyotard, *Immaterialität und Postmodern*, Berlin: Merve, 1985, S. 74.
② 中译文载《后现代性与公正游戏》,谈瀛洲译,上海:上海人民出版社,1997年。

"时代"联系起来,但在相当大的程度上具有今天仍然保留的"时尚""时髦"的意义。因此,按"现代"一词的古义("最新"),将"post"与"modern"合成一词是矛盾的,甚至是荒谬的,用我们中国人的话说,就是两词不可互训。在"modern"一词获得编年史意义之后,史学家常用它指称十六至十九世纪这段历史时期,亦即我们所说的"近代",而"近代"又与美洲的发现,资本主义的兴起和科学技术革命紧紧联系在一起。作为文化潮流的"现代"则与文学上的浪漫主义联系在一起,与波德莱尔在 1857 年发表的《恶之花》联系在一起,与二十世纪上半叶的风格主义联系在一起,与戈罗皮乌斯(Water Gropius)创立的包豪斯建筑学派联系在一起①。

按照利奥达的理解,"现代"从狭义上讲仅仅指源于启蒙运动的思维模式、文化潮流、生活态度与价值取向。建筑是它的包装,"解放"是它的基调,技术是它的工具,统一是它的诉求,资本主义是它的名称,思辨哲学是它的表达。利奥达对"现代性"的批评恰恰始于他对启蒙运动的目标、语汇的全面审查。二十世纪八十年代初,他发表《对这个问题的回答:什么是后现代?》。从标题上看,它显然模仿了康德于 1784 年发表的《对这个问题的回答:什么是启蒙?》②。我想,这种模仿的深刻用意在于,利奥达把"后现代"首先看作对启蒙叙事的怀疑,而启蒙叙事像所有其他叙事一样本质上会歪曲它们所描述的事件或行为。正如卡尔(David Carr)教授所说:"叙事原则上不能'描述'真实的事件,因为它的本质就是将事件本不具有并且不可能具有的形式强加给那些事件。"③从某种意义上说,"现代人"生活在启蒙叙事的幻觉中,"后现代主义"试图帮助我们认清这种幻觉并回到真实的生活世界中

---

① Walter Reese-Schafer, *Lyotard zur Einführung*, Hamburg: Junius, 1995, S. 43.
② I. Kant, "Beantwortung der Frage: Was ist Aufklärung?" 中译文见康德:《答复这个问题:"什么是启蒙运动"》,载《历史理性批判文集》,何兆武译,北京:商务印书馆,1990 年,第 22—32 页。
③ David Carr, "Getting the Stary Straight: Narrative and Historioal Knowledge", *Historiography between Modernism and Postmodernism*, ed. by Jerzy Topdski Poznan, *Studies in the Philosophy of the Sciences and the Humanities*, 1994, Vol. 41, pp. 119 - 133.

来。启蒙叙事的核心是把人作为绝对的主体,这个主体追求社会文化的统一,追求历史目标的统一,追求经验、知识、伦理、政治的统一,这些统一落实到语言的层面上就是话语的无条件统一,落实到思想的层面就是普遍精神的总体性,落实到政治的层面就是普遍主体的进步与解放。1982年,利奥达在给《巴比伦》(*Babylone*)杂志写的一篇题为《后现代问题短注》的文章中直接将"现代性"视为资本主义的别名,或者说,将资本主义视为制度化的现代性。

但是,作为"现代性"符号的资本主义给世界带来了什么呢?我们不妨作以下的回答:它带来了自身语言的霸权,而货币不过是这种语言的一个方面而已,它在破坏过去权威的同时确立了自身的绝对权威,即资本的权威;它不仅满足欲望,而且不断制造新的欲望,甚至用理性的方式制造对金钱、权利和新奇事物的欲望并在欲望的满足中耗尽自身。启蒙运动以来的资本主义将人类普遍进步和解放的信念根植于人类生活的一切领域,它以无所不在的意志侵吞世界的能量,它在普遍解放的旗帜下进行着流血与不流血的战争。正因如此,过去的两个世纪可以称为沾满鲜血的世纪,在这两个世纪里,语言第一次成为商品,资本主义通过"泛卖"(不只是贩卖)这些商品对欲望进行耗竭生命力的投资。由法国学者杜勒那(A. Touraine)最早阐述,由贝尔加以兜售的后工业化社会的理论不过表明了资本主义意志对语言的渗透。资本主义为了生存不得不进行这种渗透。媒体通过对现代性语言的灌输向民众颁布思想的标准,而它自身则不受这种标准的制约。谁控制信息与媒体,谁就控制思想与意志。资本主义通过这类无形的控制加强对人性的统治。它不仅拿自然物进行试验,而且拿人性本身进行试验。资本主义是不爱秩序的秩序制造者,是不服从标准的标准创造者。

两个世纪以来,资本主义以现代性事业的名义从全球一体化中获得源源不断的动力,市场本身越来越成为内在合法化的纯粹表达,金钱越来越支配真理的发现,科学的技术化和技术的科学化越来越与资本的运作相联系。资本主义还以现代性事业的名义不断制造遗迹:语言的遗迹、文化的遗迹、种族的遗迹。在崇尚物质力量的资本主义秩序中,北美印第安人和澳大利亚土著人的文化除了成为遗迹之外别无选择。语种和民族的日益减少乃是人类疲于奔命地追求普遍化的直接后果,种族灭绝是普遍化的另一种形式。毫不夸张地说,现代性事业的失败即是普遍化事业的失败,"奥斯维辛"集中营是这一事业失败的象征,也是思想一体化的破产。在资本主义的急剧扩张中,科学技术成了一种独立的力量,但利奥达认为这种力量的增强在现存社会秩序中并不意味着进步,因为它源于自身的动力,而不是全人类的需要。"现代性"似乎把我们对确实性、同一性、进步性、幸福感的信念以及对我们作为社会生活本质的直接存在的信念推到了极致,它在实现总体化的过程中把我们抛入了恐怖的深渊,并且提出了整个人类如何生存的问题,在可以预见的未来,第三世界的饥饿仍将占据这一问题的核心地位①。

在这样一个严峻的时刻,我们面临的任务是批判地考察现代性隐含的假设。但这种假设是什么呢?简单地讲,"现代性"是以启蒙运动的宏大叙事为基础的。它追求语言的统一和理性的统一,张扬普遍的主体和人性的解放,强调历史的终极性和思想的总体性,并认为一个东西只有服务于这一目的才是合法的,其结果恰恰导致对个性和差异的扼杀,带来思想和政治的专制。

正是基于对现代性思维和话语的这种不满,利奥达感到有必要揭示其中潜藏的矛盾与危险。因此,他一开始就借用了一个模糊术语"后现代"来表达自己的怀疑意图,以便为以后的理论发挥留下广阔的空间。综合利奥达的观点,我们不难发现他所说的后现代性实际上是指从现代性内部打破现代性,它号召人们向总体性开战。打破同一,尊重差异,拒绝共识,激活分歧,拯救"名字"的光荣,为不可描述的东西作证——这便是利奥达心目中的后现代的应有特征。然而,这种表述并不完全适用于科学,因为科学虽然通过超越传统共识而进步,但它确立的理论与原则要通过共识才能发挥作用。也正是在这一点上,

---

① Walter Reese-Schäfer, *Lyotard zur Einführung*, Hamburg: Junius, 1995, S. 47.

利奥达发现科学与启蒙叙事的关联性与矛盾性。因此,我们不得不提出第二个问题:科学的"后现代"转向是否存在?

二、科学的"后现代"转向?

"现代"科学是从哲学和经验世界的土壤中生长起来的。科学的"现代性"与"后现代性"之争是围绕科学的合法化问题而展开的。前者声称科学不能使自身合法化,它的存在的合理性必须依靠哲学来保证,后者则试图消除哲学话语对自身的影响并不断把自身上升为合法化模式,激进主义者甚至想把合法化问题本身作为无意义的假问题予以取消。利奥达有时也用"现代"一词表示通过哲学这种元话语使自身合法化的科学。对"现代"一词的这种狭隘使用表明他已把科学作为"现代"的重要因素。由于科学的真正独立是与启蒙运动同时发生并受到启蒙运动的推动,利奥达有时又将打着进步和解放旗号的启蒙思想视为"现代"的特征,并进而将资本主义视为"现代"的别名。所有这些在逻辑上似乎没有太大的矛盾。如果始终坚持这种逻辑,如果将"后现代"界定为对元叙事的怀疑,那就意味着对作为启蒙运动的理论总结的思辨哲学的怀疑,意味着对抽象的进步与解放观念的怀疑,也意味着对哲学与科学关系的传统认识的怀疑[①]。

众所周知,自亚里士多德开始,哲学与科学作为两种话语已经出现分离的迹象,这种分离表现为关于"存在"的话语(形而上学话语)与关于逻辑形式的话语的分离。"现代"科学无疑加速了这种分离,但它仍然通过诉诸启蒙叙事来寻找自己合法化的根据。因此,"现代"科学依然笼罩在哲学的阴影之下。利奥达注意到了这个事实。他断言,"科学在起源时便与叙事相冲突。以科学自身的标准衡量,大部分叙事其实只是寓言。然而,只要科学不想仅仅沦为陈述实用规则的地

---

① 关于近代科学与启蒙运动的关系,德国著名哲学家 Jürgen Mittelstraβ 在《近代与启蒙》中已有透彻的分析。参见 Jürgen Mittelstraβ, "Zeuzeit und Aufklärung", *Studien zur Entstehung der neuzeitlichen Wissenschaften und Philosophie*, Berlin/New York: Walter de Gruyter, 1970。

步,只要科学还想寻求真理,它就被迫将自身的游戏规则合法化。于是,他便创造出关于自身地位的合法化的话语,这种话语被称为哲学"①。

利奥达的论断只有部分是正确的。如果我们仔细考察一下"科学"一词的词义演变,研究一下哲学话语与科学话语相互借用词汇的历史,就会发现,科学只是在争取独立(而不是在幼年期)时才通过求助(不是利奥达所说的"创造")哲学这种使它自身合法化的叙事而将自身与叙事区别开来。但哲学这种叙事曾拒绝将叙事归结为科学,相反,科学一度要借哲学之名才能立足:

一方面,科学曾向哲学借用过不少概念和理论框架。我们且不说"物理""心理""原子""分子""力""吸引""排斥""相互作用""平衡""原生质""天体""极限"这些从哲学中借用来的概念。即使是今天频频使用的"基因""克隆""悖论""反馈""系统""混沌""集合""能量""对称""机器人"等也都直接或间接与哲学相关。培根等人的经验归纳法推动过近代实验科学的发展,而笛卡尔等人的理性主义无疑促进了理论科学的进步。

另一方面,科学曾借哲学的威名来提高自身的地位。譬如,牛顿将自己的科学著作取名为《自然哲学的数学原理》而没有把它取名为《自然科学的数学原理》,实质上反映了当时的科学家对哲学的权威地位的矛盾心情:科学只有走出哲学的庇荫,在某种程度上也要走出哲学的干预才能独立发展,但它又不得不借助哲学在当时拥有的荣耀而得到社会的认可。在十七至十八世纪的欧洲,甚至连修鞋的、理发的也纷纷打出"修鞋的哲学""理发的哲学"之类的招牌。直到十九世纪初,英国人仍然将一些经验科学称为哲学,将一些科学仪器(如寒暑表、风雨表)称为哲学仪器。汤姆生发行的科学刊物便叫作《哲学年报或研究化学、矿物学、力学、自然史、农艺学的杂志》②。英国学者沃尔

---

① 利奥塔尔:《后现代状态:关于知识的报告》,车槿山译,北京:生活·读书·新知三联书店,1997年,第1页。
② 参见黑格尔:《小逻辑》,贺麟译,北京:商务印书馆,1980年,第47页,原注一、二。

夫的描述反映了那个时代的真实状况："十八世纪里，各门哲学学问（心理学、社会科学和哲学）也取得了进步。事实上，它们以种种方式对这个世界产生了最强烈的影响。几乎人人都以哲学家自居，愿以世界贤哲的信徒自诩。"① 以"后现代"的眼光观之，当今的哲学工匠们对哲学的过高期待不过是对哲学在十八世纪的王者地位的一种怀念而已。

在"现代性"的知识体系中，哲学与科学互换地位是在十九世纪发生的，在此之前，斯宾诺莎、早期的康德曾做过将哲学数学化的尝试，斯宾诺莎的《伦理学》便是按几何学的方式写成的。随着科学的凯歌行进，科学所拥有的确实性使它渐渐成了哲学的楷模。到十九世纪上半叶，哲学著作中已大量出现来自科学领域的词汇。哲学家们纷纷把自己的哲学称为科学，就连强调哲学独立性的黑格尔也没有忘记使用"哲学科学"这样的字眼。此时，"科学"一词的含义已由一般意义上的知识（Science 一词源于拉丁文的 Scientia，即"知识"，其词根 Scire 指"认识"，因此，按"科学"的古义，今人使用的"科学知识"属于可笑的同语反复）变成以数学、物理学为样板的无可置疑的知识。启蒙叙事所依据的进步观念是由科学提供的，达尔文的进化论则大大强化了人文科学领域的社会进步思想。马克思主义哲学的形成史也可以证明这一点。我们可以把这一过程理解成科学对哲学的"反哺"。

但十九世纪以后，哲学中的实证主义倾向日盛一日，一些哲学家在科学后面亦步亦趋，哲学到了以科学的内容为内容，以科学的方法为方法的地步。一些哲学家甚至不得不苦苦为哲学寻找存在的理由。当哲学沦为第二性话语之后，它似乎成了与其他叙事相冲突的叙事。科学的绝对优先地位不仅表现在它的话语成了权威的代名词，而且表现在它渐渐成了政治工具。对哲学来说，科学的存在本身是一种合法化模式，同时，哲学的创造意味着承认科学有不完善的地方。科学完全不同于叙事，尽管它为了与其他叙事相对抗被迫以叙事的形式提供

---

① 亚·沃尔夫：《十八世纪科学技术与哲学史》，周昌忠等译，北京：商务印书馆，1997年，第9页。

叙事①。但科学自身的发展表明,某种高高在上的元叙事或元话语其实只是与其他话语并列的话语。这显然是一种悖论。

在这种悖论中,"后现代"科学找到了自己的出发点,因为它以研究不稳定性和不规则性为目标。"后现代"科学不仅抛弃了对超验合法化叙事的形而上学追求,而且放弃了"最终根据"概念本身,科学发展到了彻底抛弃哲学这种元叙事残余的地步。它把元叙事瓦解成一个个小叙事,它处在内在合法化的开端。此处所说的"内在合法化"是指科学不需要通过叙事知识为自己提供辩护,科学游戏的规则就在它自身,科学话语本身中存在使自身合法化的权威,即它的有效性要求就是它自身的合法化。尽管科学在割断与传统叙事(哲学)的本质联系时为自己创造了各种元叙事,如普遍逻辑的理想,但人们逐渐将科学真理当成了真理语言的化身并进而把它当成正当性语言的化身。

但是,利奥达要求我们警惕将科学语言视为可以支配其他领域的规范性语言,这不仅是因为科学远远没有支配全部知识领域,而且是因为普遍的元语言的理想已为形形色色的形式系统和公理系统所代替。在知识的网络中,科学仅仅是众多语言游戏之一。后现代科学经历了摆脱元叙事的过程,它不应把自己安放到元叙事曾经拥有的那种君临一切的地位。如今,科学已被纳入整个社会需要系统,在这个系统中,财富、效益与真理之间形成了特定的联系。技术不仅产生于实际生活的需要,而且产生于寻找复杂科学证据的需要。此外,科学的技术化不断创造这种需要。我以为,正是科学的技术化和技术的商品化才使科学成了生产力,也正是在这时,它成了资本流通的因素。但是,科学还只是这一过程的因素。真理的语言游戏仍处于社会政治的语言游戏的控制之下,后者包括前者,但不仅仅包括前者,它还将前者作为工具性话语以加强自身的权威地位。对"后现代"科学的特点,利奥达做了这样的描述:"通过关注不可确定的现象,控制精度的极限,不完整信息的冲突、量子、'碎片'、灾变、语用学悖论等等,后现代科学

---

① Robert Koch, "Metaphysical Crises and the Postmodern Condition", *International Philosophical Quaterly*, No. 154, June, 1999, pp. 124 – 140.

发展成了一种关于不连续性、不确定性、灾变和悖论的理论。它改变了知识一词的意义,讲述了这一改变是如何发生的。它产生的不是已知,而是未知。它暗示了一种合法化模式。这种模式绝不是最佳性能模式,而是差异的模式,我们可以将这种模式理解为错误类推的结果。"①

利奥达的"后现代"科学图景不仅完全抛弃了从哲学的元叙事中寻找建筑科学合法化根据的梦想,而且抛弃了稳定系统及其绝对确定性的观念,因为科学自身的发展表明,一个系统的完全确定所消耗的能量大于该系统本身所消耗的能量。利奥达举了一个小说家所讲的故事来说明这一点:有个皇帝想绘制他的国家的绝对准确的地图,但他不是让专门人才去执行这一任务,而是让所有人都去绘图,结果毁了整个国家。后现代科学不是按这种方式起作用的。它的新形象不但表现在它力图在元规定的层次上把握自己的本质并将自身的发展理论化,而且表现在它把不稳定性、不确定性、不规则性作为自己的首要对象。利奥达常常援引哥德尔的不完全性定理、汤姆的灾变理论、芒代布罗(Bénoit Mandelbrot,当代法国著名数学家,原籍波兰)的不规则碎片理论、量子力学、概率论来说明后现代科学对异质性、不规则性的强调,说明非决定论如何宣告了现代科学的终结,说明"自然"只有在后现代科学中才能显示它的真相。正是在这里,利奥达提出了他的著名论点:规则的制定无法在规则之内实现。罗素悖论、希尔伯特的失败、哥德尔的证明被看作这一论点的最好注解。

然而,利奥达对科学的"后现代"解释并不能证明真有什么"后现代"科学的存在,它充其量是对科学的现象描述。自毕达哥拉斯以来,科学就保持着从不确定性中求确定性,从不稳定性中求稳定性,从不规则性中求规则性的品格。我们只需看看十七世纪数学家、哲学家帕斯卡对赌博问题的研究以及十九世纪科学家吉布斯(J. W. Gibbs)对概率熵的研究就可明白这一点。因此,仅仅根据是否关注不确定性、

---

① 利奥塔尔:《后现代状态:关于知识的报告》,车槿山译,北京:生活·读书·新知三联书店,1997 年,第 3—4 页。

不稳定性、不规则性来区分现代科学与后现代科学,仍不能令人信服。利奥达受维特根斯坦的启发,力图从语用哲学的角度进一步将"后现代"的阐释加以深化。

三、"后现代"的语用哲学

利奥达在批判地采纳维特根斯坦的语言哲学思想,特别是他的语言游戏理论的基础上,把"后现代"的考察最终落实到语言的层面上。在他看来,后现代问题首先是思想表达方式问题:文学、艺术、哲学、科学、政治等属于不同的语言游戏,每种语言游戏都有自身的逻辑、自身的话语结构、自身的合法化标准、自身的游戏规则,而游戏规则的越界使用或不合理使用必然导致某种形式的"恐怖主义",因为它力图抹煞不同话语的异质性和差别性,而强制它们遵循同一种逻辑。譬如,科学话语属于真理语言游戏,政治话语属于正义语言游戏,要实现两者的和谐首先得承认和尊重它们的差别。在《后现代状态》中,利奥达区分了两种知识,即科学知识与叙事知识(非科学知识),这两种知识的区别首先在于前者由指示性陈述或描述性陈述构成,后者由规定性陈述、规范性陈述和表述行为的陈述构成。指示性陈述涉及的是真理的表述,规范性陈述涉及的是价值的判定,规定性陈述涉及的是广义上的权威对知者的要求。提出陈述就像下棋者在应用规则时移动棋子。由于规则规定了游戏的性质,用一种游戏的规则去规范另一种游戏就是不合法的事。因此,我们不能根据科学知识的有效性去判定叙事知识的有效性,反之亦然。

后现代的知识与文化,突出了不同话语,不同语言游戏的差异性,突出了"分歧"的重要性。在利奥达眼里:"发明总是产生在分歧中。后现代知识并不仅仅是政权的工具。它可以提高我们对差异的敏感性,增强我们对不可通约性的承受力。"[①]

[①] 利奥塔尔:《后现代状态:关于知识的报告》,车槿山译,北京:生活·读书·新知三联书店,1997年,第126页。

然而，为何要提高我们对差异的敏感性，要增强我们对于不可通约性的承受力呢？按照我的理解，差异原本反映了世界的真实面貌，代表着生命、活力与色彩，求同而不存异不仅意味着把一个具有丰富性的多元世界变成了一个单调划一的僵死世界，而且意味着消灭古希腊人早就倡导的公平竞技的美好理想。从本质上讲，分歧是社会成员对真实的差异做出的最真实反应。但自莱布尼茨提出差异律（世界上找不到两个绝对相同的东西）之后，蔑视差异的形而上学气质反而变本加厉地支配着思想和生活的各个领域，以致在现代社会中各种隐形的强制以总体化和一体化的名义表现为血与火的公开强制，在这种强制中，形成了某种高高在上的元话语，也形成了无所不在的统一幻觉。在这种幻觉中，人对差异越来越麻木不仁，甚至以暴虐有意无意地取消实际存在的差异。莱布尼茨实际上参与了对自己的发现（差异律）的扼杀，因为他通过将笛卡尔提出的普遍语言和普遍科学的设想进一步具体化，为启蒙叙事或思辨叙事的普遍主义提供了普遍基础。启蒙叙事诉诸普遍的理性，并通过思辨历史哲学的终极目的观念把它变成历史的栋梁。在这种宏大叙事的背景之下，人们不是取消分歧，就是忘记分歧，至少是使这种分歧淡化为可以忍受的东西。因此，在现代性的话语中，平等往往成为抹平差异的借口，共识常常成为铲除歧见的托辞。

分歧将真实的世界还给我们。利奥达认为，马克思已经给我们留下了两笔遗产：第一，他表达了源自资本的不幸；第二，他表达了分歧感。如果我们把分歧感指向语言的层面，就会发现，"分歧是不稳定状态和语言的要素……这种状态把沉默展开成否定的语句，但它诉诸原则上可能的语句。这种状态表现了人们通常称之为情感的东西。'人并未发现语词之类的东西'。为发现新的语句的形式结构和联系规则，人需要孜孜求索"[①]。

世界的差异通过语言的差异表现出来，分歧是这种差异的象征。这里所说的差异不仅是形式的差异，而且是语用学的差异。此处的语

---

① Jean-François Lyotard, *Le différend*, Éditions de Minuit, 1983, p. 22.

用学是广义的,既包括科学语用学也包括社会语用学,指示性陈述、规定性陈述、评价性陈述、技术性陈述等则构成了这些语用学的复杂网络。由于我们找不到适用于所有陈述的普遍规则,由这些陈述构成的话语具有不可通约性。所以,并不存在普遍的语言,它们仅仅作为我们不懈追求的理想存在于我们的观念中。基于这种理解,利奥达断言,语言不是同质的而是异质的。通过不同语言表现出来的是不同的话语、知识、学说,等等。

从语言层面上看,现代性与后现代性的分歧恰恰在于:前者确信人类作为普遍的主体要通过协调所有语言游戏中的一切手段来谋求自身的共同解放,任何一个陈述的合法性都在于对这 解放做出贡献;后者则放弃了这种不切实际的空想,它主张,随着大叙事的衰落,普遍主体及其共同解放早已成为陈旧的、可疑的价值观念,大叙事本身已经分解为各种各样的小叙事,不同叙事属不同的语言游戏,我们无法在同一层面上加以考察,因为它们之间没有共同的尺度。譬如,你无法用同一个标准去要求艺术与科学。生活领域和思想领域越是多样化,语言游戏越是多样化。但它的数目处于不断的变化中。每种语言游戏都服从特殊的语用关系,而语用关系反过来影响语言游戏的逻辑。"逻辑在'怎样'之前而不在'什么'之前。"① 服从自身逻辑的语言游戏不仅描述、解释世界,而且影响、改变世界。但不管以何种方式改变世界,它们都将我们置于特定的语境中。

语境的不同决定了语言游戏的不可翻译性。语言可以翻译,否则就不是语言。但语言游戏不可翻译,就像象棋的规则和策略无法翻译成跳棋的规则和策略。现代性的游戏,即宏大叙事的游戏试图将所有游戏都变成某种精神力量的体现,然后将不同的语言游戏分成等级并使一种语言游戏从属于另一种语言游戏。这是以黑格尔主义为代表的启蒙叙事的思维模式,其典型做法是将源于一种语言游戏的问题引入另一种语言游戏然后强加给我们。利奥达把这种做法称为"恐怖",并认为这是所有压迫机制的基本特征,它的形而上学预设是语言游戏

---

① Jean-François Lyotard, *Le différend*, Éditions de Minuit, 1983, p. 99.

的同质性以及人们在此基础上能够形成广泛的共识。

基于上述立场,利奥达反对哈贝马斯把合法化问题引向对普遍共识的寻求(注:有一种观点认为哈贝马斯与利奥达的对立代表了现代性与后现代性的对立。实际上这种对立是由两人的拥护者提出的。也许笔者孤陋寡闻,我尚未发现有什么文献可以证明哈贝马斯对利奥达的观点进行过批评。包括 Koch 和 Welsh 在内的不少学者都注意到一个事实:利奥达不断批评哈贝马斯的共识理论,但哈贝马斯几乎没有回应,他只在他的论文《福利国家的危机与乌托邦能量的衰竭》的脚注中明确提到过利奥达的工作①)。因为哈贝马斯的做法基于两个似是而非的假设:第一,所有对话者都会赞同对所有语言游戏普遍有效的规则;第二,对话的目的是共识。事实上,这两个假设是站不住脚的,因为所有语言游戏是异质的,它们服从不同的语用学规则,并且共识只是一种讨论状态而不是讨论的目的。更为重要的是,共识本身并不代表正义的要求,历史上许多不义的事情是在共识的名义下实现的。从殖民战争到希特勒的纳粹主义,再到今天的种族歧视和民族仇恨莫不如此。为此,我们"应该追求一种不受共识束缚的正义观念和正义实践"②。在《分歧》中,他甚至认为实现政治的正义性只有在承认语言游戏的异质性和共识的局部性或有限性的前提下才有可能。"后现代"政治的要义并不在于压抑乃至消灭不同的话语,而在于新生话语的多样性。它本身即是对联合的追问,是目的的多样性。但在某种意义上,政治又是对分歧的威胁。分歧表现在协商政治和民主政治中,表现在事件的确定、行为可能性的确定、判断的确定和规范基础的确定中。

然而,我们无时无刻不在有意无意地表达自己的立场,而不同的立场只能通过不同的话语来反映。反观现代国家生活,利奥达发现,

---

① "Die Krise des Wohlfahrtsstaates und die Erschöpfung Utopischer Energien", *Die Neue Unübersichtlichkeit: Kleine Politische Schriften*, V, Frankfurt am Main: Suhrkamp, 1996, S. 163.
② 利奥塔尔:《后现代状态:关于知识的报告》,车槿山译,北京:生活·读书·新知三联书店,1997年,第 126 页。

法律话语同等强调公民的社会经济权利也许可以平息经济伙伴间的诉讼,但无法平息劳资双方的分歧。工人恰恰是在合法地被剥削。要求劳动与社会权利并不能制止合法的剥削,因为这种权利只规定了剥削的类型。为了反对剥削本身,利奥达试图提出但实际没有提出自己的话语公正性理论,这种理论要求取消经济话语的霸权。

经济话语的霸权所碰到的这种唯一不可克服的障碍在于语句规则系统和话语种类的异质性,在于没有"语言",没有"存在",而只有事件。障碍不在于这种或那种意义上的人的意愿,而在于分歧。它恰恰新生于所谓的诉讼案件的调解。它要求人们置身于未知的句子宇宙中。①

这便是后现代语用哲学的结论。

---

① Jean-François Lyotard, *Le différend*, Éditions de Minuit, 1983, p. 263.

第四章 "记号""符号"及其效力
——从哲学与符号学的观点看

人与世界不仅处于物质的交换关系中，而且处于符号化的关系中。人对世界的"文化"过程也是人对世界的符号化过程。不管人以什么方式（如哲学的、艺术的、宗教的、科学的方式）去认识世界，人都有一种世界图景，"这种世界图景是一种建构。这一点不仅适用于我们的生物知识，而且适用于意识过程"①。但这个世界图景是什么呢？是人给自然建构的网络，自然因为这个网络而成为世界，这个网络就是符号的网络。如今，这个网络越来越厚重，以至于人只能通过符号与世界打交道。用德国哲学家密特西特拉斯（Jürgen Mittelstraβ）的话说："我们并不直接认识我们的世界，我们总是通过符号来感知我们的世界。"②

在我们通过符号而感知的世界中，符号是人之"迹"，是人之"文"（在中文里"文"的古义与"符号"比较接近）③，是人在自己与自然之间设置的一种媒介物或间接性。它是自然物、人造物和人自身的指代者。文化世界当然可以独立于自然，但自然规律被人认识的时候，人往往是通过符号的方式与自然打交道的。人在认识事物的感性的性质时，也许不需要一种符号工具，但人在认识事物的规律时，人是在与普遍的东西打交道。人需要借符号的东西来凝聚经验，表达经验并把

---

① Jürgen Mittelstraβ, "Wir müssen nicht töten", *Bild der Wissenschaft*, 9, 1996.
② 同上。
③ 汪堂家：《文化释义的可能性》，载《复旦学报》1999年第3期。

它上升到普遍。人要交流对自然的认识成果和学习这些成果,人要把已有的东西、历史的东西传递到将来同样离不开符号。密特西特拉斯曾经说,人能在小世界中认识大世界就离不开符号的帮助。人通过文化将世界罩上符号之网,自然正是通过符号而显示,通过符号被解释,通过符号而被艺术地设置。他把通过符号被艺术地设置的世界称为"列奥那多的世界"(Leonardo-Welt,列奥那多是众所周知的达·芬奇的名字)①。

那么,符号是什么呢?符号与记号、信号的区别何在呢?人的符号化特性体现在哪些方面呢?符号的效力何在呢?本文将重点讨论这些问题。

一、符号、记号与信号

先让我们回顾一下符号研究的前史。

在古希腊,"符号"一词源于"抛弃"。智者派的高尔吉亚是最早对符号进行研究的学者并且发现了"符号"的任意性特点。后来的柏拉图和亚里士多德都分别注意到自然符号与人工符号的区别并认为前者是后者的最终基础。他们也注意到记号的私人性和符号的公共性。在亚里士多德那里,符号既可以是声音,也可以是形象。当亚里士多德说,文字是言语的符号,言语是心境的符号时,他已经确认了作为符号的两种素材。中世纪西方人对符号有一个经典性的解释:符号是用一物来指代另一物。但是,对符号进行比较系统的研究是从十六、十七世纪开始的。那时,人们已经认识到,只有当人认识到两个事物之间的替换关系时,符号才会存在。《波尔罗亚尔逻辑》明确指出,符号包含两个观念,一个是进行指代的物的观念,另一个是被指代物的观念:符号的本性在于用第二个观念激起第一个观念。"当人们只把某物看作对另一物的指代时,他们拥有的关于该物的观念就只是一个符

---

① Jürgen Mittelstrasβ, *Leonardo-Welt*, Suhrkamp Verlag, Frankfurt am Main, 1992, S. 11–20.

号的观念,而第一个物就被称为符号。"① 在十八世纪,孔狄亚克明确提出了使用符号的基本原则,即符号的选择要简单易记,要适用于无数的因素,要易于自我区分和自我组合。十九世纪末和二十世纪初,皮尔士和卡西尔分别对符号进行了系统的研究。前者创立了指号学(semiotics),重点研究"符号的符号",特别是研究符号的内部结构和外部关系。后者具体研究符号的性质以及符号与世界和人的关系(关于两人的区别,我将在专文中加以阐释)。"二战"以后,时装、广告、电影和现代建筑艺术的发展,特别是语言学的发展大大促进了符号学的发展。如今,我们有广告符号学、电影符号学、建筑符号学这类实用性的符号学分支。如果我们总结一下符号学的这些发展,就可以发现以下事实:尽管不同的学者可能对符号有不尽相同的认识,但大家都公认符号不同于记号和信号。创造和使用符号是人的特性,而动物只能使用记号和信号。从广义上讲,凡能起指代作用并能传达意义的痕迹的都可以成为符号。因此,符号可以分为两类,一类是自然符号,另一类是人工符号。所谓自然符号,是指被赋予意义并起指代作用的自然痕迹。所谓人工符号,是指由人创造的起指代作用的痕迹。符号的出现最早是为了方便表达、交流和公共生活。搬运符号仿佛在搬运一个世界,因为符号能打破时空的限制,把一个人所感知的东西和认识的东西告知别人,把已经过去的东西告知现在和将来的人。符号既有确定性又有任意性。这里所说的确定性是指符号与它所意指的东西具有相对固定的关系,否则,符号所传达的意义就无法为人所理解。符号的任意性是指符号的选择一开始是不确定的,个人的。但一旦符号的指称关系得到社会的认可,该符号的特定指称功能就被固定下来。从这种意义上说,符号的泛化过程也是符号的社会化过程。符号的约定性就体现在这一过程中。符号既区别于它的指称物又对应于它的指称物。符号的意义更新是符号活化在我们的生活中的有力见证。符号既与所指物相区别又与其他符号相区别,符号的意义也有赖

---

① 福柯:《词与物:人文科学考古学》,莫伟民译,上海:上海三联书店,2001年,第86页。译文稍有改动。

于这种区别,这便是符号的差异性原理。符号既有他指功能又有自指功能。前者使符号能传情达意,后者使符号具有"能产性"(这是法国一些符号学家经常使用的术语)。

信号是符号的原始形式,动物发出的信号中已经包含符号的萌芽。当老鼠遇到了危险,甚至在走向死亡的瞬间,都能向同伴发出信号;一头狼发现了猎物会很快将信息反馈给同伴并用信号协调合围的方式。许多喜欢过群居生活的动物都有自己的声音信号,用来规避危险,获取食物,"谈情说爱"或进行嬉戏。鸟儿、猴子和猩猩是使用声音信号的天才。信号是动态的指代者,它可以传达某种意思并有约定的性质。简洁性、约定性和易解性是它的明显特征。动物和人都能发信号,其目的在于联络。几乎所有的高等动物都能发信号,有些群居性的动物的信号系统甚至非常复杂。但所有其他动物都不能像人一样发明符号并用工具制造有意义的符号。从使用声音信号转向使用图形符号是生命历程中一次决定性的飞跃,它不仅改变了思维,而且改变了联络方式,扩大了人的活动范围。动物没有历史,只有人有历史,因为只有人能通过符号保留历史,从而与历史交流。动物只生活在现在,人则不仅生活在现在,而且能生活在过去与将来,并能以集体的方式生活在将来,因为他能用符号的方式谋划、规划将来。动物有对未来的本能预感(如大象可以因预感死期将至而做好准备),但只有人以集体方式为未来操心并协调对于未来的立场与行动,这一切都多亏了符号这一神奇的东西才得以实现。如今,符号的涵盖面越来越大,种类越来越多,以致色彩、图形本身及其变化都可成为符号。随着数字化时代的到来,一切符号都可还原为数字符号,以致我们不能不承认笛卡尔和莱布尼茨早就设想的普遍语言实质上不过是数字符号的特殊形式。

记号是符号的雏形又是信号的形象化。就起源和最初功能而言,使用记号是为了助记和辨认。它指向某物,因此,它与物具有对应性和两极性。从它与使用记号的主体的关系看,它并不表示主体的意象,也不指代主体的观念,更不描述主体的意识过程。但它仍在一定程度上与主体的意向性相关,因为它涉及被主体意识到的对象。从它与主体意识到的对象的关系看,记号并不指代物理对象,而是指示这个对象,也就是说,它不求描述一个对象,而仅仅是表示这个对象的存在或提醒人想到这个对象的存在及其特性。当人们使用记号时,他主要不是用它交流感情与思想。因此,人们不可能过多地赋予记号以意义。记号虽然指向某物,但它仅仅起提示作用、指示作用,所以记号仅仅是我们通达外在对象的索引或线索。当记号指向某物时,主体已在记号与它指示的对象之间设置了一种对应关系,一旦这种对应关系消失,记号也就失去了作用。记号的价值就在于这种对应关系本身。比如,我在地底下埋了一罐金子,我故意在它的上面竖了一个墓碑,这个墓碑就是我为以后找到那罐金子的记号。一旦金子被取走,这个墓碑就失去了作为记号的作用。

当记号起辨认作用时,它必须具备可见性和独特性。它呈现出的"起辨别作用的特征"(我这里借用结构语言学的术语)是记号之为记号的根据所在。记号对于做记号的人来说必须是唯一的,它不能与它周围的东西相混淆。从这种意义上说,它有限定作用和区别作用。通过限定作用,记号有确定的所指;通过区别作用,记号能与周围的东西区别开来。为此,记号需要某种形象性,也就是说,它必须是可见物。但这个可见物提示着它背后的不可见物的存在。所以,记号反映了可见物与不可见物的关系,它是显示不可见物的可见物。从土地的丈量到矿藏的勘探,从间谍联络的方式到生活秩序的确立,从天体观测到海洋开发,人们无时不在发挥记号的辨认功能并且充分利用了记号的联系规律,甚至连原始人都懂得用记号来标明自己的领地。在国境线上设立界碑,日常生活中的抽签,用实物占据座位以及在银行、拍卖行或股票交易所等公共场所抽取排队顺序号码等,都属于使用记号的活动,掌握记号的用法和规律是建立一种良好的社会秩序的先决条件,因为记号通过"确定物的秩序"(此处借用福柯的术语)来确定人的秩序。

当记号起助记作用时,它利用记号与记号指示的物的对应关系来唤起心灵对物的回忆。心灵、记号与记号指示的事物必须形成相对稳定的三角关系才能防止心灵对记号指示的事物的遗忘。用作记号的事物可以是自然物，也可以是人造物，动物能用自然物作记号，但不能创造某种事物作为记号。人则既能利自然物作记号又能创造自己的记号，只要他认为这种记号有助于实现自己的目的。起助记作用的记号是通过人的记忆而在心灵中激起联想的，而这种联想之所以可能，是因为记号与它指示的事物已经作为表象留存在我们的心中。这种表象一旦消失，即便我们看到了某种记号，这种记号也不能唤起我们对它所指示的事物的回忆。这样一来，记号也就失去了记号的价值。此外，记号通常是静态的，它的秘密即是历时性的秘密。起助记作用的记号往往具有私人性，它毋需获得他人的认可，也毋需借助其他记号而存在，换言之，此类记号与记号之间不必相互指涉和相互依赖，每一个记号可以单独成立。起辨别作用的记号则与其他记号形成对比，突出差异性是使用这类记号的最高原则。正因如此，它必须显示自身的特殊方面。一种记号如能展现独特的视觉效果并且最大限度地体现与其他记号的差异，它所产生的辨别效果就越好。然而，这并不等于说把握相似性就不需要记号。实际上，相似性的显示也在很大程度上有赖于记号。福柯甚至说"没有记号就没有相似性"[①]。"相似性需要一个记号，因为假如不被可辨认地打上记号，任何相似性都将不引人注目。"[②]

按透明性程度，记号可以分为标记和暗号。标记的首要作用在于识别，公开性是它的基本特征，最大限度地获得公共性和他人的认可是使用标记的重要目的之一。像标签、商标、身份牌、界碑这类公开的标记表示着"唯一者及其所有物"，它们越是为人知晓，就越有利于对自身的唯一性的确认。认可它们的人越多，它们的存在价值就越大。它们集个性化与公共性于一身。通过个性化，它彰显自身与他者的区别；通过公共性，它得到社会的确认。标记的存在价值就在于它能

---

① 福柯：《词与物：人文科学考古学》，莫伟民译，上海：上海三联书店，2001年，第36页。
② 同上书，第39页。

被人看见,被人认可和尊重。因此,公众和某种公共权威就是标记的可靠性的保证。由于这类标记隐含着一种所有权,它们越能赢得公共性,它们的所有权越能得到保障。而像路标、灯塔、浮标、星象图等标记同样摆脱了私人性,它们或指示方向或提示位置,其存在价值亦离不开公开性和公共性。因此,这类标记的接受过程实质上是一种约定过程。

与标记相反,暗号是一种不能公开的记号,它的价值在于秘密性。它具有某种隐含着的意义,但只是个人赋予的意义。与一般标记不同的是,对暗号的所指知道的人越少越好,暗号不仅起单纯的指示作用,而且起传递信息的作用。在传递信息时,暗号已经预设了特定意义及其理解的可能性。它虽然离不开约定,但这种约定仅限于个人的范围。密号或密码系统是暗号的扩展。它的存在本身已经预示了破译的可能性,它最大限度地利用了标记的任意性和不确定性,它显示了人类对标记的无穷可能性的信念。不合规律即是它的规律,它试图以难以捉摸的干扰因素来掩盖真实的意义世界,以似乎不合逻辑的因素来掩盖意义逻辑。今天,人们对暗号的兴趣和利用之所以超过了以往任何时候,是因为人的个人生活比以往任何时候更多地暴露在他人的目光之下。从互联网的使用到电子磁卡的推广,从银行密码到无线电通讯,从商业情报的传递到军事情报的发送,暗号技术或密码技术的运用已影响到日常生活、经济生活和政治生活的许多方面。密号或密码的广泛运用不但表明个人的隐秘正在遭受侵蚀,表明个人的私有空间不断受到挤压,而且表明个人对自身个体性和自主性的捍卫。

二、符号的一般特点与人的符号化特征

符号是有意义的痕迹,这种痕迹的价值与人给它赋予的意义一同存在。符号是在人的认识活动中形成的,一旦自然痕迹和人为痕迹不被赋予意义,它就不能成为符号。正因如此,皮尔士和福柯都认为符

号与意义并不是相互外在的关系而是相互内在的关系。但是,符号的意义常常是在符号系统中规定的。尽管我不同意索绪尔对能指与所指的僵硬区分,也不同意他完全脱离世界来讨论符号的意义,但我认为他看到了一个我们都无法否认的事实,即符号的相对独立性正是符号得以发挥作用的先决条件。符号的存在与符号指代的东西在时空上是可以分离的,记号则与记号所提示的东西一同存在。记号不能把当下与遥远的过去和未来联系起来。符号却能做到这一点,因而能提供使创造活动得以可能、使文化活动得以可能的空间。从符号系统本身看,符号与符号相互关联并且形成一个有机系统,"每种符号本身具有将它与其他符号区分开来的特点"①。

如果我们从内外两个方面去了解符号,我们还需要了解符号的一般特点,这些一般特点不仅反映了人与生活世界的错综复杂的意义关系,而且反映了人如何历史地把自己的传统、能力、习俗和思想融进了对象世界。按照著名哲学家和神学家蒂利希在《宗教符号》②一文中的概括,符号有四个基本特性:象征性、可感性、内在力量和可接受性。这些概括当然并不足以反映符号的所有特性,但如果把这些概括与我在上面就符号与记号和信号的区别所作的分析综合起来考察,我们就能得到对符号的特性的比较完整的了解。下面,我就根据他的概括对这些特性分别进行解释。

符号的第一种特性即象征性意味着,指向符号的内在态度并不针对符号本身,而是针对被符号化的东西。而被符号化的东西又可以作为另一个东西的符号,比如,文字可以作为言语的符号,而言语又是意义的符号。再如国徽、国旗、国歌是国家的象征,它体现了一国的尊严与主权。但是,符号的象征意义可以因时而异,因人群而异。比如,纳粹的标志对于纳粹德国的党卫军来说具有神圣的意味,对我们这个时代具有正义感的人来说,那象征着彻头彻尾的罪恶。

---

① Paul Ricour, *La métaphore vive*, Éditions du Seuil, 1997, p. 91.
② Paul Tillich, "The Religious Symbol", *Dadalus*, Summer 1958, Vol. 87, No. 3, *The Proceedings of the American Academy of Arts and Sciences*, pp. 3–21.

符号的第二种特性即可感性,很容易理解。人有多种多样的观念、理想,有多种多样的信念、信仰和思想体系,它们本身是无形的,不可见的。它们通过符号被固定下来,并为所有人所感知。在这种情况下,符号可以使主观的东西客观化,使个人的东西变成群体的东西,普遍适用的东西。符号的东西当然不一定是具象的东西,有些抽象的概念甚至也可以作为符号使用。但即便这些抽象概念也要以可感的文字形式出现。法国语言学家和符号学家邦维尼斯特(Benveniste)甚至认为"符号始终具有并且仅仅具有一般的概念的价值。因此,它不承认特殊的或偶然的所指。所有个别的东西都被排除在外。情境被看作无关的东西"①。"上帝"对真正信仰基督教的人来说意味着"信、望、爱",标志着对人的终极关怀,而"法西斯主义"则是罪恶的符号。符号需要物质载体,也需要特定的形式,但选择什么样的物质载体丝毫不影响符号的意义,而仅仅影响人们接受或感知符号的方式和效果。"花"这个符号通过什么音质来体现并不改变它的意义,用什么颜色的笔来写,用什么样的字体,用笔写,用刀刻,还是用灯饰来表现,都不影响花之为花的意义。但对学习这个"符号"的儿童来说,将真实的花与"花"这个词联系起来,无疑是最好的接受方式。而学习这个字的目的恰恰是要人们离开真实的花而想到花。人通过给所有事物命名而将它们综合成一个符号的世界,这个世界的丰富程度反映了人对实际事物了解的广度与深度。从这种意义上说,符号仿佛是人心的镜子。

符号的第三种特性是它具有一种内在力量。蒂利希认为这种特点最为重要,因为正是这种特性将符号与记号区分开来。记号可以随意互换,符号却不能随意互换。比如说,两个人到森林中去探险,分头去找自然景观,为了知道彼此的行踪,两人约定作一些记号。但下一次出去探险却可以改作别的记号。符号则不同,它本质上是集体的财富,个人无法随意更改。它虽是人创造的,甚至可以说是约定的,但它

---

① Emile Benveniste,"La form et le sens dans le langage", *Le langage*, *actes du XIIIe congrès des societés de philosophie de langue française*, Neuchatel, La Baconnière, 1967, pp. 27 - 40.

反过来可以影响个人行为,乃至对个人行为起范导作用。符号出于必然性,记号则不具有这种必然性。随着人的认识能力的演化,人从神话世界观转向了技术性世界观。相应地,外在世界越来越失去了神秘色彩。符号一开始也被涂上了这样的色彩,从许多原始部落中,人们可以发现符号既被用于祛邪,也被用于唤起一种超自然的力量,它给人带来安慰,更让人感到恐惧。在所有宗教生活中,符号的象征性有时仿佛具有魔力。它可以让人为之奉献,为之牺牲,它可以牢牢地控制人的心灵,甚至煽起人的狂热。因此,所有教派都尽其所能地动用符号的这种特性,在人类进入科学技术时代以后,人经历了不断的启蒙,世界的神秘光环慢慢消失了,符号不再具有很多象征意味,在绝大部分时候,它在人心中不再提示一种超验的力量,而是指称可以感知或可凭理智加以理解的东西。因此,人与世界的关系通过符号而变得更加确定,更加平实。

符号的第四个特点是它的可接受性。如果"符号"只是个人的东西,那么,严格地讲不能算作符号,而只能作为记号。按蒂利希的看法,我们不能说一个东西只有首先成为符号,然后才能为人所接受。恰恰相反,符号成为符号的过程与它被人接受的过程是同一过程的两个方面。符号根植于社会并受社会的支持。因此,我们在考察符号的特点时,始终不能忘记符号的社会向度。个人可以满足自己的需要"制造"一个记号,但它不能称作符号。创造符号是一种社会行为,即使它一开始是由个人提出来的。比如,可能有许多人设计了不同的国徽的图案,但这些图案中只有一种被选为国徽,并得到国家权威的确认,即使确认者只是某个专制的领导者,他也不得不以全体人民的名义来"颁布"他的确认并力求得到社会的普遍接受。我们毋需研究符号的接受史,而只需看看我们的儿童如何认字,学生如何熟悉"红绿灯"这种交通标识,以及观众对电影、时装和广告的接受过程,就可以体会到符号与群体生活的深刻联系。一个群体往往能从它的符号中认出自己,并不断把其希冀、愿望、情感和思想融入符号。个人对群体的认同感越强烈,他与指代这种群体符号的精神联系越是密切,这种符号也就越能成为集体生活不可或缺的一部分。

实际上,早在二十世纪初,卡西尔就曾断定人是符号的动物。不管人的文化生活形式如何复杂多样,它们都不过是符号形式而已,因为所有文化都离不开思维和行为,而思维和行为都是一种符号化过程,人类生活的丰富性和全部发展都能用这一过程来解释。对此,卡西尔的论述具有无可争辩的逻辑力量。他指出,"人不再生活在一个单纯的物理宇宙中,而是生活在一个符号宇宙之中。语言、神话、艺术和宗教则是这个符号宇宙的各个部分,它们是织成符号之网的不同丝线,是人类经验交织网。人类在思想和经验之中取得的一切进步都使这些符号之网更为精巧和牢固。人不再能直接地面对实在,他不可能仿佛是面对面地直观实在了。人的符号活动能力进展多少,物理实在似乎也就相应地退却多少。在某种意义上说,人是在不断地与自身打交道而不是在应付事物本身。他是如何地使自己被包围在语言的形式、艺术的想象、神话的符号以及宗教的仪式之中,以致除非凭借这些人为媒介物的中介,他就不可能看见或认识任何东西。"①

大量的动物心理学和儿童心理学的研究表明,人与动物的一个重要区别在于,动物只是使用信号或记号,人则能创造、学习、使用符号。一条狗,一只猫,一只猩猩能在某种叫声与某种食品之间建立固定的联系,它们甚至懂得情绪性的语言,区分人的表情,根据人的语调做出反应,但它们都不了解每个事物都可以有一个名称,也不了解一个东西可以有不同的名称,更不了解不同名称之间可以建立无穷多样的联系,而一个稍稍正常的儿童却可以做到这一点。一只猩猩经过一番训练也许能对象征性的奖赏做出反应,但这些反应与人在听到鼓励性的话时所产生的心理效应远远不能相提并论。人所使用的符号与动物使用的信号或记号不同的地方是,符号仅仅具有功能性价值,它不是物理世界的一部分。而记号或信号是物理世界的一部分。符号属于意义的世界,它是人的群体约定俗成的产物,不管符号如何变化,也不管用来制造这些符号的材料是什么(例如,你是用红笔还是用黑笔画

---

① 卡西尔:《人论》,甘阳译,上海:上海译文出版社,1985年,第33页。

出某种符号都不影响人们运用它进行交流),只要人们赋予它们约定俗成的意义,它们都能用来表达和交流人与人之间相互理解和领会的情感和思想。人从单纯的物理世界走入符号的世界是人的智力发展的具有决定意义的一步,因为这意味着一个能发挥自己想象力的自由世界,一个毋需与实物打交道的知识世界展现在人的眼前。人脑装不下外部世界的任何实物,但它能装得下表示这些实物的无数符号,并让它们自由分解与组合,从而创造一个独立于外部世界的心灵世界。美国家喻户晓的著名作家和教育家海伦·凯勒(Helen Keller)的成长过程无可辩驳地证明了对符号的运用如何成为人的智力发展和文化创造的关键。凯勒1岁半就双目失明,双耳失聪,并且没有言语能力,在女教师莎利文小姐的精心教育下,她渐渐学会了语言并经过十四年的努力考上了哈佛大学,最终成了世界闻名的大作家和教育家。她的学习过程还表明,认识到符号与实物的对应性、非对应性、多样性、易变性、任意性,使人看到了一个普遍化的世界,一个能给自己立规,也给外界立规的世界。通过这个世界人不必借行为与每件外物打交道,而只需借符号的中介与外界打交道并创造外界所没有的新东西。这是一切神话、宗教、艺术、科学、文学、哲学,总之是一切文化活动的先决条件。从这种意义上讲,人与现实的认识关系就体现了人的符号化特性。

  不仅如此,人的符号化特性也表现在人与历史的认识关系中。人对现实的文化也就是对世界的符号化。从宽泛的意义上讲,人的每一件作品,每一种创造,人对自然界的每一点改变,都是一种反映人的意愿、渗透人的智慧、显示人的力量的符号,就连人本身也成了这样的符号。毫无疑问,人与历史的认识关系体现在人能将历史上发生的社会事件和先人留下的每一点遗迹与自然事件和自然痕迹区分开来。对今天的人来说,人所生活的自然环境与他所理解的历史事件是两种不同类型的事件。历史上的文献记载和通过考古而发现的每一个遗址,每一件物品,每一点遗迹,都可以作为符号来理解。因为它们能给现代人提供一种意义的世界。动物没有自觉的历史,只有人才有这种历史,这是因为只有人能把历史作为符号化的事件。人通过历史符号建立了与历史的联系,他不仅通过认识自己的生物学特点,如基因图谱、遗传性疾病、体质特征、人种特征,了解到人的历史性,并确立了自己与先人的关系,而且通过阅读考古成果、文字资料,甚至通过倾听老人的传说和叙述家谱(在一些原始部落中,口述族谱是确定血缘联系的一种重要方式)来了解自己的由来,了解人类的普遍经验。从这种意义上讲,历史学即是人学,确切些说,是追溯人的进程,描述人的旧貌,开启人的意义的学问。不管当代人以什么样的眼光去看待历史的符号,他都力图借此获得人的完整图景,并把历史符号作为集体追忆的工具。就像回忆是个人生活的警示和经验一样,我们借历史符号而进行的追忆是当代人的精神财富,它不但帮助我们保留关于自己的知识,获取新生活的智慧,而且可以唤起我们对真实性的追求,并且使我们认识到真实性有多种多样的存在方式,比如,经验的真实、逻辑的真实、艺术的真实与历史的真实。

　　人的符号化特性不仅表现在人与历史的认识关系中,而且表现在人与未来的认识关系中。从巫术、占卜到《圣经》中的《但以理书》,从形形色色的预言到现代意义上的未来学,人莫不借符号指涉未来,显示自己对未来的担忧、希冀或恐惧。动物有预感,人则有先见;动物有近忧,人则有远虑。但只有人才有未来。蛤蟆通过空气的温度感到雨将降临,候鸟根据秋天的寒意感到冬天的到来,老鼠甚至能根据大地的细微变化预感地震的发生,但这一切都是靠感官的灵敏对即将发生的事情做出的本能的反应。人却可以借仪器,借对已有资料的分析和判断来预测未来,对天气和地震的预报,对经济景气的预测莫不是通过符号的中介进行的。人不但生活在现实里,而且生活在想象中,生活在希望里。与其他动物不同的是,人不但预测未来而且试图塑造未来,控制未来。人制订多种多样的计划,确定多种多样的生活目标,都无非是为了给自己的工作与生活定向,为自己的发展立据。对人来说,未来意味着新的可能性,人无法改变历史的节奏,但可以谋划自己的未来。对未来的兴趣可以减轻现实生活的压力,也可以让人规避可能发生的灾难。人仿佛长了两个触角,一个伸向历史,一个伸向未来。前者帮人寻根,后者帮人探路。人因为有根,身心得以安宁;人因为探路而强化了安全感并找到新生活的前景。人的自我更新、自我完善都离不开人对现状的不满,离不开人对更完善境界的展望。历史上,许多思想家描述的乌托邦并非毫无意义的空想,它们向人表明人在遥远的未来还有更值得一过的生活。各种宗教先知的预言,虽然不曾应验,但可能在以近乎荒诞的符号形式提醒人们对当下的生存状况保持警惕,为未来可能出现的情况做好准备。

人的符号化特性主要体现在人的语言中。索绪尔曾经断言:"语言的问题主要是符号学的问题。我们的全部论证都是从这一重要的事实获得意义。要发现语言的真正本质,首先必须知道它跟其他一切同类的符号系统有什么共同点。"[①]语言不只是交流的工具,它也是人的群体性和亲和性的表现,是人性的自我开敞。我们常常根据一个人所操的语言,根据他说话的口音来判断他来自某地,这一事实表明我们已把语言视作识别群体身份的标志。不但如此,我们还能从语言的结构看出思维的结构,因为语言是思想的载体,也是思想的手段,我们对比一下汉语和德语的语法结构就可大致明了两个民族的思维习惯和特点。这就是我们把语言视为了解民族性格之窗口的原因所在。由于语言本身不单单是文化创造的工具,它也是文化本身的主要因素,我们学习语言就不能为学习语言而学习语言,也就是说不能把它看作外在于文化的东西,而要把它看作文化精神的体现者。脱离一国的文化去学习一国的语言不仅是荒唐的,而且每每事倍功半。中国的外语教学之所以是一种不太成功的教学,主要是因为人们把外语看作生活之外的知识,看作脱离文化背景的孤零零的单词和语法。结果,绝大部分学生学了十几年的外语还不能灵活运用。维特根斯坦说过,"语言是现实的图画"。至少从自然语言的角度看,这一论断不无道理,从人站立和坐着的姿势到人讲话时的手势,从言语到哑语,从舞蹈、音乐、绘画和建筑,到通常使用的文字,语言无不是人的精神世界

---

① 索绪尔:《普通语言学教程》,高名凯译,北京:商务印书馆,1999年,第12页。

的真实展现。即使是看似平淡无奇的人名也往往折射出一个时代的风貌,凝聚着取名者的期待,反映出上一辈人的心态,在某些时候,一个好的人名甚至可以成为人生的暗示和导引。在宗族意识和谱系观念强烈的地方,人名则是辈分的提示,是血缘的密码,是群体的印迹。父母查遍字典或搜索枯肠给子女取名是在隐隐约约设计子女的未来,他们希望子女用自己的一生去给自己的名字赋予充实而美好的内容。这样,名字仿佛成了人生的外壳,生活成了名字的注解。在大部分时候,性别的差异都反映在人的名字里。但最令人感兴趣的是,不同的时代有不同的命名方式。古代的妇女地位低下,许多人有姓无名,"文革"中政治挂帅,许多人名都打上了时代的烙印;改革开放之后,人名则反映了更多个性,更多的审美情趣,更多的外来文化色彩。

三、符号的效力

人是通过符号化的力量来揭示世界的奥秘的。从数学语言到逻辑符号,从设计图纸到计算机软件,从交通标识、产品商标、行业会标、通讯密码到影视手法,都表明人如何生活在一个符号的世界中,为符号所包围,为符号所感染和浸润,为符号所牵制和诱导。脱离了符号,我们的社会生活将陷入全面混乱中,因为社会生活越复杂,越是需要以符号来标明它的规则。在西方,从毕达哥拉斯开始,人们就认识到,数字是人类思想的向导和世界的本性,世界只有通过数学符号才会变成一个井井有条的,能为人类理解的世界。伽利略干脆说,自然是用数学的语言写成的,笛卡尔则号召我们去阅读世界这本大书,存在主义哲学家雅斯贝尔斯甚至声称,世界是他者的手稿,一般的阅读难以理解,只有存在方能破译。把世界视为充满文字符号的书本并不只是学者的隐喻,而是抓住了世界只有被符号化才能真正为人所把握这一认识论的根本,因为世界的秩序与心灵的秩序具有一致性,而秩序是不能靠我们的日常经验来把握的。只有理智通过符号的运演才能把我们提升到普遍从而担当起探求秩序的使命。

福柯曾把让符号讲话并揭示真意义的全部认识和技巧称为诠释学,"把那些能使人们区分符号的场所、确定使符号构成为符号的一切并知晓符号是如何以及依据什么规律而联系在一起的全部认识和技巧称为符号学"[①]。在他看来,符号学作为探讨符号规律的科学首先得发现相似性。是符号使相似性成为可能而不是相反。起符号作用的形式和被符号指明的形式就是相似性。符号把相似的事物集聚在一起而不仅仅指称事物。符号使事物呈现为我们的认识对象。它给事物赋予秩序并把事物的性质显示给我们。所以,符号并非承载意义的空壳,它本身就能将事物注入意义。"从前,符号是认识的工具和知识的钥匙,而现在,它们是与表象,即整个思想共存的;它们处于表象内部,但又贯穿于整个表象。"[②]从这种意义上说,人的世界和人的身心是符号化的存在物。人生活在自己创造的符号之网中。实际上,不仅外在世界被罩了符号之网,人的心灵也因符号的存在而变得丰富起来,生动起来。今天,大概没有人能够否认,脱离了符号(主要是言语与文字),人就不再是人;脱离了符号,人就只能过一种情绪化的本能的生活而无法过一种文化的生活。所以,心理学家们都没有忘记从语言的角度去治疗心理疾患,即使是强调泛性欲主义的心理学家佛洛伊德也不得不把梦境作为心灵语言的隐喻形式。法国哲学家德里达曾经援引卢梭对内在的声音和外在的声音、内在的文字和外在的文字的区分,指出用文字的眼光、符号学的眼光去看待心灵生活的重要性:"'自然的声音','自然神圣的声音'与神灵的铭文和启示融合为一,我们应当不断返身倾听这种声音,在其中娓娓交谈,在其符号之间款款对话,在其书页之内自问自答。"

"我们可以说,自然仿佛将它的全部壮美展现在我们的眼前,将它的文本供我们讨论……""因此,我合上所有的书本。只有一本书向所有的眼睛打开。那就是自然之书。正是在这本伟大的杰作中,我学会

---

① 福柯:《词与物:人文科学考古学》,莫伟民译,上海:上海三联书店,2001年,第41页。
② 同上书,第87页。

了侍奉和崇拜它的作者。"①心灵也是印着千万种符号的书本。这个书本不但能为他人所阅读,而且能够自我阅读。心灵通过符号显露自己,也通过符号给外物排序,更为基本的是,人的想象、欲求、情感、意志和思考都是符号化的过程,从某种意义上讲,心灵生活就是涌动着的符号之流。亚里士多德指出:"言语是心境的符号,文字是言语的符号。"②这正好说明了符号与心灵生活的本质关联。对人来说,符号似乎也越来越融入观察之中,人的感官虽没有动物敏锐,但他用理论化的方式或者说用符号的方式弥补它的不足。通俗地讲,人能用理论的眼睛,带着理论的框架去观察世界。譬如说,大气云图不过是些符号,气象学家却能从中看出阴晴雨雪;X光片不过是黑白相间的图形,医生却能读出病人的病灶所在;实验数据不过是些特殊符号,科学家却能看出物质的变化。如果这些还只是证明只有具备专业知识的人才具备"理论化的"眼睛,那么,下述事实可以说明所有正常人都能用理论化的眼睛进行观察:看到杯中的筷子发生弯曲,人们大都知道这是假象;看到电视机上的广告,人们都知道这并不是真实的实物,而不过是代表事物的符号而已。

然而,最令人惊异的是,符号不但影响感觉,而且影响情绪与思想。它激起欲望,预示享乐,传递情感,表达希冀。我们且不说各式各样的象征对原始思维的影响,我们单是看看文字如何影响人的情感、动机和行为就可以明白符号对人生的支配作用究竟有多大。黄色小说可以败坏灵魂,优美诗歌可以陶冶情操,死亡通知可以摧肝裂胆,庄严誓词可以撼人心魂,鸿雁传书可以寄托情怀,悼亡之作可以催人泪下。一篇美文就是一道心灵的风景,一纸诬告却可以置人于死地。古今中外甚至有文字杀人之说,还有什么比这一点更能说明文字的暴虐,说明人受符号的宰制呢?也许,我们今天确实要反思人的符号本性,把人从文字的迷信中拯救出来,但我们因此就能逃脱文字的约束吗?文字早已进入了人的灵魂深处,成了灵魂的一部分,成了

---

① 德里达:《论文字学》,汪堂家译,上海:上海译文出版社,2004年,第23页。
② 亚里士多德:《解释篇》,1.1623。

人的生存状态的一部分。正是基于对语言在人类生活中的重要性的认识，海德格尔断言，"语言是存在之家"。家意味着什么呢？意味着精神的依归，意味着身体的安全与保护，意味着关起门来的自主与自由。它是人可以出得去而又能回得来的地方，是使浮泛的生活生根的地方，是使人为之经营、为之操持、为之奋斗、为之泛起离愁别绪的地方，是使人在外有所企望、有所挂怀、有所依据亦有所担忧的地方，是使人能够出去表现私心而又不至于无所顾忌的地方。人因为有家而变得完整起来，也因为有家而尝到了人生百味。语言配得上"家"的称号吗？就语言之外无思想，语言之外无文明来说，人的确要通过语言来生存，也要借语言才能显示自己的存在，借语言超越当下性、个别性、暂时性。对人的统治首先是语言的统治，文化的优势首先表现为语言的优势。而语言的死亡也意味着一种文化的死亡。因此，所有侵略者、殖民者、种族灭绝者都会念念不忘消灭别人的语言。因为他们懂得灭绝一种语言其实是灭绝一种精神，无论是希特勒，日本军国主义还是早期在亚非大陆进行殖民统治的集团都把语言统治视为殖民化的真正完成，他们打到哪里，哪里的人就必须学习他们的语言，使用他们的语言。直至今天，一些欧洲国家尤其是法国和德国都对自己的语言特性保持高度的敏感，而一些非洲和拉丁美洲国家以及部分亚洲国家都尝到过丧失语言特性的滋味，一些美洲和大洋洲的土著人因语言的无力而被迫与传统诀别。殖民者无法改变他们的人种，但可以改变他们的灵魂，改变他们的思维模式和行为模式，从而为自己的统治打下基础。今天那些土著人除了沦为保护对象之外别无选择，他们已被从原有的土地上连根拔起，摆在他们面前的命运是：要么自生自灭，要么适应新的土壤改变原来的习性。还有什么比人失去家园更令人痛心呢？如果语言真是存在之家的话，那么，强迫人永远放弃自己的语言的确是一件让人永远失去自尊、丧失根据的事情，因为它使人在文化精神上陷入了空空荡荡的境地。在后殖民化时代，一些国家是否会重蹈殖民时代的覆辙，再次被迫放弃自己的语言呢？

语言不仅是民族的财富，是一种生长独特文化的土壤，而且是塑造国民性的基本素材,是维系人的情感与群体意识的一种力量。语言是存在之根。对于阔别家乡而又心系家乡的人来说,送来乡音即是送来一份乡情;对侨居异国而又眷恋故土的人来说,温习母语就是还一份乡愿。难怪许多人把抛弃母语视为精神的游离和人的蜕变。正因如此,我想以晚清著名学者辜鸿铭在《春秋大义》中的一段话为本文作结:

> 在我看来,要评估一种文明的价值,我们最终要提的问题并不是它已经建设并且能够建设多么庞大的城市,多么华丽的房舍,多么美观的道路,也不是它已经创造并且能够创造多少漂亮而称心的家具,多么灵巧而实用的器物,工具和仪表,甚至不是它创造了什么样的制度、艺术与科学——为了评估一种文明的价值,我们必须提出的问题是,它塑造了什么样的人,什么样的男女。事实上,正是一种文明所塑造的男女——人的类型——表明了这种文明的本质与品格,或者说,表明了这种文明的灵魂。如果说一种文明的男女表明了这种文明的本质、品格与灵魂,那么,这种文明中的男女所操的语言就表明了这种文明的男女的本质、品格与灵魂。①

---

① 汪堂家编译:《乱世奇文——辜鸿铭化外文录》,上海:上海人民出版社,2002年,第267页。

第五章　"死亡"概念的两种理解[①]

对威胁到生命和生活世界之死亡的经验和理解是我们了解、解释生命和生活世界的重要要素，甚至是决定性的要素。死既是对生的抵抗，也是生命中即刻出现的紧迫之事，或者正如列维纳斯所言，死亡是"复原与无能"(healing and impotence)。这也是为什么自苏格拉底以来的许多哲学家都重点关注"死亡之谜"，以便我们可以使死亡的思想与思想的死亡相一致。当我们的思想通过死亡的刺激超出了生命体本身，对死亡的理解就意味着通过思想而来的生存之光显示了其自身的意义。

在二十世纪众多哲学家之中，有两位哲学家由于其对死亡问题引发的富有洞见的哲学思考，已经引起了并且也值得引起我们的注意。其中一位是马丁·海德格尔，另一位则是伊曼纽尔·列维纳斯。尽管列维纳斯从海德格尔处得到了不少灵感，但他却期望并且也实现了从海德格尔的一种转向。

一、对死亡的生存论分析

在《存在与时间》和其他论文中，海德格尔指出死亡首先是本体论的现象，并且详细解释了对死亡的生存论分析如何与对死亡这种现象的其他可能的解释——例如生理学、医学和心理学上的解释——相区别。海德格尔认为对死亡的生存论分析是所有其他解释之所以可能

[①]　本文系作者在 2006 年列维纳斯国际讨论会上的发言，由张奇峰先生译成中文。

的条件。甚至,当我们说到类似"身后""另一个世界""天堂""地狱"这些日常生活中熟悉的话题时,我们依然没有回答死亡的本质是否就是存在的对立面或虚无这样一个问题。

因为死亡被认为是此在存在的一种方式,所以,对死亡的存在论分析,最后可以回到对此在的结构性分析。自然,海德格尔并不否认死亡在一种宽泛的意义上——生的经验也是死的经验——是一种生命现象。对海德格尔来说,现代医学和心理学所研究的垂死经验只是提供了关于"垂死者"生的信息而不是死亡本身①。由此,在《存在与时间》中,我们可以看到他对死亡概念全面和清楚的表述:"作为此在的终结,死亡是最确定无疑之事,是此在之不确定和无法超越的可能性。死亡作为此在的终结,存在于这一存在者向其终结的存在之中。"②

根据上面的界定,死亡被解释成此在的终结,通过死亡,此在完成了自身。此在的终结意味着此在的不再在世,不再在"此"。在这个意义上,死亡是一个原初的向度(拉丁语里的"dimettere"),即此在从未完成到完成的一个过程。从这点看,我们可以得出结论,死亡不是我们平时所说的那种阳否阴述(apophanticausage)意义上的完成,因为它终结了此在连续不断的完成过程。

根据上面的界定,死亡无法在时间视域内被确定,它是一个不断提醒和唤醒人什么是源初时间意识的活生生的过程。从本体论上看,此在被界定成"向死而在",同时死亡也被描述成一种"尚未"和一种确定的可能性。事实上,在海德格尔的理论框架中,"尚未"是此在绽放和超越的本体论之源。死亡不是现成在手之物,却在生命过程中使此在保持活力。"生命之旅"这个说法自身就精确、恰当地表述了此在的过程。海德格尔有时也将死亡作为完成比作水果的成熟,并且断言生命的存在也是死亡。在《形而上学导论》中,海德格尔写道:"每一出生的东西,始于生也始入死,趋于亡,而死同时就是生。"③在《存在与时

---

① Martin Heidegger, *Sein und Zeit*, Tübingen: Max Niemeyer Verlag, 1986, S. 24.
② 同上书,第258—259页。
③ Martin Heidegger, *Einführung in die Metaphysik*, Tübingen: Max Niemeyer Verlag, 1976, S. 100.

间》中，我们也可以读到相同的意思，"死是一种此在刚一存在就承担起来的存在的方式。'刚一降生，人就立刻老得足以去死'"①。

根据上面的界定，海德格尔强调死亡是此在最本己的可能性，通常这也被称作不可能的可能性，因为死亡是不可替代的。甚至当我们为别人弃绝自己的生命时，我们也根本不能代替他人死亡。在大多数情况下，我们所能做的不过是延迟他人的死亡。死亡是既飘渺又确定的可能性，因为死亡是人类不得不面对的经验事实，但死亡却总是要降临到我们头上，正如"此在"不知道死亡将于何时以及以何种方式出现。正是由于这个原因，海德格尔有时也依据"悬临"解释死亡。如果我们再想到日常生活中人们谈到死亡时的模糊和逃避，我们就能更清楚地明白以上这点。因此，海德格尔说："常人不让畏死的勇气出现。"②

在此处，我们可以质疑为什么海德格尔断定死亡是一种不可能的可能性而不是一种绝对的必然性。我们只有在如下这一点上理解了死亡的意义，才能对这个问题有所把握，即此在永远不能经验自身的死亡，因为死亡总是与生命相反对。如果一个人死了，那么他就永远不能告诉我们死亡对他而言意味着什么以及它是如何发生的；如果一个人还没有死，那么他告诉我们的就不是关于死亡的信息，而只能是关于生的信息。因此，死亡始终是一种可能性。然而，在海德格尔讨论我们是否有可能经验他人的死亡时，他主张我们是不可能真正地经验到他人的死亡的。我们所能做的只是旁观。据此，海德格尔得出结论：死亡导致孤立。在此，我们为这种独特的论点找到了更进一步的证据：死亡的我属性和不可替代性。

但是，海德格尔并没有忘记从死亡的存在论分析进入对日常的经验死亡的说明。前者被认为是真正的向死而生，而后者被认为是非本真意义上的向死而在，因为死亡的真正意义在这种非本真的向死而在中被掩盖了。

---

① Martin Heidegger, *Sein und Zeit*, Tübingen: Max Niemeyer Verlag, 1986, S. 245.
② 同上书，第254页。

事实上,死亡与烦密切联系。对海德格尔来说,烦是人从死亡迫近的恐惧中逃脱出来的一种方式。尽管已死之人不再存在,但他依然可以活在其他人的印象和记忆之中,并且他依然可以成为其他人关涉和关注的对象,这乃是因为人的肉体死亡只是一个物理事件,它只是"在手事物的开端"(the beginning of the things at hand)。尽管其他人似乎不喜欢,乃至恐惧尸体,但他们或多或少仍然会对它表示尊重,因为尸体并不仅仅是一个不能活动的对象,它也是经过花圈和丧仪修饰过后,供我们哀悼的对象,是与作为此在的我们共存的对象。

自然,海德格尔对死亡的存在论的分析是复杂的,其中包括很多关于死亡与存在之共属性的深刻洞见,这些洞见不仅为列维纳斯提供了灵感的来源,也为他提供了超越和批判的可能性。列维纳斯通过对海德格尔死亡概念的再解释,重新定义了他自己的死亡概念。

二、死亡概念的再定位

在《超越性的合理性》一书中,西奥多·德·波尔写道:"海德格尔与列维纳斯的显著区别就在于他们对死亡的讨论。列维纳斯并没有依据'向终结而在'来处理死亡现象,而是从人们对谋杀的经验开始解决死亡问题。"[①]

如果我们真正理解了威廉·詹姆士的命题——哲学是对生命的回应——的内在含义,我们就能够赞同列维纳斯从谋杀开始讨论他的死亡概念。我们有充分的理由相信,列维纳斯认为人类生活中最悲惨的经验就是在第二次世界大战中产生的将杀戮的经验作为最极端的死亡事例的倾向,在其中,人的生命被残暴和有意识地剥夺。这也是为什么列维纳斯比海德格尔更加强调讨论死亡问题的重要性。事实上,列维纳斯的大部分著作就或多或少与死亡相关。列维纳斯自己就是奥斯威辛集中营和大屠杀的活见证。他的双亲和兄弟都是被在东

---

① Theodore de Boer, *The Rationality of Transcendence*, Amsterdam: J. C. Gieben, Publisher, 1997, p. 143.

欧的纳粹帮凶残忍杀害的。当列维纳斯自己被纳粹抓住并强迫做苦力的时候,他的妻子和女儿也不得不在巴黎到处避难。死亡与他如影随形,甚至在他内心深处造成了严重打击。

然而,在列维纳斯眼中,问题的关键不仅仅是被谋杀的人数量之众,更重要的是纳粹进行屠杀的手段和对待死亡的方式。在那时,被屠杀之人的尸体就像树木一样被装在卡车上运走。它们被说成是垃圾,就像它们根本不是人类的身体。所以,屠杀乃是出于对人生命的轻蔑而不仅仅是出于仇恨①。

值得注意的是,这种悲惨的经验导致了人们把死亡不仅仅当作生命的终结的同义词这一观念。谋杀与自然死亡之间的区别就在于死亡的方式和处理尸体的方式。死亡不是虚无,因为死亡涉及与他人的关系。究其实质,谋杀是将人的死亡等同于动物的死亡,即将死亡等同于虚无。就这一点来看,列维纳斯与海德格尔相一致,但是列维纳斯更加强调死亡对于死亡者曾经生活于其中的生者的意义。正如雅克·德里达在讨论列维纳斯对死亡的解释时恰当地指出的那样:"对列维纳斯而言,死亡首先不是消灭,不是不存在或虚无,而是一种对生者无法回应这一特定的经验。"②

在《总体性与无限性》一书中,列维纳斯批评了传统哲学和宗教对死亡的解释,因为它们把死亡作为一段虚无或者是某种其他类型的存在。事实上,当人们想杀死别人的时候,这些杀人者总是将死亡等同于虚无。他们的激情自发地并且有意地指向消亡。这一点对于该隐(Cain)和纳粹疯狂的杀人欲都是真实的。正是出于这个原因,列维纳斯断言:"将死亡等同于虚无适用于在谋杀中他者的死亡。与此同时,这种虚无自身表现为一种不可能性。因为他者不可能将自身呈现在我的意识之外,并且他的形象表达了我的消亡的不可能性。这种禁止并不一定等同于纯粹和简单的不可能性,它恰恰预示了它所禁止之事

---

① Raoul Mortley, *French Philosophers in Conversation*, London and New York: Routledge, 1991, p. 15.
② Jacques Derrida, *Adieu to Emmanuel Lévinas*, Stanford: Stanford University Press, 1999, p. 6.

的可能性,但事实上,禁止已经存在于这种可能性之中而不单单是预示它。"①

列维纳斯对死亡的说明揭示了存在与虚无之间的辩证法。列维纳斯回应了海德格尔哲学中存在与虚无是等同抑或并列的问题。他论证了对死亡的恐惧是一种原始的存在恐惧。我们的意识通常被"存在"(being)和"有"(es-gibt)所占据,以致我们无法接受迫近的死亡和虚无。结果,我们就不得不停留在对我们自身消亡所引起的恐惧和战栗中,而它恰恰是我们用来衡量我们在多大程度上在世的规则。生存在其深处包含和呈现了悲剧的因素。

很明显,列维纳斯更加关心对生存处境和生命观念的人类学观察,这其中包含了原始部落对待死亡的态度。在有些地方,海德格尔也提到初民对生命的经验。相反,列维纳斯认为这种经验是人类生存基本经验的根源。海德格尔看起来是否认了永恒性。与此相反,列维纳斯坚持永恒性可以凭借总体性和无限性揭示自身的方式得到体现。相应地,爱、欲望和死亡都可以以相似的生存论方式和结构——有时被理解为通过有限超越有限——证明自身。对列维纳斯而言,这些都是对个体主义特征和断语的超越。死亡意味着进入自由和否定之境这一双重可能性。我们对死亡的恐惧则意味着对存在阴影的恐惧。我们害怕伴随着尸体而来的幽灵远甚于尸体本身。这也是为什么我们害怕黑夜,因为人们总是认为幽灵会在黑夜中出现。在日常状态的存在中,死亡与晚上相连,因为人们认为晚上是幽灵出现的时间。

列维纳斯甚至告诉我们尽管死亡可能与虚无相关联,但这种意义上的虚无有一种积极的意义。因为,通过虚无,存在呈现了自身的轮廓,死亡驱使我们去实现我们自身的目的和理想。因此,列维纳斯用黑格尔的有-无辩证法的特征来解释存在和死亡的关系。在这个意义上,他从黑格尔的视角来解释海德格尔,这可以在《从生存到生存者》一书第六章和《上帝、死亡与时间》一书第一部分很清楚地看到。

正如以上所提到的,海德格尔将死亡定义为一种不可能的可能

---

① Emmanuel Lévinas, *Totalité et infini*, The Hague: Nijhoff, 1961, pp. 232-233.

性。与此相反,列维纳斯将死亡界定为"可能性的不可能性"。文字表述上的翻转暗示了两人理论上的重大差别。海德格尔给"不可能性"以优先性。对他来说,作为此在的我们面对的死亡是一种无法超越的可能性。我们也可以说,海德格尔从死亡的角度观察生命。而列维纳斯则是将死亡与生命的观点一起考虑,因为他觉得只有生命才能为我们打开可能性。从生命的视角看,死亡是所有可能性的终结,即不可能性。

正如上面所提到的,海德格尔认为死亡造成了孤立。与此相反,列维纳斯断言:"死亡突破了孤独"①,因为死亡意味着与他人的联系。从生物学上看,死亡是一种分解:它没有任何的回应。事实上,列维纳斯认为无论他将死亡界定为"没有回应"②或者是主张"他者的死亡是第一死亡"③,他都断定他者的存在。但是,他者的死亡意味着那些使其成为鲜活生命的、具有表现力时刻的消失。而这些时刻都是回应。死亡将首先触及以上这些内容或者那些能够包括人们形象的、富有表现力的时刻。在这个意义上,列维纳斯得出结论:我们面对他者的时候才会遭遇死亡。然而,与他者死亡的关系既不是关于他者死亡的知识,也不是作为存在物消亡方式的死之经验。

死亡与他者的关系根植于现实的生活。沿着黑格尔在《精神现象学》中的思想道路,列维纳斯清楚地解释了死亡使人们回到家庭,因为死亡使生者和死者立即要么建立要么终结了他们与家庭之间的关联。对生者而言,同类中一员的死亡不是永远的虚无,而只是远离了此岸世界。因此,当提到死亡时,《圣经》认为死亡就是与祖先长眠于一起。相似地,我们中国人有时也会说"那个人去见他祖先了"。在中国社会中,祭礼对一个家族来说是最重要的礼仪之一。通过祭礼,家族的每一个成员都表达了对死者的自尊和对死者的尊重。生者将死者转变成一种鲜活的记忆。在"除-外"(ex-ception)一词中,列维纳斯清楚地

---

① Emmanuel Lévinas, *Le temps et le autre*, Montapellier: Fata Morgana, 1979, p. 63.
② Emmanuel Lévinas, *Dieu, la mort et le temps*, Paris: Grassert, 1993, p. 20.
③ 同上书,第 54 页。

指出了通过祭礼所建立起来的生者与死者的关系。

从这一点产生了对他者死亡之责任这一议题,因而死亡也相应地变成了伦理学课题。列维纳斯指出:"道德绝不是我的死亡,而是他者的死亡。但这不仅是缺陷,因为,与此同时,这个表面上的缺陷——这种道德——也同时是一种命令:不要孤独地把我留下。相应地,这也是一种绝对命令,但绝不是一种从我的意志而来的普遍的绝对命令,与此相反,这个表面上要求我不要将他人孤独地抛下的命令表达了如下的意思:这是我对他者的责任。"①

在死亡涉及我自己这一点上,我对他人负有责任。这也体现在下面这个更容易被接受的命题之中:"因为他人是有死的,所以我对他者负有责任。"②

"责任"在列维纳斯的伦理学中是一个核心概念。正如我们所知,对列维纳斯而言,伦理学是第一哲学。这也是列维纳斯哲学区别于海德格尔哲学的一个特征,即将死亡的问题纳入作为第一哲学的伦理学中进行讨论。

在列维纳斯眼中,对他者的责任最终存在于对待死亡的方式中。"责任的本质就在于你对其负有责任之他者的独特性。"③从根本上说,对死者的责任根植于他者的独特性。也许,对死者的责任存在着多元性,例如实现死者的愿望,保护死者的荣誉和尊严免受任何可能的玷污。但是,埋葬死者是对死者最基本的责任。因为这种责任是没有回报的,因而它更能表现出高贵和圣洁的特征。尽管对他者死亡的责任可以从我的死亡中推出来,即我可以期望我将来或者我有理由相信他者的死亡是我自身死亡的预演。然而,他者的死亡不是对我自身死亡预期的投射,而是我预想了我在社会整体中对他者死亡的责任。

最后,列维纳斯和海德格尔采取了不同的哲学立场处理死亡和时

---

① Raoul Mortley, *French Philosophers in Conversation*, London and New York: Routledge, 1991, p. 15.

② Emmanuel Levinas, *Dieu, la mort et le temps*, Paris, Grasset, 1993, p. 54.

③ Raoul Mortley, *French Philosophers in Conversation*, London and New York: Routledge, 1991, p. 16.

间之间的关系问题。海德格尔关注于对与时间相关联的死亡的基本意义进行解释,而列维纳斯则强调与死亡相关联的时间的含义,同时,列维纳斯还重新诠释了海德格尔的观点。对列维纳斯而言,我们可以说他是从时间的视角把握死亡,而海德格尔则是从死亡的角度来理解时间。

从死亡的视角出发来把握时间是海德格尔在《存在与时间》一书中采取的思想方法。正如人所共知的,海德格尔区分了源初的时间和日常的时间。日常的时间是以线性时间作为标志,它总是表现为从一点开始向前和向后延展出过去和未来。与此相反,有其终结的源初时间并不表现为现在的连续。现在和过去都是从未来中产生的,而未来则取决于如下这个事实:此在对作为终结之可能性的死亡的等待以及此在对未来的恐惧。

根据列维纳斯的观点,日常的时间是从与死相关联的源初时间中派生的。死亡是终结的现象,并且同时是现象的终结。更进一步说,死亡与作为可能性的可能性相关。只要死亡被看作是"无",它就暗含了将来的观念。然而,列维纳斯并不认为死亡是生存最终的可能性,而只是一种摧毁了所有可能性的相异力量。对他来说,对死亡的有效解释不可能不与时间相关联,因为时间意味着生命过程的可能性。与海德格尔有很大不同的是,列维纳斯把死亡定义为"对时间的忍耐"。它意味着对任何东西的希望、意志和欲望之可能性的消失。时间的篡夺和希望的破灭构成了死亡自身的过程。

第二部分
诠释学初论

第六章 文本、间距化与解释的可能性

——对利科"文本"概念的批判性解释

利科的哲学诠释学无疑是诠释学发展的重要环节。他对诠释学的定义大致经历了三个阶段。在第一阶段,他将诠释学主要理解为有关象征解释的理论;在第二阶段,他把诠释学主要理解为有关话语解释的理论;在第三阶段,他把诠释学理解为关于文本解释的理论。在《诠释学的任务》一文中,他明确地将诠释学定义为"关于与文本的解释相关联的理解程序的理论"[①]。

然而,他的文本概念与传统意义上的文本概念有着很大的区别,这种区别不仅决定着他的诠释学的基本任务的独特性,而且决定着他的方法的独特性。他的诠释学虽然像海德格尔的本体诠释学那样最终将"理解"理解为人的存在的基本方式,但其基本任务不仅是要消除说明与解释的对立,从而克服传统诠释学在自然科学与人文科学之间设置的对立,而且是要填平作为方法论的诠释学与作为本体论的诠释学之间的鸿沟。为此,利科不但批评海德格尔和伽达默尔不经过对理解的方法论的讨论而直接进入对有关理解的本体论层次的讨论,从而使对理解的理解和对解释的解释难与实际生活的文本解释实践相衔接,而且通过将诠释学嫁接在现象学上将诠释学循序渐进地由语义层次经过反思的层次再上升到本体论层次,从而使诠释学具有生活世界

---

① 利科:《诠释学的任务》,李幼蒸译,载洪汉鼎主编:《理解与解释》,北京:东方出版社,2001年,第 409—432 页。

的根基,而不是脱离具体解释活动的空中楼阁。关于利科的诠释学进路,利科本人主编的《哲学主要趋向》曾做过这样的概括:

> 利科研究了一门关于语句的语义学,它与言语行为理论关系密切,其目的在于使文本的结构分析与文本的解释相互沟通。主体通过领悟写在作品中的记号而增加了他对自己的理解,他对意义的掌握被看作是理解的最后一步行为。在此最后步骤之前必须要有结构分析与概念说明的一切客观性程序步骤。于是说明就不再与理解对立,而毋宁说包含着通向意义掌握路程中的一切间接步骤。①

这段话既反映了利科对理解的客观性的追求,也反映了他的诠释学对理解的渐进主义立场。这一立场是基于他对有关理解的本体论的前提条件所进行的批判。它的背后隐含着利科的诠释学的一个基本问题,这个问题可以这样来表述:作为认识方式的理解与作为存在方式的理解是怎样统一的?

对这个问题的回答在利科那里直接取决于对文本概念的理解。之所以如此,不仅是因为他把文本理解为一切有意义的系统,而不仅理解为文字的"织体",而且是因为他特别强调诠释学是通过文本来理解生活世界并通过文本来实现人的自我理解。"文本"概念决定了诠释学对象的范围,也决定了解释学方法的性质。他写道:"一方面,它(指诠释学)在文本本身中寻找支配作品的建构的内在动力,另一方面,寻找作品拥有的投射到自身之外并产生这样一个世界的力量,这个世界的确会成为文本所指称的事物。这种内在动力和外部投射构成了我称之为文本作品的东西。重构这个双重的作品就是诠释学的任务。"②

---

① 利科主编:《哲学主要趋向》,李幼蒸、徐奕春译,北京:商务印书馆,2004年,第428页。
② Mario J. Valdes (ed.), *A Ricoeur Reader: Reflection and Imagination*, Hermel Hemstead: Harvester Wheatsheaf, 1991, pp. 17–18.

那么,利科是如何看待文本的呢?要全面地阐述这个问题需要写一本大书。这里,我仅仅选择几个相关的方面谈些看法。

一、文本意味着什么?

利科对文本曾做过这样的定义:"文本就是由书写所固定下来的任何话语。根据这个定义,由书写固定是文本本身的构成因素。"①但在讨论文字与言语的关系方面,利科的观点比较保守。他依然认为文字是用来固定言谈的。文字附属于言谈并后于言谈。文字是谈话的标记,因为这个标记,谈话的内容才能持久保持。但文字记下的并不仅仅是发音,而且记下了意义。甚至可以说,文字主要是记下谈话的意义的。不过,利科也承认写与读的关系并不能视为对话关系的特殊情形。那种把读书看作读者与作者对话的想法在利科看来是荒唐的。那种认为我们读古人的书是在与古人对话的说法也是不能成立的。对话是问题与答案的交换,在读者与作者之间不存在这样的交换。读一本书就是把作者看作已经死了。因为文本从作者那里出来之后,作者是无法决定人们如何阅读的,因为文本具有自身的独立性。

但文本本身又是由什么构成呢?是由语言构成的。语言必有词汇和句子,以及一系列规则。它们共同构成了文本的材料。在《解释学与人文科学》中,利科列举了构成文本的陈述的四个主要特征:(1)意义的固定;(2)意义与作者的主观意图的分离;(3)表面资料的呈现;(4)作品涉及普遍的系列。这四个特征构成文本的客观性。没有这种客观性,理解和解释就不会存在②。

对于作者,文本是为了固定意义;对于读者,文本是为了敞开意义。一开始,利科强调文本是以文字的方式而存在的话语。到后来,利科发现将文本仅仅限于文字系统大大限制了诠释学原则的运用范围。实际上,世界上有许多非文字的东西具有文字一样的功能,它们

---

① 利科:《解释学与人文科学》,陶远华等译,石家庄:河北人民出版社,1987年,第148页。
② 同上书,第219页。

可以成为意义的承载者、传达者和创造者。因此,利科渐渐把文本概念的外延加以扩大。于是,他使用了广义的文本概念。他认为,文本的形式多种多样,但文本有自身的结构、规则并且是一种开放的意义系统,这个系统可能以话语的形式、行为的形式、被赋予意义的象征系统的形式,甚至以梦和无意识的形式呈现出来。

作为话语系统,文本通常被称为作品。虽然作品的存在形式很多,但作品是一个整体,它具有自身的结构和风格。不同的作品不是通过作者的个性或作者的个人意图而区分开来的,而是通过它们的形式、结构和风格而区分开来的。比如,一部小说不同于一首诗,不是由作者的意向决定的,而是由它们的不同语言结构和构成规则决定的。小说可能包含诗,但肯定不能还原为诗。小说和诗无疑都由语词和句子构成。但后者不过是一些服从形式结构的材料,它们本身不能决定文本的状况和特点。历史上的一些史诗以及民间口头传唱的歌谣一开始没有被文字固定下来,但它们也是一种独立的广义的文本形式。由于年代久远,其意义不断处于增益之中,作者的主观意图早就被稀释以致很难确定。文本越是古老,原始意义越是难以确定,文本产生的时代条件越容易被淡化乃至被遗忘。作者的主观意图甚至对后来的解释工作不起多少作用,因此,不断追问作者的主观意图是无法得到诠释史的证实的。

作为行为方式,文本是动作及其构成的事件。对利科来说,人类行为是行为科学的对象,也是诠释学的对象。这是因为行为在他看来也是一种需要解释的有意义的广义文本。适用于一般作品的解释方法和分析方法也适用于行为。黑格尔曾说,人是一连串的行为。对此,利科表示赞同。由于人类的事件是由一系列的行为构成的,事件的意义乃是行为解释的意义。行为就像文本一样具有开放性。行为里有思想,就像文本中有思想一样。行为的结构与文本的结构具有相似之处。行为的意义不是孤立存在的,它要通过人类的共同体确定。人类生活中有许多意义不是通过文字来传达的。行为包含了丰富的意义。这种意义不同于行为者的主观意图。它具有客观性并且可以得到共同体的确认。戏剧、舞蹈、手语和手势乃至体育活动都在向我们传达客观意义。只有当它们超出了个人意图才能为人理解。行为规则就像语法规则一样保证了个别行为是如何连成一个有意义的整体的。"就像文本是从它的作者那里分离出来一样,行为也是从它的行为者那里分离出来并展示其后果的。这类人类行为的自主性构成行为的社会范围。"①

然而,在这里我们要注意一个事实,即行为者的意图是不同于行为的意义的。在不同的文化情境中,行为的意义无法从行为者的意图中得到解释,而要从社会文化系统本身中寻求解释。就像说话者的意图与文本的意义发生疏远一样,行为的意义与行为者的意图渐渐疏远。我们的行为发生我们自己无法预料的后果恰好说明我们的行为具有自主性。此外,由于行为的意义不是行为者个人规定的,而是由社会共同体规定的,行为实际上是在公共领域里显示其意义并为人们所理解。没有人能否认个人行为要出自个人动机的驱动,但行为一旦表现出来,就成为公众注意的对象并接受公众的解释,解释的规则是在集体的意义系统中规定的。当一个人胡乱做些动作并且无法被人接受时,我们就说他行为反常。很显然,这里所说的反常是由正常规定的。公众对什么是正常有一个大致的标准。现代精神病学如果脱离了对行为意义的关注以及相应的解释系统,根本就无法存在。不过,利科在将行为作为文本对待时,他从行为科学中吸取了灵感,也从赫什(Hirsch)的诠释学理论中吸取养料,因为他认为我们对行为的意义的解释也可采取赫什所说的"猜测-证实"模式(因篇幅所限,我在这里对此问题不予展开)。

作为象征系统,文本同样是十分原始、十分复杂的。在《恶的象征》中,利科提出过"象征引发思想"的著名论断。在人类生活的早期,象征的方式就多种多样,它们对人的认知能力的发展具有十分重要的作用。不同社会的认知模式的差异首先就体现在象征形式的区别上。脱离了象征,我们根本无法解释各种仪式,也无法解释各种宗教。其

---

① 利科:《解释学与人文科学》,陶远华等译,石家庄:河北人民出版社,1987年,第215页。

实,每一种象征系统是有其规则的,它传达意义的过程符合诠释学的一般规律。如果我们仔细考察不同的宗教仪式及其象征,更容易明白为何要从那些象征中去寻找解释宗教功能的秘密。在《恶的象征》中利科这样写道:"象征已经成为言语的一部分。我们已充分说明,它们拯救了情感,甚至还有出自沉默和慌乱的恐惧;它们为供认与忏悔提供了一种语言;人类依靠它们而始终保持了语言。任何地方都不存在不属于释义学的象征语言,那还不是最紧要的;一个人无论在哪里做梦或胡言乱语,另一个人就会出来做一番解释;凡被论述的东西,即使是语无伦次,也可以被释义学形成有条理的论述。在这方面,现代释义学是和从来不乏象征的自发性解释相接续的。"[1]

在《解释的冲突》中,利科对象征的讨论则是与对反思哲学的讨论联系在一起的。作为象征的材料当然多种多样,比如,它可以是手势(如,西方人用手指做成 V 字形象征胜利),可以是被赋予意义的自然物(在我们中国文化中人们用鸳鸯或大雁象征夫妇),也可以是生活中的其他任何东西。然而,象征始终是一种意义系统,它一开始是依赖象征物与被象征的意义的相似性而发挥作用的。后来它的原始意义渐渐被人淡忘,从而使人们对这类原始意义的意识被压抑下去或被掩盖,如果我们考察一下各类仪式中的象征,这一特点尤其明显。对象征系统的解释构成了文化人类学的基本内容之一,也成了文学解释的内容之一。对一般诠释学而言,象征使我们要面对意义世界的内在张力,这种张力与隐喻过程的意义张力颇为相似,因为我们要面对初级意义与次级意义或字面意义与深层意义的不一致性。利科说:"象征意义是在字面意义中并通过字面意义构成的,而字面意义通过提供相似物来运用类比。"[2]利科把象征分为不同层次。尽管他的主要工作是分析宗教中的象征,但他的那些看法具有普遍意义。当他把象征放在一般诠释学的框架内进行讨论时就更是如此。他把原始象征称为

---

[1] 保罗·里克尔:《恶的象征》,公车译,上海:上海人民出版社,2003 年,第 363 页。
[2] Paul Ricoeur, *Le conflict des interprétations*, Paris: Éditions du Seuil, 1969, p. 286.

人类的初级语言,并认为这里包含着人类对自然力量和人的生活的基本经验。在利科那里原始象征与神话象征相区别。原始象征显示了象征的基本意向结构。他把其中的意向分为字面意向与第二级意向。象征体现了由原始意义向深层意义的过渡,也实现了意向的转移。所以,利科认为,在象征系统中,存在双向的运动:一方面是无可争议的内化运动,另一方面是象征丰富性的贫乏化运动①。作为文本,象征的意义是不受象征的手段支配的,就像作品的意义不受构成作品的材料的支配一样。

然而,利科还通过解释精神分析把文本概念进一步扩展到无意识领域。在《论解释》中,利科强调精神分析的原则和概念与诠释学的概念和原则并不矛盾。精神分析中的言语、象征和梦境都是一种文本,其中的意义生成机制与文字文本的意义生成机制具有一致之处。它表面上关乎人的欲望世界,实质上关乎文化的世界。所以,利科说:"精神分析属于现代文化。它在解释文化时也改变文化。它在给文化提供反思的工具时也持久地给它打上了标记。"②精神分析既是一种解释理论,也是一种分析工具,它本身又是很好的解释对象。它的文本解读与对多种意义的文字文本的解读非常相似。但它的解释材料是一些隐喻、象征、无意识活动以及对理想化和现实化的东西的描述。它深刻地体现了解释是意义的回忆活动,也是怀疑和猜测的活动。"为相信而理解,为理解而相信"③同样是它的箴言。就像 Lavine 所说的那样,"精神分析是作为最终文本而服务于利科的。它不仅反映和批评了西方的个人欲望和文化欲望,而且是双重意义的不竭源泉,是善恶的象征的不竭源泉,是隐喻、丧失了和抛弃了的对象和对意义的充实性的追求的不竭源泉"④。

---

① Paul Ricoeur, *Le conflit des interprétations*, Paris: Éditions du Seuil, 1969, p. 88.
② Paul Ricoeur, *De l'interprétation*, Paris: Édition du Seuil, 1965, p. 14.
③ 同上书,第38页。
④ Thelma Lavine, "Paul Ricoeur and The Conflict of Interpretations", *The Philosophy of Paul Ricoeur*, eds. By Lewis Edwin Hahn, Chicago and La Salle, Illinois: Open Court, 1995, pp. 169-188.

为了强调解释学原则的普遍有效性,利科大大拓展了文本概念,但他显然没有说明这些原则是如何以不同的方式在不同类型的文本中起作用的。他同样需要说明不同的文本需要不同的解释方式以及为何如此。

二、文本的间距化

"间距化"(distanciation)是利科经常使用的概念。这个源于伽达默尔的概念对利科的诠释学非常重要。这是因为在他那里间距化不仅使解释成为必要,而且使解释成为可能。同时,间距化既使读者对作品的理解变得困难,又使读者对文本的阐释具有创造性。虽然法国思想史家多斯(F. Dosse)断言"利科与伽达默尔的发展不能根据影响来考虑,而要被视为发生于两个邻近地点的两场平行的发展"[1]。但是不可否认的是,利科从这间距化中看到了更多积极的方面,因为他认为间距化恰恰是一种解放,是意义的创生。这种解放使读者不必老是拘泥于文本作者的意图,也不必拘泥于作者写作文本时的社会条件。这样一来,文本自身仿佛成了一个有着自己的生命的独立的世界。他把这个世界称为"文本的世界"。这个世界充满了意义,而此意义是独立于个人意向的,因此它不同于主观的随意安排。利科试图通过这种方式来显示文本意义的客观性并保证解释的客观有效性。他写道:"在文本中必须加以解释的东西乃是一个被筹划的世界,我可以居住在这个世界中,我也可以将我的最内在的一种可能性投射在这个世界中。这就是我所说的文本的世界,是这个独一无二的文本所特有的世界。"[2]

然而,任何文本都不是为当下而存在的。它始终处于历史的进程之中并成为历史进程的一部分。文本就是为克服当下性或者说克服

---

[1] François Dosse, *Paul Ricoeur: Les sens d'une vie*, Paris: La Decouverte, 2008, p. 333.

[2] Mario J. Valdes (ed.), *A Ricoeur Reader: Reflection and Imagination*, Hermel Hemstead: Harvester Wheatsheaf, 1991, p. 86.

时空的有限性而存在的。正如西蒙斯(Karl Simms)所概括的那样，"利科承认任何话语都有可能产生间距化，但是，正是文本将间距化推进到单纯的原始层次之外。伽达默尔发现间距化就是疏远，而利科则发现它是积极的和创造性的。对他来说，文本展示了人类经验的历史性的基本特征，即它是在距离中并通过距离而进行的沟通"①。

然而，文本的间距化意味着什么呢？间距化有哪些特点呢？在利科那里，文本的"间距化"是指文本因脱离文本的创造者以及产生这一文本的文化条件而造成的远离效应。这种远离效应使原意难以成为原意，或者，对相信原意并试图紧守原意的人来说，这种远离效应会损害原意。正因如此，几乎所有宗教经典的捍卫者都反对不经权威授权和认可的经典翻译，因为他们认为每一次翻译都是一次疏远，都为曲解和误解提供了可能性。比如，《新约》直到1523年才有第一个法文全译本并且在当时的法国根本不让印行，所以译者不得不把它拿到瑞士去偷偷印刷出来。但这些法文译本运回法国之后却被教会下令焚毁。由此可见，对间距化的恐惧一开始就支配着人们对待宗教经典的态度与方式，因为他们担心因翻译而导致的间距化有可能损害教会对经典的独有解释权。

另一个可以作为佐证的例子是《圣经》的汉译过程。《圣经》的汉语全译本直到1823年才问世，其原因是罗马教廷担心利科在此所说的那种间距化会损害《圣经》的权威性。当我们考虑到人们一直围绕如何给拉丁文的Deus(上帝)找一个相应的汉语译名而进行的激烈争论(法国哲学家和神学家马勒伯朗士甚至认为Deus其实相当于朱熹所说的"天理")，我们也就不难理解罗马教廷的担忧了。如果我们担心翻译造成的间距化会破坏原意，今天世界上那么多《道德经》的翻译简直是大逆不道了，因为《道德经》的外文译本已超过了500个并且每年的数量还在上升。与那些宗教权威的理解不同，利科从翻译而造成的间距化中看到的是积极的方面，因为他认为文本本身就是间距化的结果，没有间距化就没有文本。无论是从文与言的关系看，还是从文

---

① Karl Simms, *Paul Ricoeur*, London and New York: Routledge, 2003, p.38.

与思的关系看都是如此。换言之,间距化是一个客观事实,并且是与文本相伴而生的必然现象。这是由作者的意图与文本的意义的不一致性决定的。借用法国文论家罗兰·巴尔特(Roland Barthes)在著名论文《作者之死》一文中的说法,文本一问世,作者就死了。

利科显然没有像罗兰·巴尔特那么极端,但他同样强调文本的独立自主性。利科把自主性理解为"文本对于作者的意图、作品的情境和最初的读者的独立性"。但这种自主性一开始是由什么造成呢?是由文本的意义远离作者的意图和时代条件造成的。由于诠释学家眼中的世界是通过文本而呈现的世界,文本就成了我们理解世界并理解我们自己的中介。不过,文本意义的客观性也恰恰体现了文本自主性的展开过程。间距化保证了意义的客观性的扩展以及意义空间的扩大。利科把间距化分为四种基本形式,或者说四个阶段。

第一种间距化是作者所说的意思疏远了所说的事件,即作者的主观意愿与说出来的意思有间距。无论是言不尽意,还是言不达意,抑或言过其实,实质上都属于这种情形。作者所说的东西是通过文字来表现的,但文字有构词法和句法规则,这些规则是不受作者主观意向左右的。相反,作者要服从它们才能使写下的话语为别人所理解。所以,诉诸文字的东西是以普遍性来吸收个人的主观意图,使之不露形迹。言说行为的创造性在文字中得到了扩张,文字传得越久远、越广泛,间距化及其影响越大,作者的主观性越发难以辨认。效应史就因为这一点才显得越发重要。

第二种间距化是文字表达与作者的言语之间的间距化。不可否认,在很多时候,书面的表达仿佛是对言语的记录和再现,但是细究下去会发现,无论是从个人学习语言的过程看还是从人类发明文字的过程看,书面的文本始终是后于言语的。书面的东西真能作为言语的可靠记录吗?利科认为书面的东西,即文字,始终不等于言语,文字写出的东西比言语要么多些,要么少些。当我们记下某人口述的东西时,记下的东西与口述的东西有间距,后来的读者在解释时更不理会这些文字是否真的表达了口述者的意思,他们只按文字去理解。这样一来，文字的东西传得越久远，它离口述者的距离越大，直至把它完全忘记。因此，口述史一经写出，就不是什么口述史，而是文本的历史。口述的回忆录的真实性获得了新的规定。回忆录的细节越貌似真实，其整体的真实性越发可疑。

第三种间距化是文字表达的东西与原来的听者所听到的东西之间的间距化。众所周知，记下的东西与听到的东西常常是不一致的。听者在听别人说话时有情境在起作用，别人说话可能同时使用手势、语气和音调的变化乃至眼神来传达相应的意义。因此，看别人的演讲记录与当场听讲的效果永远是不一致的。我们通过文字文本去理解的意义与原来的听者听到的东西始终有差异。对文字文本的理解很可能加入想象的情境，它对读者的理解会发生整体性的影响，使得后人的解释有了不同于原来的听者的解释的可能性。读小说或诗歌常会给人这种体验。

第四种间距化是文本中的表面指称与实际指称之间出现间距。如果说言谈中的指称受言谈情境的制约，那么，在书写的文本中除上下文之外这种情境的制约因素不再存在。书写文本的语词指称范围比言谈中语词的指称范围要大得多，由于想象的作用，对文字的理解比对言语的理解反而更加自由。这是一种意义的解放。在隐喻和象征中，实际指称与表面指称的不一致尤其明显。利科特别说明语言的隐喻过程如何影响了语义的更新。隐喻本身就体现了表面指称与实际指称的间距，没有这种间距，就没有隐喻。我可以用一个例子来说明这种现象。比如，我可以说"汪堂家是唐老鸭"，也可以说"汪堂家是一只木桶"，还可以说"汪堂家是一根竹竿"。见过我的人会说前两个隐喻不妥，后一个隐喻比较贴切。但我并不真的是竹竿，因为如果我是竹竿的话，我就会被人拿去晾衣服了。但是，这个隐喻仍然是有效的。"竹竿"在利科看来就是字面指称，它是通达第二级指称"细长的东西"的桥梁。在此，当人们听到"汪堂家是竹竿"时，心里想到的其实是"瘦长的人"。许多语词都经过这样的隐喻过程，原来的意义渐渐被人淡忘，新意义渐渐被人接受。语词的新义与原有的意义间距越来越大,从而实现了语词空间的扩展。对隐喻的解释之所以困难,原因就在这里。

文本的间距化经历了双重的过程。一方面是口头传达而造成的间距化,另一方面是被文字固定下来之后的间距化。这两种间距化决定了理解和解释的历史性和可能性。

就口头传达而造成的间距化而言,特别是在文字出现之前,一些歌谣、史诗、传说、民间故事乃至家谱都会经历因口头传达而远离原始状态,远离作者的主观意图的过程。在漫长的历史过程中,它们仿佛具有自我衍生的能力,内容不断增加、修改和完善,以致我们搞不清楚究竟谁是作者,而且似乎没有必要关心谁是作者,即便人们知道谁是作者,这个作者很可能成了人们发挥想象力来加以不断加工的对象。这样一来,不是作品附属于作者,反倒是作者附属于作品,成了作品的一部分。

就口头传达的内容被文字固定的文本而言,文字有了特殊的生命。口语化的生动性和当下性消失了,讲话的情境消失了,在文字中人们发现了更多的可能性,更多的想象空间。由于文字变化的相对缓慢性,作品的自主性比在口头传达的状态下更强了。由于语言的隐喻过程能够将语词的原始意义掩盖掉、替换掉或者增加一些新的意义,后人对同一部作品的某些词语和句子的理解很可能极为不同[①]。但作品在某个时代的意义仍然有其无法被读者随意解释的客观性,因为文字在某个时候的意义是约定俗成的,即便是作者也不能随意加以解释,就算作者申明自己是在何种意义上使用某些词语,读者也不一定按作者的申明去理解(比如,"主观的""客观的"这样的词在十七世纪西欧的意义与今人的用法刚好倒过来,就像"经济""政治"这两个词在古汉语中与在现代汉语中用法相反一样)。同时,作品的结构和篇目

[①] 关于此问题,请参见利科:《活的隐喻》,汪堂家译,上海:上海译文出版社,2004年,第2、3部分。另见,利科:《作为认知、想象和情感的隐喻过程》,曾誉铭译,载《江海学刊》2005年第1期;汪堂家:《隐喻诠释学:修辞学与哲学的联姻》,载《哲学研究》2004年第4期;汪堂家:《隐喻:翻译与诠释》,载《现象学与当代哲学》2008年第2期,香港中文大学哲学系编,台北:漫游者文化事业有限公司。

顺序也决定着文本的整体意义,它制约了读者对文本的理解和解释,特别是过度解释[1]。这一点决定了我们在研究古代的经典时不仅要细读作品本身,分析其篇章结构,了解这部作品与其时代的特定情境的整体关系,而且要不断了解这部经典的诠释史。因为我们正是通过这部经典的诠释史来接近构成这部作品的一些词句乃至句法在久远时代的特定用法。比如,我们不能无视魏、晋、唐、宋、明、清等时代的学者对老子《道德经》的解释去直接接近这部经典,我们也不能说我们可以根据现代汉语的意义去理解和解释《论语》,因为它的词义和句意通过诠释史才被我们所理解。同时,我们还要注意到,《论语》在公元前一世纪有三个版本,今本是由西汉张禹和东汉郑玄重新编定的,"篇目文字都有变动,却无法同早期文本对勘"[2]。这一事实表明,文本的间距化能在个同层面发挥作用,它既为诠释史提供可能性,也为诠释史所扩展。

然而,文本与个人风格在某些文本里还是具有明显的联系的,个人的个性特征在某些文本里能够得到表达,否则,我们就难以解释一个诗人写的描述自己心境的诗篇为何不同于另一个人的诗篇,虽然它们的形式结构可能完全相同。因此,笼统地排除所有文本的个人因素并不能有效地解释某些作品。利科似乎对这个问题没有给予足够的重视,他也没有有效地解释个人意图是怎样在作品中消失的。既然我们绝大多数人在写作品时试图说明自己的写作意图并在作品的扉页写上自己的名字,既然我们总在研究一个学者的作品时常要谈论作者的心路历程(思想传记就是基于这一点才得以成立),我们只是简单地说"作者死了"无助于解释作品的个性化特征。对这个问题的确需要具体问题具体分析。但利科在追求对间距化的普遍有效性的解释时严重忽略了个性化文本与非个性化文本的差异,甚至是有意取消这种差异。比如,在法律文本与诗歌作品中,作者的主观意图对作品的影

---

[1] 关于此问题,请参见艾柯:《过度诠释本文》,载艾柯等:《诠释与过度诠释》,王宇根译,北京:生活・读书・新知三联书店,伦敦:牛津大学出版社,1997年,第53—80页。
[2] 朱维铮:《走出中世纪》增订本,上海:复旦大学出版社,2007年,第298页。

响具有重大差异。法律文本要求排除个性化,而诗歌文本却需要个性化,尽管这种个性化也需要人与人之间的共同感才能对读者发挥作用。为解决这类问题,艾柯提出了"作品意向"或"文本意向"的概念。按照这一概念,文本意义远离作者个人意向是通过文本意向的中介来完成的。作品意向是作品的意义之源,但它既不会受制于作者的意向,也不会妨碍读者的意向在阅读作品时发挥作用[1]。利科和艾柯的看法在很大程度上可以互补,并能分别解释下述两种现象:一是文与人的一致,二是文与人的不一致。但这两种相互矛盾的特点不可能同时出现在同一部作品里,而只能出现在不同作品里。我这里用法文的两句熟语来说明这种现象。

法语中有"Le style, c'est l'homme"这种说法,直译为"风格即人",实则相当于我们常说的"文如其人"。但这只是一个比喻性说法。而且这里的"是"不等于"等于",它只是一个隐喻性的"是"。无论如何,文与人(此处无疑指作者)始终是有差别的。这种差别既体现在文与言的差别,又体现在文与思的差别。文并非言的简单再现,言并非思的简单再现,文也并非思的简单再现。文始终比思多些或少些,言也始终比思多些或少些,它们之间不是相等的关系。法语中还有一句熟语:"根据文本来了解作者无异于根据尸体给人画像。"这事实上在强调文与人的不一致性。一旦文字从作者笔下或口中出来,作者就无法支配文字了。越往后,作者的个人因素越容易被读者所忽略。由于文的公共性,它一出现就进入了公共性中,为人们所分享。文的结构和风格既要通过公共性而存在,又要通过公共性而显示出自身的意义并为读者所理解。即使那些未完成的作品,也要等待进入公共性中去充实自身的内容。

在我看来,正因为有间距化的存在,所有文本在一定程度上都是残缺不全的。后人试图续写未完成的作品不仅是画蛇添足,而且注定不会取得成功。这不单单是因为这样做是外在地把续写者的主观意

---

[1] 参见艾柯等:《诠释与过度诠释》,王宇根译,北京:生活·读书·新知三联书店,伦敦:牛津大学出版社,1997年,第12页。

图当作原来的文本的客观意义加诸已有的文本,其生硬性犹如黑格尔批评的那样无异于将木头绑在大腿上。这也是因为续写者忽视了原有文本在脱离作者意图之后形成的自主性和创生性。正是基于这一点,我以为续写《红楼梦》是在浪费续写者的才情(如果她或他确有才情的话)并且不值得赞扬。续写者可能无视了一个客观事实:《红楼梦》之为《红楼梦》就在于它是残缺的,就像断臂的维纳斯雕像的价值就在于她的手臂是不可补全的。其魅力恰恰在于它的残缺,其文本意义的客观性和独特性反倒有赖于这种残缺。作者的独特性、时代的独特性、社会生活的独特性以及《红楼梦》作为残缺的作品的独特性应当得到尊重。《红楼梦》的残缺性构成了原作的悲剧性、作者的悲剧性、时代的悲剧性的要素。从这种意义上讲,残缺性反倒成就了《红楼梦》的完整性。外在的强加表面上在补齐残缺,实质上在破坏其整体性,即作品与其时代条件和文化环境的整体性。撇开作者的主观意图和时代条件不谈,单是原作的语言、结构和风格就是不可复制的。续写充其量是对原作的诠释,并且很可能是过分的诠释或臃肿的诠释。这是我从间距化理论的应用里得出的结论。

第七章 世俗化与科学的诠释学因素
——伽达默尔与爱尔兰根学派

伽达默尔与爱尔兰根学派(Erlangen Schule)之间存在着微妙的关系。他们既互相学习,又互相批评,互助激励。在论题、方法、观点和策略方面,他们互相影响,同时相互补充,他们之间的论争也反映了当代德国哲学对待科学解释的不同态度。由于时间和篇幅的限制,我在此无法就其关系的所有方面详加论述,我仅就世俗化与科学的解释学因素问题谈谈他们的互动与分歧以及他们在何种程度上以互补的方式扩大了当代德国哲学的视野,丰富了德国哲学的内容。

我国读者对伽达默尔并不陌生,对爱尔兰根学派则所知不多。原因是多方面的,但有一点不容忽视:由于爱尔兰根学派的工作涉及自然科学、人文科学和社会科学的诸多领域,没有来自不同领域的学者的合作,要想全面而深入地理解这个学派的工作几乎是不可能的。仅从这个学派的两位创始人卡姆拉(Wilhem Kamlah,1905—1976)和洛伦琛(Paul Lorenzen,1915—1994)的工作,我们就可了解他们涉猎的领域之广泛。卡姆拉既是个音乐家、史学家、神学家,也是哲学家和逻辑学家,要了解哲学人类学在二十世纪的发展,他的作品是绕不过去的[1]。洛伦琛则是著名的数学家、逻辑学家和哲学家。他在创立爱尔

---

[1] Peter Moesgen, "Ars vitae-arsmoriendi", *Zur Anthropologie Wilhelm Kamlahs*, Eichstätt, 1997, 105ff; Eckard König, "In Memoriam Wilhelm Kamlah", *Zeitschrift für philosophische Forschung* 31, 1977, S. 150-152.

兰根学派之前已经在纯数学领域研究了二十多年并在群论、代数、微分几何、多维积分、集合论和拓扑学等领域卓有成就。比如，1951年他与王浩几乎同时各自独立地发现了通过无穷公理证明具有多个分支的类型论的无矛盾性的途径①。至于他在哲学上的贡献，我只想引述哈贝马斯在《关于实际对话的两点意见——纪念洛伦琛诞生60周年》一文中的评论："洛伦琛为方法论的哲学奠定了基础，而方法论的哲学从长远观点看也是解决实践哲学基本问题的一种方法。因此，他为实践哲学恢复名誉做出了决定性的贡献。洛伦琛提出的思想，已经跨越一代人的时间，成了当前讨论的议题。当人们谈起他的学生在这个问题上的论证时，光荣是属于导师的。"②洛伦琛的哲学贡献自然远远超出了哈贝马斯谈到的上述两个方面。他和他的学生洛伦兹（K. Lorcnz）提出的"对话逻辑"（英美学者称为 game semantics），自二十世纪九十年代以来由于 S. Abramsky、A. Blass、G. Japaridze 和 E. C. W. Krabbe 等人的工作而重新焕发了活力。可以预言，线性逻辑和程序化语言将因洛伦琛首先将博弈论概念引入逻辑学而获得新的发展。至于现在广为人知的"科学理论"（Wissenschaftstheorie）一词以及它所指称的领域更与爱尔兰根学派的工作密不可分。在本文中，我只想集中论述科学的解释学因素问题。无论是伽达默尔还是爱尔兰根学派都把这一问题作为诠释学的基本问题来看待。前者注重科学的外部解释，后者注重科学的内部解释，但爱尔兰根学派的一些成员［如（W. Kamlah），（O. Schwemmer），密特西特拉斯（J. Mittelstraβ）］也试图把这两方面的解释结合起来。

---

① Christian Thiel，"Paul Lorenzen (1915 - 1994)"，*Journal for General Philosophy of Science* Vol. 27，1996，pp. 1 - 13; ChritianThiel，"P. Lorenzen"，in *Enzyklopädie Philosophie und Wissenschaftstheorie*，Band 2. Hrsg von Jürgen Mittelstraβ, *Wissenschaftsverlag*，S. 710 - 713.
② 哈贝马斯：《重建历史唯物主义》，郭官义译，北京：社会科学文献出版社，2000年，第329—337页。

一、世俗性与科学

众所周知,欧洲近代科学的发展受到三种力量的推动:一是世俗化运动,二是使用技术的生产活动,三是"为科学而科学"(la science pour la science)的要求。世俗化运动将科学作为服从于神秘化的基本手段,它要消除传统的神秘权威对个人的心灵支配,特别是长期对自然现象的神秘化给人带来的威慑。神话的世界观是以对自然力的无限夸大为前提的。科学通过把超自然现象还原为自然现象,从而使人们能按世界的本来面目来解释世界。因此,科学是以不附带情感和主观想象的解释系统来代替一种迷恋于想象和象征的神话解释系统。在这个问题上,我们可以很快发现伽达默尔是如何运用卡姆拉的类似思路来解释世俗化过程的,并且我们也可发现他直接吸收了卡姆拉的观点。

在二十世纪的欧洲,卡姆拉是对世俗化过程进行最为系统研究的神学家和哲学家之一。他的研究不仅从教会功能的改变入手,而且从艺术和科学入手。在众多的艺术门类中,卡姆拉选择了他所擅长的音乐来说明世俗化问题。1947年,卡姆拉在《音乐》杂志第一期上发表了《音乐的世俗化》一文[①],说明音乐这种艺术形式在教会组织和心灵的同构方面起着重要作用。但音乐作为净化心灵的手段和宗教组织的中介是通过某种固定模式或程式的不断重复来起作用的。教会音乐强化着神秘性的权威、显示着宗教活动的肃穆与庄严。从某种意义上说,人类的音乐活动曾在很大程度上体现了神圣性的要求,它越是个性化,就越是去神秘化。音乐艺术之所以用于教会的组织工作,除了因为它可以起到让心灵净化的作用,还因为它本身作为抽象符号可以起到统摄个体性的作用。它作为集体的神圣性经验不仅让个人的内心迷醉于超越性的回忆之中,而且在个人之间建立了共通感。宗教仪式中的音乐是使个人融入集体经验中的有效手段,它试图传达神圣的声音并通过这种声音向人性发出回响,人神的共鸣仿佛在音乐中得到

---

① Wihelm Kamlah, "Die Profanisierung der Musik", *Musical*, 1947, pp. 130 – 132.

了实现。从这种意义上说,音乐也充当了神性的符号,成了世俗世界与神圣世界的纽带。唱诗班在宗教活动中不但成为仪式的一部分,而且是人类合唱艺术的发源地。烘托是它最基本的艺术效果。个人性消失在齐一性中并且必须消失在齐一性中,平静不波的旋律和悠远绵长的声调让人在收心敛性中向往永恒。多声部的配合仿佛是芸芸众生以类的名义发出的忏悔,期盼与祈祷也象征着宇宙和人心的和谐。然而,合唱的形式是在不断变化的。领唱的出现也打下了世俗化的烙印。当宗教音乐的形式渐渐移植到世俗仪式和各种节庆活动时,它的神圣性意味被明显淡化了,它的声调的变化趋于多样化,生活的元素和个性色彩会反过来要求改变音乐的表现形式。比如,音符更有跳跃性,节奏更为鲜明,音乐的表现力更为丰富,其中有了更多生活的趣味,音乐的娱乐作用压倒了教化作用,至少教化不再是刻意的安排,而是不知不觉地发挥作用。

但是,音乐也像其他艺术形式一样在近代社会的世俗化过程中与民众的日常生活,特别是与劳动、爱情、自然景观、政治、军事事件有了更为紧密的联系。因为这种联系,音乐形式变得多样化,原有的宗教音乐也变得更有生活的气息,即便是同样的作品,在不同的情境中也与人的心灵确立了不同的关联。在教堂中演出的合唱被移植到其他场合,意味着它已经解除了自我束缚而去适应新的情境。音乐催生了自由气息,它的世俗化一方面抛弃了原有的刻板形式,另一方面把神圣性的因素传播到生活的诸多领域。只要信仰还在,这就是一种非常有效的因素。但是,卡姆拉从音乐的世俗化中看到了更多的东西。音乐的宗教功能对他来说反倒随着世俗化而彰显出来。音乐由净化灵魂、陶冶性情转向了表达集体生活经验,从而将个人的体验与感受带到一种自由表达而又无形中受集体经验约束的情境之中。1948年和1949年,卡姆拉相继发表了《近代科学与世俗性的根源》(*Die Wurzeln der neuzeitlichen Wissenschaft und Profanität*)以及《世俗中的人》[①]。他区分了两种意义上的"世俗化",即 Profanierung 和

---

① Wihelm Kamlah, *Der Menshen in der Profanität*, Stuttgart, 1949, 23ff.

Säkularisierung,前者是与宗教相关并由宗教来确定的概念,它并非决然地脱离宗教,而是我暂且称之为"神性的泛化"的过程,因此,它并不意味着与宗教的对立;后者恰恰是要脱离宗教的支配,建立自己独特性的领域,这一领域是与日常经验相关的远离神性支配的领域。因此,我把它称为"神性远化"的过程。在中世纪和近代,这两种意义上的世俗化同时存在,它们构成了某种张力。近代科学的产生和发展在一定程度上受惠于这两种世俗化。前一种世俗化有利于科学以一种超然的眼光审视世界并确立世界统一性的观念和宇宙的和谐性观念。一些理论科学的发展就受益于这种观念的推动和引导。后一种世俗化旨在按尘世的方式对待尘世,依事物的特殊样态来描述和解释世界,它力图将事物的客观性作为认识和行动的第一依据,而不理会背后有没有神性在起作用,它甚至不提物的世界与神的关联。这种意义上的世俗化有利于经验科学的发展。本文一开始提到的推动近代科学的第二种力量,即以技术为基础的生产、劳动,是此种世俗化的基础。由于生产和生活的推动,近代科学(主要是经验科学)获得了独立发展的诱因。帕斯卡的科学贡献就很能说明问题,他参与建立的概率论以及他发明的手摇计算机可以看作卡姆拉所谈到的两种世俗化的结果。"几何学精神"和"敏感性精神"则是世俗化的灵魂。笛卡尔、莱布尼茨和牛顿的工作均体现了宗教性与世俗性的双重要求。宗教性的要求促使他们以整体眼光去看待世界的普遍法则和音乐般的宇宙秩序;世俗性的要求促使他们关心普遍原理在经验领域的特殊运用。

对卡姆拉来说,音乐和其他艺术作品一开始都带有神圣性的意味,带有某种宗教性或宗教色彩。它们的世俗化对于科学世界观的形成不可或缺。相对于古代的神话世界观,中世纪的宗教世界观反而更有可取性,因为它毕竟还承认世俗世界(即便它是充满恶的世界)的相对独立的存在。音乐和其他艺术形式在近代的世俗化对于科学的重要性首先在于,它们与哲学、文学一起创造了一种氛围,塑造了一种热爱自由的气质和勇于探索的精神。科学并非从沙漠中产生的,它需要自己的土壤,这个土壤就是充满生机的生活世界。但科学活动是有内在要求的,它虽遵循一定的模式,但就本质而言它最需要自由探索的精神。没有科学精神的科学就像没有灵魂的僵尸。音乐的世俗化有助于科学精神的形成,它也有助于确立科学研究所需要的审美意识。

但是,在《世俗中的人》中,卡姆拉还根据理性的成长来说明世俗性的概念。他不仅强调作为理性之表达的科学在世俗世界的扩展中所起的作用,也揭示了按严格意义理解的世俗性概念原本就合乎宗教性。因此,脱离宗教性来谈世俗性基本上是没有意义的。更重要的是,世俗性概念从主要方面看也需要从审美的角度进行规定。正是在这里,科学与审美之间建立了联系。

伽达默尔从这里找到了突破。他显然很熟悉卡姆拉和洛伦琛等人的工作。他不仅多次邀请卡姆拉参加诠释学会议,讨论诠释学的基本问题,而且常与他进行文字论战,卡姆拉的重要诠释学论文《语言的行为图式》("Sprachliche Handlungsschemate")还被伽达默尔收入了自己主编的《语言问题》①中。实际上,卡姆拉与伽达默尔有不少共同话题和共同的学术背景。他是伽达默尔诠释学研究的同道,他们都是研究柏拉图的专家,卡姆拉早年的研究几乎都与释经学和教会史相关。与伽达默尔不同的是,他主要把诠释学作为一种方法论,而没有把它上升为纯粹哲学的高度。从他的论文《为"诠释学"一词在狭义上的重新使用辩护》("Pläloyer für wieder ein geschränkten Gebrauch des Terminus 'Hermerneutik'", *Propädeutik der Literaturwissenschaft*, Hrsg von Diethrich Harth, München, 1973, S. 126 - 135)我们可以了解这一点。伽达默尔虽不像卡姆拉那样是专业的音乐家,但他也有深厚的艺术修养并深入思考了艺术的真理问题。从《真理与方法》第一部分我们就不难发现这一点。他们都曾问学于海德格尔,但选择了不同的出发点。卡姆拉1954年发表《海德格尔与技术》(*M. Heidegger und die Technik*),正式与海德格尔决裂,但伽达默尔却推进了海德格尔在哲学诠释学领域的工作,而卡姆拉则致力于哲学人类学研究和科

---

① Wihelm Kamlah, "Sprachliche Handlungsschemata", *Das Problem der Sprache*, Hrsg. von H. Gadamer Muenchen, 1967, S. 427 - 434.

学理论研究。

一个难以否认的事实是,伽达默尔在很大程度上接受了卡姆拉对世俗性的分析,特别是他将音乐绘画等艺术形式的世俗化过程与科学的成长联系起来的观点。实际上,伽达默尔将卡姆拉对音乐世俗化的解释扩展到了整个文学艺术作品的分析。戏剧、绘画和雕塑在他看来就像音乐一样表现了宗教性与世俗性区分的相对性。通过对"世俗性"概念的起源和变迁的追溯,卡姆拉发现科学活动直到近代还很难完全与宗教相分离,宗教性几乎渗透到了人类科学活动的一切领域。这一点恰恰说明了科学解释的历史特征:近代科学的起源只有到宗教性与世俗性的张力中才能找到合理的说明。

伽达默尔在《真理与方法》中直接或间接地引述了卡姆拉对世俗化过程的论述,但他主要是将这种论述用于支持自己对艺术作品的本质的解释。在他看来,卡姆拉时常提到的"情境"(die Gelegenheit)是艺术作品得以向解释者敞开自身的基本因素,世俗化提升了情境因素的作用,它把情境确立为理解艺术作品的入口。情境对个体来说是各不相同的,它不断帮助人与作品建立新的联系并把新的经验带入作品的欣赏中。情境从内容上规定了艺术作品的随缘性(die Okkasionalität,亦译偶缘性)。随缘性是作品本身要求的一部分并且不是由作品的解释者强加给作品的,而是作品成为作品早就规定了的。现代逻辑不断提到随缘性也并非偶然。伽达默尔正是以此说明作品的意义为何总是超出作品本身。

有人可能说,宗教音乐恰恰是要压抑其随缘性,它试图在不断的重复并常以合唱的形式来激活这种随缘性,因为其指涉的东西都具有超越性。然而,卡姆拉曾提醒说,宗教音乐其实也是有情境的,它能被世俗化恰恰证明了它有这种结构上的可能性。比如,其合唱大多只适合于在教堂进行,这也是情境。世俗化过程促进了个人生活经验与集体的神圣经验的融合。情境的特殊性为这种融合提供了可能性。伽达默尔基于卡姆拉等人的研究对"偶缘性"概念做了诠释学的发挥。他说"偶缘性指的是,意义由其得以意指的情境从内容上不断规定的,所以,它比没有这种情境时包含更多的东西"①。把偶缘性的解释引向对意义的说明是伽达默尔关注世俗性的重要步骤,正是这一步骤为对科学进行诠释学理解创造了条件。

伽达默尔在引述卡姆拉对世俗性概念的分析时指出,卡姆拉在《世俗中的人》中所讲的世俗性是与宗教性相关的并且要通过宗教性来规定。宗教性与世俗性的对立只是相对的对立。从"世俗性"(die Profanität)一词的词源学分析可以说明这一点。该词源于 Profan,"意指圣地之前的东西"。"世俗化"(die Profanisierung)也是由此概念派生而来的。由于"世俗物"是相对于"圣物"而言的,"世俗性"概念事先已假定了宗教性的存在。无论是从时间上看,还是从逻辑上看,只有从宗教性出发才能理解世俗性。这不仅是因为古人的所有生产与生活几乎都是通过宗教性来安排和规定的,而且是因为自基督教产生之后,在西方,现实世界才作为独立的世界而与神圣的世界相对立。从这种意义上说,基督教思想已经暗中承认了世俗性概念的现实性。因此,伽达默尔明确肯定了卡姆拉的这一见解:"世俗性仍是一种合乎宗教性的概念并且只能为宗教性所规定。完全的世俗性乃是一个虚假观念。"②

然而,在伽达默尔眼里,卡姆拉之所以赋予世俗性概念以这样的意义,恰恰是因为他试图揭示现代科学的本质。他告诉我们,在任何时候,我们都不应忘记,现代科学是有其宗教背景的,它虽然在世俗生活中获得了经验材料和验证的手段,但它一开始就超出了现实利益的考虑。现代科学中还存在着我在本文开头提到的其发展需要的第三种动力,即"为科学而科学"。"为科学而科学"不但意味着对世界总体采取理论的态度,而且意味着对自然所提的问题并不是为着特定的实际目的。虽说现代科学的问题和研究方式都针对着对存在物的统治

---

① 伽达默尔:《真理与方法》上卷,洪汉鼎译,上海:上海译文出版社,1999年,第188页(Hang-Georg Gadamer, *Wahrheit und Methode*, Ⅰ. Tübingen, 1986, S. 149)。译文稍有改动。
② 同上书,第196页(Hang-Georg Gadamer, *Wahrheit und Methode*, Tübingen, 1986, S. 155)。

因而可以在自身中被称为实践的科学。但是,对个别研究者的意识而言,他的知识的应用在以下的意义上只是第二位的,即虽说这种应用是从知识而来,但这种应用只是以后的事情,因此任何认识者都无需知道被认识的对象是否被应用或将派何种用场[①]。比如,你要到伽罗瓦的群论、贝努利方程或广义相对论中去寻找直接的实际用处,肯定是徒劳的。与世俗化相关的宗教性为培养人们的理论态度提供了一种宏观视野和超验精神,现代理论科学虽追求逻辑自洽性,但其理论整体既力图为自身寻找最终根据,又试图追求知识的统一性和普遍有效性,但这种有效性的根据是各门具体科学无法回答的。这就需要能超越具体科学部门,从前科学的知识,从科学与世俗生活的相关性,从一般知识的先验源泉(从康德的意义上使用这个词),从世俗性与宗教性的关系出发去理解和回答这一问题。这里已经假定了科学解释的历史维度、语言维度和生活世界的维度。我以为,胡塞尔的"生活世界"概念是对"世俗"概念的理性主义改造,或者说是"世俗"概念的重新表达。这种表达已把科学纳入生活世界之中并从那里汲取灵感。于是,从这里也就合乎逻辑地产生了科学的实践基础问题。

二、科学的诠释学因素

科学首先是一种解释系统,科学问题也是诠释学问题。用伽达默尔的话说,"一切科学都包含诠释学的因素。正如不可能存在抽象孤立意义上的历史问题或历史事实一样,在自然科学领域中的情况也是如此"[②]。承认精神科学中有诠释因素对伽达默尔和爱尔兰根学派都不是问题,但对自然科学中多大程度上存在诠释学因素,他们的看法则显示出明显的分歧。当然这种分歧尚未达到根本的程度。况且,爱尔兰根学派内部也并未就此问题达成一致意见。卡姆拉主张对"诠

---

① 伽达默尔:《真理与方法》下卷,洪汉鼎译,上海:上海译文出版社,1999年,第580—581页。
② 同上书,第743页。

释学"一词作狭义的使用,因此,他反对将诠释学作为一种本体论,而只承认它起方法论的作用。伽达默尔则批评以卡姆拉和洛伦琛为首的爱尔兰根学派所倡导的科学理论保留了实证主义的残余,因为科学理论过于信赖科学事实与逻辑建构。我认为,伽达默尔的批评部分是正确的,但这种批评只适用于撰写《逻辑初阶》时的卡姆拉和洛伦琛,并且伽达默尔显然对爱尔兰根学派的观点因了解不全而存在一定的误解。实际上,首先,爱尔兰根学派并不否认科学中存在诠释学的因素,相反,他们常常为这一点作辩护;其次,就重视生活世界的实践对于科学的奠基作用而言,爱尔兰根学派与伽达默尔本质上是一致的。他们的分歧主要在于,爱尔兰根学派至少在早期对一种规范化的语言理想保持强烈的兴趣,并要求哲学家在方法上确立理想语言的正当性,同时强调哲学要以这种符合逻辑建构的语言为工具展开自身的系统陈述。而伽达默尔虽承认爱尔兰根学派所追求的这种语言理想的正当性,但伽达默尔极力捍卫前知识的语言的地位,并认为日常生活世界中也能引出确定的、意义清晰的判断,这样就不必用一种有逻辑严格性的语言代替前科学语言。在此,我们要追问以下问题:伽达默尔与爱尔兰根学派就科学解释而展开的论争是否能表述为科学解释学与科学理论之争?在《真理与方法》以及《科学时代的理性》中,常常能见到伽达默尔对科学理论的批评。1969年伽达默尔写了《生活世界的科学》一文,充分肯定了将哲学的任务扩展到不但为科学奠基,而且要把日常经验的广阔领域作为思考对象的现象学要求。他把生活世界视为科学有效性的最终来源的原始被给予性领域。他认为,胡塞尔的"生活世界"概念比卡姆拉的"世俗性"概念更能解释现代科学的现实变化,因而具有革命意义。这是因为"生活世界"概念打破了传统思维的框架,揭示了科学所主张的先验领域的局限性以及对哲学本身的新的批判意识。"生活世界"概念的出现使科学的客观性问题的解决不再需要以那种容易陷入唯我主义的先验思维为基础,相反,它向我们展示了一种新的普遍结构的先验性:"它决不是传统形而上学或科学的客观先验性,但它又为所有科学奠定基础。因为作为基础价值,作为基本有效性,它先于所有科学,包括逻辑学。"①

对"生活世界"的优先性的确认自然可以颠覆传统的价值与事实的二元分立,但它仍然不能回答科学解释系统为何具有自己的特殊性这一问题。前科学知识当然与科学知识具有密切关联,但科学知识确有自身内在的逻辑。伽达默尔紧随海森堡追问自然科学是否真的独立于研究者的语言世界观,尤其是他的母语的世界框架。他正确地指出,诠释学在自然科学中同样起作用,因为他发现,即便我们能像爱尔兰根学派那样建立一种规范的科学语言,我们仍然要面对如何将科学知识翻译成日常语言的问题,自然科学正是通过这种翻译才得到它的交往普遍性并获得它的社会意义。在《科学时代的理性》中,伽达默尔干脆把上述问题转换成科学的哲学要素和哲学的科学特性问题。但这样反倒把问题变得更复杂了。既然前科学知识与科学知识是两种知识,我们总得界定它们的区别何在,并回答它们为何有这种区别。伽达默尔实际上否定了有所谓的纯科学的存在,因为他认为前科学知识仍在科学中存在并发挥重大作用,而爱尔兰根学派则希望把两个领域尽可能地分开,并认为只有考虑科学的整体性质、科学的合理定向和基础问题时才应当强调两者的联系。他们关心的是科学的规范基础问题。但这丝毫不意味着科学理论忽视科学的解释问题。

科学的解释问题归根到底是语言问题。在这一点上,伽达默尔的诠释学与爱尔兰根学派的科学理论是一致的。1974年卡姆拉发表《交流语言—教化语言—科学语言》,进一步厘定了前科学知识与科学知识在语言方面的区别②。他所说的交流语言是指我们日常使用的自然语言,它用于交流思想、情感,描述与个人生活、群体生活相关的一切东西。其特点是具有根据语境确定的指称,这种语言是其他所有语言的根据,它指涉我们所经验到的一切,它是生活世界得以可能的条件,

---

① 伽达默尔:《生活世界的科学》,黄应全译,载严平编选:《伽达默尔集》,邓安庆等译,上海:上海远东出版社,1997年,第376—388页。另参见伽达默尔:《科学时代的理性》,薛华等译,北京:国际文化出版公司,1988年,第1—17、133—148页。

② Wihelm Kamlah, "Umgangssprache-Bildungssprache-Wissenschaftssprache", *Das neue Erlangen*, Heft 33. vom 1974, 2388ff.

也是人类日常经验的媒介。教化语言主要指宗教语言、艺术语言与道德语言,它通过诉诸情感与信念而起作用,它要转达一种价值规范或激起情感,而不是描述事实或者主要不是描述事实,即便描述事实,也是为激发情感或转达价值规范服务的。科学语言则是一义性的语言,确定性、明晰性是它的基本特征,它有着自己的形式规则和论证要求。科学语言到目前为止还只是专业语言,比如,数学语言、物理语言和化学语言是不相同的。数学作为基本工具还远未成为一切科学的语言。

自二十世纪五十年代开始,洛伦琛就致力于对科学语言的特征进行研究。出于对数学基础问题的关注,他一直梦想建立一套理想的语言模型。有了这种模型人们就能根据它去改造其他专门语言。1965年,为纪念卡姆拉60岁生日,洛伦琛发表了《方法之思》("Methodische Denken"),提出了建构主义科学理论的基本纲领,其核心就是寻找合理思想的方法论工具,这种工具首先被视为语言工具。这套工具旨在"为科学、为所有合理的研究和论证引入无漏洞、无循环的基本手段。……这一纲领一旦得以实施,将会井井有条地建立科学的基础,按洛伦琛的看法,当代科学领域恰恰缺少这种基础"①。

为建立这种基础,洛伦琛提出了"原语言"或"正规语言"(die Orthosprache)概念。何为原语言呢?简单地说,原语言是一种严格的符号系统,它具有精巧的逻辑构造;作为规范性语言,它是对交流语言和科学语言进行批判和重组的模型。洛伦琛并不奢望用这种语言去代替其他语言并且承认其他语言有其正当地位,但他认为这种语言可以作为语言之根,它有简单的形式规则,语词的指称很明确,意义具有单一性,因而不会引起误解。如果以这种语言为核心对科学语言进行合理重构,科学会有更稳固的基础。在此,我们无法详细描述这一工作,我只能指出它的上述一般特征②。作为数学家和逻辑学家,洛伦琛自然非常关心语言的规则以及能否用形式化方法进行描述的问题。

---

① Christion Thiel, "Paul Lorenzen", *Journal for General Philosophy of Science*, Vol. 27, 1996, pp. 10 – 13.
② Paul Lorenzen, "Semantisch normierte Orthosprache", *Die Wissenschaftliche Redaktion*, 7, 1972, S. 117 – 132.

他坚信,科学的科学性首先表现在语言系统上,只要是知识,都必须服从"超主体性"的原则。虽然每门科学都有其实践基础,但其基本概念和定义应当得到明确无误的辩护。到了晚年,洛伦琛甚至认为博弈论的原理可以用来解释许多政治行为,对政治原则同样可以进行准科学的研究,比如,我们同样能将"对话逻辑"用于政治与伦理的基本概念和基本规范的解释和论证。尽管这并不意味着用这种逻辑代替其他解释。伦理学是"原政治学"(die Propolitik),它离不开商谈,离不开公共经验,离不开人与人的交往。所有这些都是离不开语言的。政治秩序的改善和制度的维护与改进莫不与交流的改善相关。因此,我们应当找到语言的普遍有效的逻辑规则。

1967年,洛伦琛与卡姆拉合做出版了《逻辑初阶》(*Logischen Propädeutik*),该书哺育了整整几代人,它有一个有趣的副标题,即"合理说话的预备训练"。该书第六章提出了对话游戏的简单规则系统。在他们看来,"独白式的盲目描述和彼此离题的不受约束在几乎所有领域,不仅在哲学和科学中,而且在文学、艺术批评和政治学中,达到了令人吃惊的程度,尽管人们大多没有注意到这一现象,因为不存在有约束性的对话的标准和规则"①。为了改变这一局面,卡姆拉与洛伦琛以及他们所领导的爱尔兰根学派不断为科学(广义上的)寻找可靠的根据。1968年,洛伦琛的学生和助手洛伦兹发表《作为逻辑演算的语义学基础的对话游戏》②,开始贯彻洛伦琛在二十世纪五十年代末提出的将博弈论概念用于语言研究的设想。真正将这一设想付诸实践的论著当推洛伦琛和洛伦兹合写的《对话逻辑》(P. Lorenzen/K. Lorenz, *Dialogische Logik*, Darmstadt, 1978)。其理论出发点是,逻辑规则的普遍有效性不能根据本体论来解释,也不能还原为规则的普遍可容许性(die Zulässigkeit),而要根据其辩护策略的可支配程度来解释。这样,人们就可根据对话双方的论辩策略来理解许多语言

---

① Wihelm Kamlah, Paul Lorenzen, *Logischen Propädeutik*, Mannheim, 1967, S. 11.
② "Dialogspiele als semantische Grundlage von logikkalkülen", *Archiv für mathematische Logik und Grundlegenforschung*, 11, 1968, S. 32 – 55.

现象。

详细阐述对话逻辑并非本文的任务。为防止出现卡姆拉和洛伦琛所批评的那种离题现象,我还是限于谈谈它的诠释学要义。爱尔兰根学派讲的逻辑"不仅仅是形式逻辑的一种门径,而是关于每种合理说话方式的组成部分和规则的学说"①。这就意味着无论是讲前科学知识,还是讲科学知识都要关心逻辑问题,因为它们都与合理的说话方式相关。正是在这里,我们可以发现,建立"原语言"的重要性,以这种语言为基础对所有科学语言的重构,可以为交流语言的合理使用提供范例。但"在实现交流语言的言说实践中,建构的可能性可以得到详细的阐释,这种实践的交流语言基础本身就是世界上的每一种语言定向的可能性的条件"②。强调交流语言是其他语言的基础与建立原语言非但不存在矛盾,相反说明科学知识与生活世界密切相关,也说明了伽达默尔同样认可的一个事实:科学中仍然有前科学的因素。

但是,认定科学中有前科学的因素并不等于我们承认有这种因素是合理的。科学的不幸恰恰在于这种因素过多。我们即便不能清除,也至少要限制前科学因素在科学中起作用,从而保证科学的可靠性。洛伦琛对伽达默尔的诠释学做了部分修正,他认为伽达默尔过分地强调了知识的统一性并且不恰当地将诠释学原则推广到所有知识领域。更为重要的是,诠释学循环虽然部分地在人文科学中起作用,但它恰恰是不合逻辑的,因而是不合理的,应当避免的,即便我们承认诠释学循环,我们也不应当把它作为正当的东西。科学的合理解释以及科学自身的发展恰恰有赖于对这种循环的克服。在洛伦琛看来,诠释学循环并非不可避免,在某种意义上讲,它甚至是不合理的说话方式造成的。他批评伽达默尔混淆了不同层次的说话方式,从不同的逻辑语义层次,以及真正遵循逻辑规则的解释实践就可以揭示解释学循环的虚妄。

---

① Wihelm Kamlah, Paul Lorenzen, *Logischen Propädeutik*, Mannheim, 1967, S. 13.
② Jürgen Mittelstraβ, *Die Möglichkeit von Wissenschaft*, Suhrkamp Verlag, Frankfurt am Main, 1974, S. 199.

对洛伦琛等人的批评,伽达默尔给予了正面的回应。他在讨论诠释学循环的一个脚注中说:"从逻辑学方面对'诠释学循环'说法的反驳,忽视了这里一般并没有提出科学的证明要求,而是涉及到一种自施莱尔马赫以来的修辞学所熟悉的逻辑比喻。"①用比喻来反驳逻辑仍然缺乏足够的说服力。如果伽达默尔抓住洛伦琛仍在以尚未成型的理想语言为工具,来批评他这个以自然语言为表达方式的哲学家的观点,那仍然属于混淆了不同层次的说话方式,其反批评的效果会好得多。我为伽达默尔老先生感到惋惜,因为他仍在重复"理解科学"的这一任务:限制专业语言术语的构建,并且不构造特殊的语言,而是造就"共同语言"的说话方式,而洛伦琛恰恰说那个共同语言的说话方式必须是合理的,合乎逻辑的。伽达默尔采用一种以退为进的策略来为自己作辩护。下面,我们就来看看老先生是如何辩护的,并且看看这种辩护是否有效。

也许我可以在这里补充一句,即使卡姆拉和洛伦琛发表的《逻辑初阶》要求哲学家在方法上"引入"完全可以由科学检验的陈述作为正当的概念,但它自身也总是由事先作为前提设定的语言前知识,和必须批判地澄清的语言用法这一诠释学循环所补充。对建立这样一种科学语言理想当然不能有所反对,因为这种理想无疑在许多领域,尤其在逻辑学和科学理论领域中做了重要的澄清,并且就它引出负有责任心的谈话而言,在哲学领域中也不该对之设置界限。黑格尔的逻辑在一种包罗一切科学的哲学主导思想下所做的一切,洛伦琛则在对"研究"的反思中寻求并试图重新论证它的逻辑有效性。这当是一项正当的任务。②

---

① 伽达默尔:《真理与方法》上卷,洪汉鼎译,上海:上海译文出版社,1999年,第342页,注3。
② 伽达默尔:《真理与方法》下卷,洪汉鼎译,上海:上海译文出版社,1999年,第746页(Hang-Georg Gadamer, *Wahrheit und Methode*, II. Tübingen, 1986, S. 460),译文稍有改动。

伽达默尔既然承认卡姆拉和洛伦琛有关建立科学的语言理想的构想具有正当性,那么,他剩下的就只能是强调他所做的概念史解释与爱尔兰根纲领并没有冲突,因为即便理想的科学语言已臻完美,根据生活世界的语言(自然语言)而获得的知识仍有其正当性,况且从这种语言中同样可以得出意义明确的判断。哲学接受科学的语言理想当然没有错,但哲学具有自身的特殊性,这种特殊性表现在,哲学要保持与生活世界的相通性就必须保证它自身使用的概念与生活世界的语言的可交流性。哲学不但要"对科学的程序进行反思性的阐明",而且要关注生活经验和世界经验的总体,而关于这种总体的知识是无法用专门的科学语言来描述的。伽达默尔接受爱尔兰根学派对他自己使用的语言的不确切性所作的批评,但他辩护说,这种缺陷是无法避免的,因为只要哲学愿意承担起关注生活世界的整体的任务,它就不得不牺牲概念的确切性与明晰性。这是因为生活经验及其联系原本就是不确定的,僵死的概念不可能反映流动的生活实践。况且,卡姆拉与洛伦琛也不得不在坚持自己的科学语言理想时采用自然语言来解释科学本身。

我以为,伽达默尔的辩护策略是明智而得体的,并且策略的实施基本上是成功的。但我禁不住要做如下的补充辩护:即便是就精密科学(如数学和物理学)而言,我们也无法完全抛弃自然语言或交流语言,这不但是因为历史上和现实中科学语言与交流语言具有渊源关系,而且是因为,即便使用纯粹的人工语言的数学也不能在不使用自然语言的情况下被人理解和学习。至少,我们还没有发现一本数学和物理教科书不包含自然语言的语词和解释性文字。当你向学生讲授物理实验或向学术同行介绍实验结果时,你需要的不仅是演算,你还要演示并且对你用的材料、仪器、操作步骤,对你的思路、方法、目的和可能出现的结果进行描述和解释。这恰恰说明科学语言是不能完全脱离交流语言的。

如此看来,问题并不在于是否承认科学的理想语言,而在于如何处理它与交流语言的关系。按爱尔兰根学派和康斯坦茨学派的另几位成员的看法,科学是通过语言而理解的行为,"迄今作为一种根据问题而提出来的科学在方法上的建构,以一种尚待描述的方式表现为科学语言在方法上的建构"[1]。科学语言总是专业语言,它与交流语言联系在一起规定着科学所接触到的对象的整体,因此,我们需要把它们放在一起才能理解它们自身。在这一点,伽达默尔与爱尔兰根学派其实是一致的。

---

[1] Peter Janich, Friedrich Kambarte, Jürgen Mittelstraβ, *Wissenschaftstheorie als Wissenschaftskritik*, Aspekte Verlag, Frankfurt am Main, 1974. S. 42.

第八章 隐喻诠释学：修辞学与哲学的联姻
——从利科的隐喻理论谈起

隐喻是语言之谜，是意义之谜。自古以来，隐喻一直是修辞学和诗学的对象，在一段时间里也曾是哲学的对象。在古代，正是在隐喻问题上，哲学与修辞学分道扬镳；在今天，隐喻成了哲学与修辞学的共同话题。隐喻诠释学的产生则实现了修辞学与哲学的联姻。

一、对修辞学的两种哲学态度

修辞是晓人动人的艺术：作为研究这种艺术的学问，修辞学像哲学一样古老并与哲学有过同源关系和密切的互动。这一判断不仅适用于中国，而且适用于西方。

就西方而言，修辞学曾与语法和逻辑并称"三科"，它是对人进行基础教育的基本手段，也是开展哲学论辩的基本条件。到了亚里士多德时代，修辞学已经成为一门比较成熟的学科。利科曾经断言："亚里士多德的修辞学构成了从哲学出发将修辞学制度化的最辉煌的尝试。"[①]

然而，出于对修辞的作用的不同认识，西方哲学家们从一开始就对修辞学采取了截然相反的态度。这使得"修辞学既是哲学最古老的敌人，又是哲学最古老的盟友。之所以说它是哲学最古老的敌人，是

---

① Paul Ricoeur, *La métaphore vive*, Paris: Éditions du Seuil, 1997, p. 16.

因为巧妙言说的艺术始终不再理会真实的言说,以对产生劝说效果的原因的认识为基础的技巧给那些完美地掌握这门技巧的人提供了非常可怕的权力:这是一种不要实物而支配语词的权力,也是通过支配语词而支配人的权力"[1]。柏拉图是把修辞学作为哲学的敌人的最大典型。他声称,修辞既不利于追求公正,也不利于探索真理,因为修辞是产生错觉和假相的艺术,研究这门艺术的修辞学是在以精巧的方式守护谎言的世界和虚伪的世界。在《斐多篇》(271C)、《高尔吉亚篇》(49a-458c)中,柏拉图极尽对修辞进行攻击之能事。具有讽刺意味的是他这个激烈反对修辞的人恰恰是最善于利用修辞手法的人。这也许是由于他坚信,如果有什么修辞学,那种修辞学就是辩证法本身即哲学。柏拉图反对修辞学的最大理由是,修辞是以巧言代替真言,以矫饰代替真相。

进入近代以后,除帕斯卡尔和伏尔泰之外,哲学家们对修辞学纷纷提出批评。霍布斯声称,修辞是自欺欺人,是通过玩弄语词而滥用语词,对研究这门技巧的学问应当加以限制。洛克则宣布,"修辞学……是错误和欺骗的最大工具"[2]。莱布尼茨亦说,"即使是修辞学上的比喻词藻本身,要是使我们强以为真时也就变成了诡辩"[3]。

但是,修辞学在十八世纪的衰落与其说是因为受到外来的批评,不如说是它自身造成的。正如利科所说,修辞学在十九世纪中叶已经变成一门"死学科",那时大学基本上不再教授修辞学,但我们只要看看十八世纪修辞学的状况,就会明白修辞学为何会走向死亡。那时修辞学已经被归结为对修辞格的研究以致修辞学成了比喻学,而比喻最终又被归结为隐喻、换喻与提喻这三种修辞格。这样一来,修辞学成了植物分类学式的东西。修辞学自己主动切断了与哲学、逻辑学和诗学的联系:它不再关心自身以外的东西,也不想借用其他领域的方法,更不想追问自身概念的合理性。修辞学的历史乃是不断萎缩的历史,

---

[1] Paul Ricoeur, *La métaphore vive*, Paris: Edition du Seuil, 1997, p.15.
[2] 洛克:《人类理解论》下卷,关文运译,北京:商务印书馆,1983年,第497页。
[3] 莱布尼茨:《人类理智新论》,陈修斋译,北京:商务印书馆,1982年,第112页。

修辞学在被归结为它的一个部分时也同时丧失了通过辩证法把它与哲学联系起来的纽带；随着这种联系的丧失，修辞学变成了一门不定型的无用的学科。当将修辞格进行分类的兴趣完全取代了给广泛的修辞学领域赋予生机的哲学观念时，修辞学也就死亡了①。

经过一个多世纪的沉寂之后，西方学界掀起了重建修辞学的运动。在二十世纪下半叶，不仅开始出现一批新修辞学家，而且有部分哲学家参与到重建修辞学的努力中。有的学者（如 Prieto 和 Ch. Muller）甚至引入了统计学方法来探讨修辞格问题。早在1964年，罗兰·巴尔特就主张"用结构主义方法重新思考修辞学的问题"②。最引人注目的事件是所谓的新修辞学派的诞生。狭义的新修辞学就是指比利时列日（Liègc）学派提出的修辞理论，这种理论不仅在结构语义学的基础上更新了古典修辞学的分类学计划，而且提出了许多革命性的概念，如"修辞学零度""义位转换法""修辞学间距"等。它明确提出把隐喻建立在形象化表达的概念基础上并试图建立一种形象化表达的修辞学。按列日学派的看法，"隐喻严格说来并不是意义的替代，而是对一个词项的语义内容的改变，这种改变源于两种基本活动——义素的补充与隐匿的结合。换言之，隐喻是两种提喻的产物③。

通过对隐喻问题的思考，哲学与修辞学重新找到了彼此的交汇点。尼采、海德格尔、伽达默尔、波格勒（O. Poeggeler）、阿多尔诺、罗蒂、利科、德里达等人都对修辞学表现过极大的热忱，对隐喻问题的关注无疑是产生这种热忱的动力。二十世纪的科学哲学也出现了修辞学的转向。伽达默尔甚至断言"哲学就是修辞学"。1976年他发表了著名的讲演，题为"修辞学与诠释学"。在他看来，理解与解释是诠释学与修辞学的共同领域，这两个学科原本是同根同源的。在当代众多的哲学家中，伽达默尔可能是强调哲学与修辞学合流的最极端化的例子。由于他模糊了哲学与修辞学的区别，他自然遭到了许多人的

---

① Paul Ricoeur, *La Métaphore vive*, Paris: Éditions du Seuil, 1975, pp. 3-14.
② Roland Barthe, "Rhétorique de limage", *Communicatians*, No. 4, 1964, pp. 82-100.
③ J. Dubois et al., *Rhétorique général*, Paris: Librairie Larousse, 1970, p. 106.

批评。

实现哲学与修辞学联姻的一次主要事件是1978年在芝加哥大学召开的一次以"隐喻:概念的跳跃"为题的会议。保罗·德曼、戴维森、哈利斯、利科、哥德曼、布莱克、博斯(W. Booth)、柯亨(T. Cohen)等著名学者参加了这次会议。他们为何要选择"隐喻"这个原本属于修辞学领域的论题展开讨论呢?据柯万(J. Cowan)的解释,这是因为隐喻"渗透了语言活动的全部领域并且具有丰富的思想经历,它在现代思想中获得了空前的重要性,它从话语的修饰的边缘地位过渡到了对人类的理解本身进行理解的中心地位"[①]。实际上,隐喻不仅是修辞学和诗学的中心问题,而且成了哲学、心理学、艺术史、神学、语义学、翻译学、逻辑学等学科无法回避的问题。

二、隐喻诠释学的基本旨趣

哲学为什么要关注隐喻?

从大的方面看,哲学与修辞学既然同根同源,它就不能不关注与它同根的修辞学的中心问题——隐喻问题。在西方学术史上,隐喻理论是微缩的修辞学,它的兴衰表征着修辞学的兴衰。从亚里士多德对隐喻的定义(他把隐喻定义为名称的转移)和分类到马克斯·布莱克对模型与隐喻的关系的分析,再到新修辞学家们将隐喻解释为语义的隐匿与补充,对隐喻的每一次深入的认识都影响到对其他修辞格的解释。隐喻理论的繁荣也相应地反映了修辞学的繁荣。隐喻是修辞学的难点,突破了这一难点其他问题就可以迎刃而解。

另一个显而易见的事实是,古代的哲学家都偏爱以隐喻的方式谈论哲学,在中国如此,在西方同样如此。哲学关注隐喻既表明了哲学的自觉,也反映了哲学通过反思自己最早的表现形式而寻求自身的根据的努力。即使是在实证精神大畅其道的现代哲学中,仍有一些哲学

---

① Sheldon Sacks (ed.), *On Metaphor*, Chicago: The University of Chicago Press, 1978, p. 1.

家精心守护着隐喻的王国。尼采、晚期的海德格尔、巴什拉、德里达、巴达耶、扬凯列维奇就是最好的例子。他们不仅以隐喻的方式谈论隐喻,而且从隐喻中找到了最适合自己的思想表达方式。这些表达方式反过来成了文本解释策略的一部分。同时,那些以对语言的逻辑分析见长的哲学家,如奎因、戴维森、哥德曼、哈利斯、塞尔等人也都不约而同地关注隐喻。因为在他们看来,隐喻是一种普遍的语言现象,甚至有人认为语言都是隐喻。奎因在《关于隐喻的附言》中说,隐喻虽然是在娱情悦性的散文和高度诗意化的艺术中繁荣起来的,但它在科学和哲学的正在扩大的边缘地带也显得生机蓬勃。科学本身甚至也常常使用隐喻式语言(如"光波""克隆""原子""以太"等)。"沿着科学的哲学边缘,我们可以找到质疑基本的概念结构以及探索再造它们的方式的各种理由。旧习语在这里对我们必定无济于事,只有隐喻才能开始描述新秩序。如果这一冒险取得了成功,那么,旧隐喻也许会死亡并且永存于保持字面意义的新习语中,而这种新习语适应着变化了的视角。"①

但是,哲学关注隐喻还有更深层的原因。按传统观点,隐喻仅仅起修饰作用而不能表达真理。利科提出了"隐喻的真理"概念。对他来说,隐喻不仅仅是名称的转移,也不仅仅是反常的命名(dénomination déviante)或一些学者所说的对名称的有意误用,而且是语义的不断更新活动。哲学归根到底是对意义的探究,而隐喻是意义之谜,哲学不揭示隐喻的秘密就不能在意义的探究方面取得突破性的进展。

利科认为,隐喻不仅具有修辞学的意义,而且具有本体论和认识论的意义。隐喻不仅是一种命名事件或词义替换,而且涉及语词之外的"世界"。隐喻是一种述谓活动(predication),它只有在陈述中才有意义,而陈述是离不开语境的。语词之所以是活的,恰恰是因为它向"生活世界"开放。不但如此,"隐喻不是话语的某种装饰。隐喻远不

---

① W. V. Quine,"Apostseript on Metaphor", Sheldon Sacks (ed.), *On Metaphor*, Chicago: The University of Chicago Press, 1978, pp. 159-161.

只有一种情感意义。它'包含新的信息'。实际上,通过'范畴错误',新的语义领域就从一些新的关系中诞生了。简言之,关于现实,隐喻提出了一些新的说法"①。这就意味着,隐喻并非与现实无关,相反,它是贴近现实的,只不过是以曲折的方式贴近现实而已。但要揭示隐喻与现实的复杂关系,我们就不得不明确隐喻陈述的指称功能。利科根据弗雷格的看法,确认在任何陈述中都可以区分意义与指称。意义是陈述表达的内容,指称是陈述表达的相关对象。陈述所表达的内容是内在于陈述的,它所涉及的对象则超出了语言之外。由此推知,隐喻陈述的指称并不是语言自身,而是语言之外的世界。

正是基于上述的考虑,隐喻诠释学突破了古典修辞学仅从语词自身来讨论隐喻的框架。它根据雅可布逊的"一分为二的指称"这一概念,进一步提出了二级指称的假设并用这种假设来解释隐喻的真理是如何可能的。既然隐喻陈述有字面意义和隐喻意义,那么,它也就相应具有两类指称:一类是字面上的指称,另一类是隐含的指称。隐喻实际上是对现实的重新描述。这种重新描述之所以可能,恰恰是因为它悬置了第一级指称而让第二极指称发挥作用。但第一级指称并非可有可无,它是一种桥梁和中介,通过它,意识才能顺利地过渡到第二级指称。第二级指称之所以能发挥作用,也正是因为两类指称之间具有相似性。我们把握隐喻的过程也就是由第一级指称过渡到第二级指称的过程,或者说是由"显"进入"隐"的过程,是忘却第一级指称的过程。比如,当我们说杨丽萍是一只孔雀时,我们显然并不真的认为她是一只实际上的孔雀,而是说她通过舞蹈再现了孔雀的形态和神韵。因此,"孔雀"在这里仅仅是第一级指称。我们要由此通达孔雀所代表的美感。

对隐喻诠释学来说,在隐喻陈述中语词之间的张力,特别是字面解释与隐喻解释之间的张力创造出新的意义。但隐喻并不是通过创造新词来创造意义,而是通过违反语词的日常用法来创造意义。隐喻

---

① 见胡景钟、张庆熊主编:《西方宗教哲学文选》,尹大贻等译,上海:上海人民出版社,2002年,第586—597页。

对意义的创造是在瞬间完成的,而不是记载在词典中。真正的隐喻都是新颖的隐喻。新颖的隐喻只是反复多次后才变成死隐喻。存在于词典上的隐喻都是死隐喻而不是活隐喻。真正的隐喻可以解释但不能翻译,因为它维持着语词的张力,维持着字面意义与隐喻意义的张力,它不断创造新意义,翻译是无法穷尽这些不确定的新意义的。从根本上讲,语言的隐喻使用最能体现词义空间的扩大。哲学离不开语词,语词是隐喻意义的效果的载体。"正是语词在话语中确保了语义的同一性的功能:隐喻所改变的正是这种同一性。因此,重要的是表明,在被理解为整体的陈述的层次上形成的隐喻如何'聚焦'于语词。"①但顺着利科的思路,我们不难发现一个事实,隐喻虽然以语词为指称单元,但它只有在语句中才能发挥作用,而对隐喻的理解脱离了语境和话语几乎是不可能的。隐喻既可以成为理解的障碍,也可以成为通达新的理解的桥梁。诠释和翻译的最大困难莫过于如何面对隐喻。就像"隐喻"这个词在希腊文中本身就是隐喻一样,隐喻的诠释和诠释的隐喻合而为一。从语源学上讲,许多哲学词汇原本就是隐喻。也许是基于这一点,海德格尔断言,形而上学与隐喻有着内在的关联。海德格尔甚至说,"隐喻仅仅存在于形而上学中",但"海德格尔对隐喻的使用最终比他对隐喻的附带批评更为重要"②。

我们千万不要以为,仅仅因为隐喻陈述包含着本体论的意义,以利科为代表的哲学家才去关注它。在我看来,隐喻不但包含意义的最大秘密,而且以一种似乎不太合乎逻辑的方式表达着准逻辑的真理。隐喻并不只起修饰的作用,它也能以形象的方式传达真实的信息,因为隐喻陈述是以逻辑上的基本语句为基础的,从根本上讲它至少不是反逻辑的。它所传达的真实仍是一种出自本源的真实,因而是一种虽不同于逻辑真实而又隐含逻辑真实的真实。譬如,当我说"汪堂家是一根竹竿"时,我是要向大家传递一个信息:江堂家是一个瘦子。如果汪堂家是一个大胖子,你却说他是一根竹竿,你的断语显然是错的。

---

① Paul Ricoeur, *La métaphore vive*, Paris: Éditions du Seuil, 1975, p. 9.
② 同上书,第 358 页。

由此可见,隐喻中也包含着真实。在两种隐喻中还存在哪个更真实的问题,这就是我所说的隐喻的真实度问题。但你要判断隐喻是否真实以及隐喻的真实程度,你就不得不超出隐喻语词或隐喻陈述本身而涉及其指称对象。这样一来,对隐喻的深入探讨不可避免地触及指称理论,广而言之,触及符号学理论和语言哲学。

正因如此,利科说自己对隐喻的探讨始于古典修辞学,经过符号学和语义学,最后到达诠释学。但隐喻诠释学构想还包含对隐喻过程的讨论,包括对隐喻与认知、情感和想象过程的关系的讨论。"如果一种隐喻理论没有说明情感在隐喻过程中的地位和作用,那么,它是不完整的。"[①]而想象的功能之一便是,为一分为二的指称所特有的悬置提供具体的维度。在隐喻里,情感具有形而上的意义,它是"此在"的存在方式。情感具有非常复杂的意向结构,它不仅是内在状态,而且是内在化的思想。隐喻所激起的情感消除了认知者与认识对象的距离,但并不取消思想的认知结构以及它所暗示的意向性距离。隐喻提供了不可译的信息。许多人正是基于这一点说诗歌不可译。隐喻也通过某种程度的虚构来重新描述现实。由于隐喻的形象性,它能把呈现的意义"置于眼前"。文本因隐喻而变得生动,因为它通过给文本提供形象而使话语显现出来。形象为语言提供了内在空间。根据新修辞学家托多罗夫(T. Todorov)的定义,"形象"体现了话语的可见性(利科称之为"隐喻的图型化特征")。因此,我们也可以说,话语因为使用了隐喻而具有可见性。我想,隐喻能动人情感、引人想象、促人认知,其秘密大概就在此。

"隐喻不是奥秘,而是奥秘的解答。"[②]为什么说它是奥秘的解答呢? 因为它透露了相似性在形象化表达中的作用,也透露了相似性在语义更新中的作用。亚里士多德曾说,最好的比喻就是发现相似性。隐喻的意义载体不仅是语词而且是整个句子。隐喻绝不只是名称的

---

① Paul Ricoeur, "The Metaphorieal Proeess as Cognition, Imagination, and Feeling", Sheldon Sacks (ed.), *On Metaphor*, Chicago: The University of Chicago Press, 1978, pp. 141–158.

② 同上。

转移或替换,而且是逻辑上的主辞与谓辞的互动关系。传统的修辞学家们往往把隐喻过程看作语词偏离原有意义的过程。但是,正是由于相似性和想象发挥着重要的作用,隐喻过程才能发生。隐喻之所以给人以惊奇感、新颖感,也恰恰是因为隐喻把两个本来相距遥远的东西放在一起,隐喻实质上利用了两个事物之间的相似性。

三、隐喻诠释学的多重效应

隐喻诠释学具有多重效应。随着时间的推移,这些效应将会日益明显地表现出来。它对修辞学的意义是显而易见的,因为它不仅突破了古典修辞学和新修辞学仅仅把隐喻作为一种比喻、作为与提喻和换喻并列的修辞格这一修辞学的古老框架,而且赋予隐喻以广泛的文化意义,特别是本体论意义和认识论意义。隐喻不仅体现了一种复杂的语言结构,而且暗示了思想和现实的深层结构。由于隐喻既有话语的修饰功能又有指称现实的功能,隐喻提供了关于现实世界的信息,甚至提供了关于现实世界的知识与真理。"同样,由于隐喻的意义不但没有废除反而保留了字面意义,隐喻的指称保持了它所暗示的日常视域与新视域的张力。"[①]隐喻解放了人们谈论现实和解释现实的另一种能力,即以客观的可操控的世界反衬那不可操控的生活世界的能力;隐喻传达了人对世界的基本经验,这种经验揭示了有意犯的错误背后隐含着的真理。著名哲学家和文艺理论家哥德曼常把"字面的错误"与"隐喻的真理"放在一起使用,正是对利科的隐喻诠释学关于"字面的错误是隐喻的真理的一个组成部分"的观点的最直接的响应。

不但如此,隐喻诠释学还通过提出"隐喻的真理"概念打破了那种认为只有科学语言才表示实在的神话。赫斯(M. B. Hesse)在《科学中的模型与相似性》中把隐喻视为对现实的"重新描述"。马克斯·布莱克(M. Black)的《模型与隐喻》则认为隐喻起着模型似的作用。基

---

① Sheldon Sacks (ed.), *On Metaphor*, Chicago: The University of Chicago Press, 1978, pp. 141-158.

于此,利科的《活的隐喻》有时把隐喻视为对现实的启发式的虚构或"创造性的模仿"。通过这种虚构或模仿,我们可以发现事物之间的、以同构性为特征的新型关系。作为对现实进行重新描述的工具,隐喻像模型一样反映着现实的结构。为进一步说明这种结构,利科区分了比例模型、类比模型和理论模型,并用理论模型去说明隐喻与现实之间的同构关系。然而,也正是在这一点上,二十世纪下半叶的一些科学哲学家发现对现实的科学解释(科学常用模型来解释自然现象)与隐喻解释之间具有根本上的一致性。从这种意义上说,隐喻诠释学实质上是对科学哲学的第三次转向即修辞学转向的有力呼应和补充。

更为重要的是,隐喻诠释学不仅大大扩展了传统的真理概念,而且从根本上深化了宗教论释学对理解的理解以及对解释的解释。众所周知,几乎所有的原始宗教经典都充满了隐喻,如果不能对这些经典的隐喻进行合理的解释,宗教文本就难以理解。传统的释经学正是在这一点上遇到了难以克服的困难。诠释学的一个重要任务就是消除解释和理解过程的神秘性。解释既是对意义的回忆,又是在进行怀疑或猜测,而怀疑的反面就是相信,相信的极致就是信仰。"为理解而相信,为相信而理解"[1]乃是宗教现象学的铭言,也是宗教诠释学的铭言。相信与理解互为前提,它构成了宗教诠释学的一种循环。

对经典的理解无疑是解释的先决条件。然而,释经者的有效解释又反过来加深对经文的理解。在经文的隐喻中包含着解释的最大秘密。因为经文的隐喻是有张力的隐喻,这种张力既决定了隐喻的可解释性,也决定了解释的不确定性。但如果不能给经文提供确定的解释,信仰就会发生动摇。因此,问题的关键在于找到文本的本意与新意的连接点。这种连接点处于字面解释与隐喻解释的内在关联中。利科指出:"隐喻并不存在于自身中,而存在于解释中。隐喻解释预设了一种字面意义要被摧毁。隐喻解释在于将一种战胜自身的意外的矛盾转变为一种有意义的矛盾。正是这种转变将某种扭曲强加到语

---

[1] Paul Ricoeur, *De l'interprétation*, *Essai sur Freud*, Paris: Éditions du Seuil, 1965, p. 38.

词上去。……因此,隐喻就是在字面上所解释的陈述的某种不连贯的答案。"①

众所周知,以布尔特曼(R. Bultmann)为首的当代基督教神学的诠释学方法在很大程度上仍然受到施莱尔马赫和狄尔泰的浪漫诠释学传统的影响,这一传统强调到文本背后去寻找文本的意义。以利科为代表的后浪漫诠释学或批判诠释学强调意义不在文本之后而在文本之前,强调解释并不限于文本的内在意义,而是要展示作品所投射的世界。以这种观点为根据的隐喻诠释学方法被一些宗教哲学家和神学家成功地用来解释《圣经》的某些章节,特别是其中的神迹与寓言。这一事实已经部分地证明隐喻诠释学的有效性。如 Dav Tracy 指出:"不管利科的立场有何特殊性,他都表现了上述《新约》研究新出现的共识。因为不管如何解释寓言式的隐喻,解释者必须使用某种张力理论或互动理论而不是替代理论去充分理解'上帝的王国'像什么样子。"②

隐喻诠释学的深远效应还表现在文学批评方面,尤其表现在诗学方面。因篇幅所限,在这里我只想指出,隐喻诠释学从根本上改变了传统诗学对诗歌语言与现实的关系的看法。长期以来,文学批评家们一直认为诗歌语言的功能是与隐喻紧密联系在一起的,但是他们否认以隐喻性为特征的诗歌语言能够表达语言之外的某种实在,相反,他们认为"悬置"实在恰恰是诗歌语言发挥作用的前提。从雅可布逊的《语言学与诗歌》到刘易斯(G. D. Lewis)的《诗歌的意象》,再到弗莱(N. Frye)的《批评的剖析》,这种倾向似乎没有表现出减弱的迹象。利科通过他的隐喻诠释学与柯亨、保罗·德曼、哈利斯和哥德曼等人一起达成了一种共识:诗歌语言与科学语言都涉及实在,只不过前者是以不同于后者的方式涉及实在;诗歌语言是一种话语策略,它通过抑制或取消语言的日常指称来重新描述现实。利科上承海德格尔,重

---

① 参见胡景钟、张庆熊主编:《西方宗教哲学文选》,尹大贻等译,上海:上海人民出版社,2002年,第587—597页。
② David Tracy, "Metaphor and Religion", Sheldon Sacks (ed.), *On Metaphor*, Chicago: The University of Chicago Press, 1978, pp. 89–104.

新提出了隐喻的本体论意义问题和隐喻的真理问题,从而大大拓展了诗学的视野。利科的观点实际上也是对诗人艾略特的诗歌创作实践及其理论总结在哲学上的呼应。对艾略特而言,诗歌不仅表达一种经验,不仅具有审美价值,诗歌还揭示了更加重要的东西,它帮助个人确定他在世界上所处的位置。对利科来说,不仅诗歌,而且几乎所有的文学文本都涉及作品所确立的世界,理解这种文本就是把我们自己置于作品的世界之前,向那个世界敞开,借此扩大我们自己对世界的理解[1]。著名文艺理论家哈利斯在分析利科的隐喻观时指出,利科是"把隐喻放在这种本体论解释的背景中加以讨论的。以既有的语言衡量,诗歌语言的冲突没有本义,它们不能从既定的东西中抽引出来。新的隐喻乃是'一种语义更新,这种更新在既不作为指称又不作为涵义的既定语言中没有地位'。恰恰因为它没有这种地位,它才有助于让新的世界显现出来"[2]。由隐喻诠释学开启的这种隐喻观念已经成为当今诗学的潮流。

---

[1] Paul Ricoeur, "Metaphors and the Main Problem of Hermeneutics", *New Literary History*, No. 4, 1974, p. 107.

[2] Karsten Harries, "Metaphor and Transcendence", Sheldon Sacks (ed.), *On Metaphor*, Chicago: The University of Chicago Press, 1978, pp. 71 – 88.

第九章 隐喻：翻译与诠释

哲学与隐喻具有不解之缘。早期的哲学大多是以隐喻的方式来表达的。隐喻不仅反映了思想的多样性，而且承载着这种多样性，维系着这种多样性。隐喻与哲学的本源性关系既决定了哲学无法将隐喻排除在自身的视野之外，又规定了哲学得以敞开自身、解释自身、表现自身的可能性形式和叙事条件，也影响了哲学与其他相关学科（如诗学、修辞学、逻辑学、语言学和认知科学）发生关联的方式，更表明了隐喻所带来的语词场域的扩大如何有助于思想空间的拓展，并由此增加生活世界的丰富性。正因如此，尽管自近代以来，一些秉承理性主义精神的哲学家刻意追求单义性的非隐喻语言，但是仍有一些哲学家精心守护着隐喻的王国。以我之见，以隐喻的方式说话其实是人的形而上的本性。即便是那些以对语言的逻辑分析见长的分析哲学家，如蒯因（W. V. Quine）、戴维森（Donald Davidson）、古德曼（Nelson Goodman）、塞尔（John Searle）等，也不得不重视隐喻这种最为复杂的语言现象。正如蒯因在《关于隐喻的附言》中所说，隐喻虽然是在愉情悦性的散文和高度诗意化的艺术中繁荣起来的，但它在科学和哲学的正在扩大的边缘地带也显得生机勃勃。科学本身甚至也常常使用隐喻性语言（如"光波""芯片""硬件"以及将无性繁殖称为 cloning，等等）。"沿着科学的哲学边缘，我们可以找到质疑基本的概念结构以及探索再造它们的方式的多种理由。旧习语在这里对我们必定无济于事，只有隐喻才能开始描述新秩序。如果这种冒险取得了成功，那么，旧隐喻也许会死亡，并且永存于保持字面意义的新习语中，而这种新习语适应着变化了的视角。"①鉴于隐喻对于哲学的重要性,下文将首先表明隐喻过程为何发生以及如何发生,然后以德里达对海德格尔的文本的解读为例,说明隐喻及其翻译和诠释②为什么是扩大语词场域的重要方式。笔者所以用隐喻为纽带将这两个哲学家联系在一起,不仅是因为他们都酷爱自己民族的隐喻式语言,并让自己的思想生根于这种语言,而且是因为他们都试图通过诠释另一种语言的文本,来扩大本民族语言的语词场域和思想空间,并把它作为终身为之奋斗的思想事业。更为重要的是,德里达对海德格尔的解读显示了翻译在思想领域的"筛子效应"和"雪球效应"。前一种效应造成了原有概念的意义丢失,后一种效应造成了原有概念的意义增殖。

一、隐喻的多重解释

"隐喻"这个概念本身就是隐喻的产物。按照西方古典修辞学的解释,"隐喻"(métaphore)意味着名称(phora)的转用。也有人把它解释为反常的命名(dénomination déviante),还有人把它理解为名称的有意误用,甚至有人说隐喻是语义的更新。亚里士多德所代表的古典修辞学传统强调,隐喻含有谜语的意味,隐喻的巧妙在于转义的适当性,而转义的适当性是以隐喻能否体现两个事物的相似性为标准的。用亚里士多德《修辞学》中的话说,"隐喻最能使风格显得清晰,令人喜爱,并且使风格带上异乡情调。此中奥妙是无法向别人领教的。使用隐喻跟使用附加词一样,必须求其适当;只要注意到相似之点就行了,否则就会显出不适合的情况,因为把两件事物并列起来,它们的对立是非常显著的"③。显而易见的是,亚里士多德多半是从效果的角度来

---

① W. V. Quine, "A Postscript on Metaphor", Sacks, Sheldon (ed.), *On Metaphor*, Chicago: The University of Chicago Press, 1978, pp. 159 - 161.
② 关于隐喻的诠释问题,参见汪堂家:《隐喻诠释学:修辞学与哲学的联姻》,载杨大春、尚杰编:《当代法国哲学诸问题》,北京:人民出版社,2005年,第60—76页。
③ 亚里士多德:《修辞学》,罗念生译,北京:生活·读书·新知三联书店,1991年,第152页。

看隐喻,并且是从隐喻对象的相似性来解释隐喻的适当性。然而,仅据相似性并不足以解释隐喻的适当性,也不足以解释隐喻为何能给人以新奇感与愉悦感。实际上,只有将两个相距遥远的事物并列在一起,并用一个事物的名称去指代另一事物,才会产生这种新奇感和愉悦感,让人有所感悟。诗人的天才性在很大程度上也取决于在看上去风马牛不相及的两个事物间敏锐地发现相似性,并以简略的形式说出这一个是那一个(明喻却不直接说"这个是那个")。虽然有人说,隐喻是缩略的明喻,但隐喻的机制显然比这种说法要复杂得多。亚里士多德所代表的古典修辞学在解释隐喻方面的一个重大局限,在于仅从隐喻词的层面,而不从句子乃至整个话语的层面去解释隐喻。即便是解释"A 是 B"这种形式的简单隐喻,古典修辞学也不完全有效。亚里士多德似乎意识到这一问题。为此,他特别提到,只有"使事物活现在眼前"的隐喻才是适当的隐喻。"活现在眼前"意味着什么呢?意味着要有表示活动的语词,如"美国在苦恼""伊拉克在哭泣"。"苦恼"和"哭泣"在这里都能使句子生动起来,灵动起来。而"缲成白雪桑重绿,割尽黄云稻正青"这样的诗句(王安石《木末》)却把隐喻的事物完全掩盖起来了,以致如果没有乡村生活的经验,就很难理解和诠释。这正是当代的"替代理论"(substitution theory)和"张力理论"(tension theory)对这种隐喻现象只能进行部分的有效解释的原因。

然而,隐喻不仅是一种修辞现象,而且是一种认识论现象和存在论现象。从语义层面和语词场域的层面看,隐喻虽然以语词为指称单元,但它只有在语句和语境中,在运用中才能发挥隐喻的作用,对隐喻的理解和解释也相应地要依赖于语境,这种语境可能是不确定的。理解它需要特定文化和生活所造就的特殊经验。比如,"Smith is AC/DC"[①]这个句子,没有英语背景的人是难以理解的。至于上海话中"张三是戆大"[②]这样的句子,即便是一些中国人也未必理解。理解这样

[①] "Smith is AC/DC"指 Smith 糊涂。
[②] "张三是二百五"指张三是个傻瓜。

的句子需要有对该句子所涉及的生活经验的了解,它要求语词表达不仅要提供意义,而且要展示一种经验,一种世界和生活态度。

语词在语句中、在语境中保持了语义的同一性,利科认为,"隐喻要改变的正是这种同一性。因此,重要的是表明,在被理解为整体的陈述的层次上形成的隐喻如何'聚中'于语词"①。一些隐喻性句子就是通过扩充隐喻词的词义范围来达到隐喻效果的。由于词义范围的扩充,原有词义的封闭性被打破了,隐喻词仿佛是一个"索引",引导我们进入一个更加宽广的世界,思想的豁然开朗就在使用隐喻的瞬间得以实现。因此,我们需要深入隐喻的语义层次来探讨隐喻为何拓展了思想的可能性,为何超脱了语言的平庸,为何在一定程度上帮助我们颠覆了庸人的识见。

在语义层次上,如果我们接受一些哲学家对于意义与指称的区分,就会发现隐喻意义其实是隐喻陈述表达的内容,而指称是隐喻陈述表达的相关对象。陈述的内容是内在于陈述的,而陈述的对象则超出了语言自身。但在隐喻中,指称实际上被一分为二,用利科的术语说,隐喻有一级指称与二级指称,它们分别对应于隐喻的字面意义与隐喻意义。字面上的指称是相对固定的、约定俗成的东西。二级指称并不是自明的,而是隐含着的,是使用隐喻的人赋予的。所有单义词只有一个固定的指称,而多义词甚至有多个指称,但隐喻词与多义词不同的是,多义词的指称往往是明显的并且已在一种语言系统中被固定下来,所以它不会产生新奇感。隐喻词的二级指称,通常是隐含在一级指称之后,并需以一级指称作为中介和"索引"。在历史上,不少语词是通过隐喻过程而获得引申义的。比如,法文中的 la tete 一词一开始是用来表示"罐子"的,后来才引申为"脑袋"。德文中的 die Birne (梨、头、灯泡等)也大致经历过同样的过程。虽然我不太赞成比利时列日(Liège)学派用提喻去解释隐喻,但我认为他们用义素(Seme)的隐显关系来解释隐喻是值得我们重视的。他们说:"隐喻严格说来并不是意义的替代,而是对一个词项的语义内容的改变,这种改变源于

---

① Paul Ricoeur, *La métaphore vive*, Paris: Éditions du Seuil, 1975, p. 9.

两种基本活动——义素的补充与隐匿——的结合。"[1]由此我们不难看出,对隐喻的解释意味着揭示被隐去的义素,新的义素则是对原有义素的替补——既替代又补充。新义素以原有义素为条件并为想象留下了空间,也为翻译的不确定性留下了空间。语词场域或词域在这里既取决于语词与一级指称的关系,又取决于二级指称与对象的关系,也取决于两种指称即明确的指称与隐含的指称的关系,还取决于向语词的二级指称过渡的可能性。一般说来,只有当这种过渡比较顺利时,隐喻词的词域才能真正确定。比如,说"张三是一只猴子"比较容易理解,但说"张三是一只母鸡"就不容易理解了,因为后者根本不是一个恰当的隐喻。由此可见,隐喻的词域是由意义与指称的双重关系确定的。

然而,隐喻的一个重要特点是它在许多情况下能显示现实。尽管像戴维森这类哲学家说隐喻并不表达什么、并不断定什么,但我依然认为他的看法有些以偏概全。因为诗歌隐喻中确有某些不做断定,但不少隐喻是对于对象有所断定的,它们提供关于对象的信息。比如,如果张三是一个瘦高个子的人,说"张三是一根竹竿"就是一个恰当的隐喻;反之,说"张三是一只橄榄球"就不恰当了。由此可知,恰当的隐喻是可以提供指称对象的信息的。利科所以提出"隐喻的真理"概念,其原因就在这里。正如他所言,隐喻语言"就像隐喻的其他用法一样涉及现实。但它要通过复杂的策略涉及现实,而这套策略把悬置以及明显地消除依附于描述语言的日常指称作为基本要素"[2]。

隐喻的另一特点是它的生动性与形象性。形象性是隐喻的生命。"There is a garden in her face"(她脸上有个花园,她笑靥如花)这个隐喻就体现了上述特点。隐喻的形象性让人产生联想,而联想的广度与深度是与语词场域有关的,语词场域越广,词义空间越大,人的想象的可能性越大。因此,使用隐喻是能培养想象力的。但是,隐喻让人产

---

[1] J. Dubois, F. Edeline, J. M. Klinberg, P. Minque, F. Pire and H. Trinon, *Rhétorique général*, Paris: Librarie Larousse, 1970, p.106.
[2] 利科:《作为认知、想象和情感的隐喻过程》,曾誉铭译,《江海学刊》2005年第1期。

生怎样的联想还取决于听者或读者的感受力、想象力与理解力,取决于他们已有的知识和生活经验。从这种意义上说,隐喻最能体现语言的开放性和不确定性。隐喻不仅使隐喻语词向其他语词开放,从而造成更深更广的互文性(intertextuality),而且向生活世界开放,向人的情感、想象和思维开放。通过这种开放,隐喻产生了多种效应并且在不断的运用中丰富语言、思想和生活的意义。从最终意义上讲,隐喻不仅有修辞的功能,而且在大部分情况下能不同程度地指称现实。"由于隐喻的意义不但没有排除反而保留了字面意义,隐喻的指称保持了它所暗示的日常场域与新场域的张力。"①隐喻是对思想的解放,也是对想象力的解放。隐喻解放了人们理解现实和解释现实的能力,即以客观的可操控的语言世界反衬那不可操控的生活世界的能力;隐喻传达了人对世界的基本经验,这种经验揭示了语词的有意"误用"(隐喻被有些人定义为语词的有意误用)背后隐含的真理。

二、隐喻的可译性、不可译性与可理解性

隐喻可译吗?如果说它可译,它在多大程度上可译?这是翻译宗教文本、哲学文本,特别是诗歌文本时不可回避的问题。不少人认为隐喻可以解释,但无法翻译。也有人认为包含着隐喻的诗歌所以不可翻译,在很大程度上是因为隐喻不可翻译。隐喻真的不可译吗?至少"老人是麦秆""上帝是爱"这类隐喻是可译的。因此,我们不能笼统地说隐喻不可译。但"张三是二百五""Smith is AC/DC"这类隐喻的确难以翻译。早在几十年前,耶鲁大学的哈利斯(Karsten Harries)教授就断言,"大多数诗歌隐喻抵制翻译(resist translation)"②,其原因既在于隐喻的内容难以从一种语言转达为另一种语言,也在于诗歌的发音模式(如押韵、声音的连缀)无法通过另一种语言再现出来。然而,我们应当记住的一点是,翻译固然有直译与意译之分,但也有"浅译"

---

① 利科:《作为认知、想象和情感的隐喻过程》,曾誉铭译,《江海学刊》2005年第1期。
② 哈利斯:《隐喻的多重用法》,汪堂家译,《江海学刊》2006年第2期。

与"深译"之别。对隐喻的翻译究竟采取直译还是意译,要看隐喻的复杂程度。从某种意义上讲,翻译过程本身就是一种隐喻化过程。布莱克(Max Black)所以把隐喻的翻译看作同一种隐喻的不同例证,其原因就在于翻译本身就是名称转用,即用不同方式述说同一意义。但隐喻的翻译还有一个特殊之处,即它不单单是传达浅层意义,它还要让人想到潜在的意义,想到言外之意。只有进行"深译",人们才能由字面意义通达它的隐喻意义。比如,我们常用"文如其人"去对译法文的"le style est l'homme",在此,法文中的隐喻在中文中转变成了明喻,这不免让人遗憾。但如不这样译就难以体现其意思。法文中有句成语"quand on parle du loup, on en voit la queue",按照直译,可翻译为"人们谈论狼时就看到了狼的尾巴",而实际意义相当于我们所说的"说曹操,曹操到"。前者是浅译,后者是深译。但为了照顾到字面意义,现在大家通常把这两种翻译并列。

可译性与不可译性的区分不是绝对的,在隐喻方面同样如此。虽然在特定的语言系统中,"可译性是不可译性的暗示,是不可译性的索引。随着认识的深化和语言自身的衍生性,不可翻译的东西最终仍可转化为可翻译的东西"①。我相信,隐喻翻译的可能性存在于隐喻解释的可能性中。利科在一篇著名的论文中甚至断言,"隐喻并不存在于自身中,而存在于解释中。隐喻解释预设了一种字面意义要被摧毁。隐喻解释在于将一种战胜自身的意外的矛盾转化为一种有意义的矛盾。正是这种转变将某种扭曲强加到语词上去……因此,隐喻就是对在字面上解释的陈述的某种不连贯的答案"②。简单地说,解释既是对意义的回忆,又是对新意义的猜测。之所以说它是回忆,是因为解释者首先需要理解隐喻词语的字面意义,他在理解字面意义时,已经在心中再现某一语词与原有对象的指称关系或意向关系。这里所说的理解,其实意味着读者把握了陈述或句子与意向内容之间业已存在的

---

① 汪堂家:《可译性、不可译性与思维方式的转换》,《辞海新知》2001年第7辑,第16页。
② 利科:《语言的隐喻使用》,佘碧平译,载胡景钟、张庆熊主编:《西方宗教哲学文选》,上海:上海人民出版社,2002年,第589页。

约定俗成的关系。按照维根斯坦的说法,"我们是在一个句子可以被另一个表达同样内容的句子所替换的意义上说我们理解了这个句子,我们也是在这个句子无法被任何其他句子所替换的意义上说我们理解了这个句子"①。但维根斯坦在这里突出了理解的唯一性和排他性。实际上,理解——尤其对隐喻的理解——可能存在某种模糊性或多样性,因为单义性的语词毕竟是少数。在很大程度上讲,维根斯坦是根据陈述或解述(paraphrase)②来界定理解,这反而使对理解的理解更难理解。对哲学和诗歌隐喻的理解重在领会新意义,此处所说的新意义其实是指隐喻义。许多隐喻所以难以解释,确是因为其隐含的"义域"不明确。连"义域"都不明确,我们怎能指望做出精确的界定呢?在诗歌隐喻和哲学隐喻的解释中,猜测始终先行于真切的理解。其解释的有效性恰恰源于我们超越对事物的真实描述的限制。正如哈利斯所说,"哲学的隐喻是偶然的、不确定的,它们需要解述和解释,这种解释的目的在于承认特殊的隐喻是必不可少的。诗歌隐喻也需要解释。但在这里,解释的目的不是承认隐喻的偶然性,而是承认隐喻的必然性"③。哲学隐喻推动哲学与文学的合流。虽然隐喻在哲学文本和文学文本中的作用可能有所不同,但它的确造成了哲学与文学的边缘地带。哲学的确不必非得依赖隐喻来说话,但它也发现隐喻可以成为思想表达的一种方式。虽然它只是许多方式中的一种,但它可以最大限度地扩大语词的意义空间和思想的空间。当日常的烦恼和机械的计算正在占据我们的意识时,当追求单义性的语言正在成为具有实证精神的学者的基本目标,并日益被我们的时代普遍接受时,重新唤起对隐喻语言的热情的确具有解放的意义。伽达默尔说,对语言的隐喻使用不仅体现了语言的游戏性质,而且具有方法论上的重要性④。

---

① Ludwig Wittgenstein, *Philosophical Investigations*, trans. by G. E. M. Anscombe, New York: The Macmillan Company, 1953, pp. 143-144.
② 关于解述与解释的区别,可参见陈嘉映:《语言哲学》,北京:北京大学出版社,2003年,第366页。
③ 哈利斯:《隐喻的多重用法》,汪堂家译,《江海学刊》2006年第2期。
④ 参见伽达默尔:《真理与方法》,洪汉鼎译,上海:上海译文出版社,1999年,第132页。

这里所说的方法论上的重要性不仅是就文本的解释而言，而且是就解释者的自我理解而言。哲学理解是对隐喻进行解释的先决条件，但解释也为我们的理解提供了进一步的可能性。后一点不仅适用于一般意义上的文本，而且适用于哲学文本和文学文本。虽然利科断言哲学话语是意义扩展的警觉卫士，但隐喻进入哲学话语使意义的扩展成为必要。

三、隐喻与形而上学解释

海德格尔如何对待隐喻呢？他一方面批判传统形而上学，并认为隐喻只存在于形而上学的范围内[①]；另一方面，正如利科评论的那样，"海德格尔对隐喻的不断使用比他对隐喻的批评更为重要"[②]。他之所以要批评隐喻，是因为隐喻所包含的预设与形而上学的预设是同一过程的两个方面。这一点体现在，以隐喻理论为支柱的古典修辞学传统与西方形而上学基于同一种思维模式，即先假定可见领域与不可见领域的根本分野，然后断定思想就是从可见的领域过渡到不可见的领域，而隐喻恰恰被视为由本义过渡到比喻义，前者是可见的方面，后者则是不可见的方面。海德格尔将这一过程称为 Übertragung。Übertragung 隐含着视觉中心主义的观念，这种观念既导致了许多视而不见的情形，也导致了对听的忽视。为此，海德格尔常说，我们看（sehen）得很多，但我们 erblicken（领会，此词在德文里也与看有关）得很少。原因是，Sehen（看）未能上升到洞见（Einblick）的程度。作为洞见的领悟也就是听（Hören），它意味着把特定的重音（Betonung，此词的隐喻义即"强调"）保留在耳朵中。重音让我们感受到"是"与"根据"（Grund）之间的协调（Einklang 亦有共鸣的意思）。思想则是通过洞察而把握被听到的东西，或者说，是通过耳朵而领会，通过观看而把

[①] 海德格尔在《根据律》第六章对此问题做了比较多的论述，参见 Martin Heidegger, *Der Satz vom Grund*, Pfullingen: Neske, 1957, S. 77–90。

[②] Paul Ricoeur, *La métaphore vive*, Paris: Éditions du Seuil, 1975, p. 357.

握。因此,海德格尔说,思想就是听和看。

令人惊奇的是,海德格尔一面批评隐喻如何成了形而上学的工具,一面又在以隐喻的方式谈论隐喻。他大半辈子都在与隐喻作斗争,大半辈子又在使用隐喻述说着自己的思想。当他考察"是"与"根据"的关联时,他本人也承认他是在使用隐喻。比如他认为,如果思想意味着听和看,那只是在转义上说的,因为只有在隐喻的意义上、比喻的意义上,我们才可以将思想称为听以及通过听而进行的把握,也才可以将思想称为看以及通过看而进行的把握①。换言之,他所说的"听"不仅指"用耳听",而且指"心观"。感性的听与看要在非感性的"听"和"看"中得到深化、升华和理解。人的"听"与"看"一开始就与思想相关联,我们的"思想"规定了听与看的方式以及听与看彼此协调的方式。海德格尔以隐喻的方式来强调"思着的听"和"听着的思"大致是有感而发的,因为现代人越来越忽视听。不仅学者们这样,普通人也这样。听鸟语闻花香(请注意中文的"闻"字)似乎成了一种奢侈,更何况现代的花已经被改造得不香了——人们可以"招花",但是不能"引蝶"。与听相关的另一件事情是,现代人,尤其是成年人,越来越不喜欢"读书"——真正意义上的"读书",口眼并用的"读书"。我们常说自己是读书人,其实只是看书人,而非本来意义上的读书人,因为我们只用眼,而不张口。原因何在?原因在于看与听的分离以及它们与思想的分离。

海德格尔之所以在批评传统形而上学的同时附带地批评隐喻,自然是因为形而上学由可感知的方面过渡到不可感知的方面与隐喻由本义过渡到比喻义,存在着惊人的一致性。前一种过渡对自柏拉图以降的西方思想史具有决定意义,后一种过渡对于我们描述语言的存在的方式具有决定意义。因为后者,人们才将隐喻作为解释诗歌作品、艺术作品的辅助手段。然而,正如我们只有用隐喻的方式才能谈论隐喻一样,我们只有用解释隐喻的方式才能解释形而上学,这不单单是因为隐喻与形而上学在本质上的关联,而且是因为我们批评形而上学

---

① Martin Heidegger, *Der Satz vom Grund*, Pfullingen: Neske, 1957, S. 77 - 90.

时需要一只脚站在形而上学之内,另一只脚站在形而上学之外;只有一只脚站在形而上学之内才能避免对形而上学做隔靴搔痒式的批评,只有一只脚站在形而上学之外才能看清形而上学的全貌。但是,批评隐喻的最好方式是把隐喻贯彻到底,使隐喻不再限于字面意义与隐喻意义的二元对立,而这种对立恰恰是传统形而上学思维方式的表征。因此,海德格尔需要以一种更加开放的态度,以更加宏远的心思,以更加宽广的视野去审视、解释和批评隐喻。这一点刚好与他的另一个抱负密切相关。这个抱负就是扩大德语的语词场域,而扩大语词场域的一个方式就是在不增加新词汇的情况下,经济地使用现有的词汇。正如莱布尼茨早就注意到的那样,假如人们不遵循经济的用词原则,我们需要的词汇将多得不可计数,人们的学习和交流将变得非常困难。在现代社会,为了减缓词汇量的爆炸式增长(仅英语单词就有 200 多万个),扩大有限语词的意义空间显得十分紧迫。海德格尔反常地使用一些语词,不断地对特拉克尔(Georg Trakl)、里尔克(Rainer Maria Rilke)和荷尔德林(Friedrich Hölderlin)等人的诗歌和一些艺术作品进行解释,他的解释既显示出诗意的重要性,也隐含着扩大语词场域和意义空间的意图。从《存在与时间》到许多晚期著作,我们随处都可以看到海德格尔对不同文本的隐喻性解释,掌握这一特点是理解海德格尔中晚期著作的关键。针对海德格尔对隐喻的隐喻性解释,利科这样写道:"就其运用于诗歌作品或艺术作品的解释而言,重要的与其说是隐喻陈述本身,还不如说是解释的独特风格,即比喻性的解释,这种解释实际上与对可见物与不可见物的'形而上学'区分相一致。"① 不过,海德格尔对隐喻文本的隐喻性解释还只是他显示诗性智慧和扩大语词空间的一个方面。他还以他独有的方式创造自己的隐喻,对这种隐喻的解释不仅考验我们的耐心,而且检验我们能否像作者一样深刻体验一个时代的痛苦、悲愁、困局与危险。在这里,我们姑且引用海德格尔在《诗人何为》中解释里尔克和荷尔德林的诗时所写的一段话,在海德格尔的许多文本中这是一段并不十分玄奥的文字,但道出了技术

---

① Paul Ricoeur, *La Métaphore vive*, Paris: Éditions du Seuil, 1975, p. 357.

的本质,道出了危险与拯救应当如何从人的本质处被我们所理解:

> 技术之本质只是缓慢地进入白昼。这个白昼就是变成了单纯技术的白昼的世界黑夜,这个白昼是最短的白昼,一个唯一的无尽头的冬天就用这个白昼来进行威胁。现在不仅人失却了保护,而且整个存在者的未受伤害的东西也仍在黑暗之中。美妙事情隐匿自己,世界变得不美妙了。①

海德格尔经常追问技术之本质。花朵、矿藏、钱币、动物乃至人的身体都成了技术本质的见证。在下面一节中我们可以从德里达对"海德格尔之手"的隐喻解释进一步看到,对隐喻的隐喻性解释如何表现了技术本质之展开,及其对思想和人的本质的深刻影响。

四、从德里达对"海德格尔之手"的解释看隐喻理解的复杂性

德里达虽然同情海德格尔对传统形而上学的批评,并认为隐喻在制造传统的形而上学的思维方式方面起到重要作用,但他发现海德格尔对传统形而上学的批评还做得很不彻底。这不但表现在海德格尔只是用一种隐喻式思维方式代替另一种隐喻式思维方式,而且表现在海德格尔仍然保留了对隐喻意义与字面意义的区分,以及对隐喻意义的迷信。海德格尔将隐喻作为扩大语词场域的办法取决于形象化的力量,取决于对语词古义的复活,取决于与隐喻的形象性相关的联想,取决于隐喻在人内心所激起的情感。

为什么说海德格尔只是用一种隐喻式思维方式代替另一种隐喻式思维方式呢?在德里达看来,传统形而上学与隐喻确有本质上的关

---

① 海德格尔:《林中路》,孙周兴译,上海:上海译文出版社,1997年,第300—301页。

联。为此他在《白色神话学》①中断言:"与其说隐喻在哲学文本中……还不如说哲学文本在隐喻中。"在形而上学中隐喻化过程与观念化过程是同一过程的两个方面,它不仅预设了字面意义与隐喻意义的二元对立,而且把前者看作后者的必要条件,甚至看作最为关键的东西,因为它与视觉隐喻直接相关。自柏拉图以来西方形而上学一直为视觉隐喻所支配。从柏拉图的向日喻(Heliotropes)到笛卡尔所说的"自然之光"(la lumière naturelle)或"理性之光",传统形而上学一直在强调"光",强调"看",所有的隐喻都要通过视觉隐喻来理解。比如,"理论"(theoria)一词的本义就是看,"本质"(eidos)一词的古义也指阳光照到的那一面。德里达认为海德格尔从《存在与时间》开始就在不断谈论"听"的重要性,越往后这一倾向越强烈。一方面,"海德格尔并且仅有海德格尔超越了存在-神学并向存在-神学提出了存在问题"②,另一方面,海德格尔在批评传统形而上学时仍然保留了它的残余。这首先在于海德格尔陷入了"逻各斯中心主义"的一种特殊形式即"语音中心主义",因为海德格尔在坚持"存在只有通过逻各斯才能形成历史,并且不处于逻各斯之外"③的同时,通过强调"听",并用"听觉隐喻"来代替"视觉隐喻"而走向了新的形而上学。在《存在与时间》第 34 节中,海德格尔写道:

> Der Zusammenhang der Rede mit Verstehen und Verstandlichkeit wird deutlich aus einer zun Reden selbst gehorenden existenzialen Möglichkeit,aus dem Hören. Wir sagen nicht zufallig, wenn wir nicht recht gehort haben, wir haben nicht verstanden. Das Hören is für das Reden konstitutiv.
> (言谈与理解和可理解性的联系显然源于一种属于言谈本身的存

---

① Jacques Derrida, "Mythologie blanche, la métaphore dans le texte philosophique", *Marges de la philosophie*, Paris: Minuit, 1972, pp. 247-324.
② 德里达:《论文字学》,汪堂家译,上海:上海译文出版社,2004 年,第 30 页。
③ 同上。

在上的可能性,源于听。如果我们听得不"对",我们就没有理解,我们这样说并非偶然。听对于言谈来说具有构造作用。)①

在这段话中,海德格尔不仅指出了听对于言以及对于言与可理解性的联系的重要性,而且以隐晦的方式述说着听在存在上的可能性。接下来,海德格尔把听对于存在上的可能性的本源性讲得更为明白。他说:

Das Hören konstituiert sogar die primäre und eigentliche Offenheit des Daseins für sein eigenstes Seinkoennen, als Hören der Stimme des Freundes, den jedes Daseins bei sich tragt. (当每个此在听到朋友的声音时,听甚至构造了此在对于其最本己的能在的首要的和本己的开放性。)②

德里达对于海德格尔以听觉中心主义代替传统形而上学的视觉中心主义的做法多有微词。他对海德格尔试图恢复柏拉图《斐德若斯篇》(Phaedrus)的听觉隐喻进行了这样的评论:

在唤起"存在的声音"之后,海德格尔又提醒我们,它沉默、无声、隔音、无语,是原始的 a-phone(失音)[die Gewahr der lautlosen Stimme verborgener Quellen(隐蔽的源泉的无声保证)]

……我们听不到源泉的声音。存在的本义与"存在"一词之间的断裂,意义与声音之间的断裂,"存在的声音"与"语音"之间的断裂,"存在的呼唤"与它的发音之间的断裂。这种确定基本隐喻而又在表明隐喻的不协调性时怀疑这种隐喻的断裂,清楚地表明了海德格尔在对待在场形而上学和逻各斯中心主义方面的模糊立场。③

---

① 海德格尔:《存在与时间》,陈嘉映、王庆节译,北京:生活・读书・新知三联书店,1986年,第199页;Martin Heidegger, Sein und Zeit, Tübingen: Max Niemeyer Verlag, 1986, S. 163。
② 同上。
③ 德里达:《论文字学》,汪堂家译,上海:上海译文出版社,2004年,第29页。

第九章　隐喻：翻译与诠释

在德里达眼里，海德格尔对待隐喻的态度是左右摇摆的，这种态度是他对待形而上学的态度的一种特殊表现。海德格尔区分了存在与在者，但相对于差别本身而言，存在与在者仍然是派生的东西。德里达把这种差别本身称为一种散漫的力量，这种力量就是所谓的分延或延异(la differance)，它既是差别又是延缓，是延缓中的差别和差别中的延缓。差别通常被视为空间关系，延缓被视为时间关系，分延体现了时间与空间的统一。海德格尔在《论存在问题》(*Zur Seinsfrage*)中给"存在"一词打上×号，这个×号并非简单的否定，它是涂改中的保留，它已经显示了差别的力量。但是，海德格尔在《论根据的本质》和《根据律》等书中却仍然在运用"本质""根据"这类传统形而上学的概念去讨论问题，他仍然在重复本源形而上学的神话和梦想。德里达说，如果我们实在要运用"本源"这样的词，那么，真正的"本源"是分延的力量。存在与在者的差别都不过是它的派生物。因为有这种分延的力量，传统形而上学所依据的带有等级特征的二元对立系统就统统消解了。

就对待隐喻的态度而言，德里达采取了不同于海德格尔的策略。他虽然保留了隐喻概念，但他取消了字面意义与隐喻意义的二元对立，而这种对立恰恰是传统形而上学所坚持和信赖的东西。他不相信语言有什么本来的固定的意义，也不相信文本的中心内容，他只相信那种散漫的分延的力量，因为这种力量，文本成了不规则的意义之网，意义就像种子般四散开来。因此，在隐喻中，无所谓本义与隐喻义。使用隐喻就是不断地改写，每一次改写都是让语词作为一种提示，作为一种痕迹，对隐喻的解释就像进行"清淤"。下面我就以具体的例子说明德里达是如何"清淤"的。我所依据的文本是《海德格尔与问题》(*Heidegger et la Question*)，该书除了《论精神》的长文之外，还包括《性别，本体论差异》[1]和《海德格尔之手》[2]。为紧扣本文的主题，我这里只选择"手的隐喻"进行解读，因为从中可以看出隐喻解释的可能性

---

[1] Jacques Derrida, "Différence sexuelle, différence ontologique", *Heidegger et la Question*, Paris: Flammarion, 1990, pp. 145 – 172.

[2] Jacques Derrida, "La Main de Heidegger", *Heidegger et la Question*, Paris: Flammarion, 1990, pp. 173 – 222.

及其限度。

为什么要关注手呢？因为"手"里隐含着真正的思想，手也反映出两性的差异，手还折射着人类的历史，手更预示着人的未来。但是，德里达一辈子都在关注海德格尔的手。他不但关注海德格尔的"手稿"，而且搜罗了海德格尔的各种照片并仔细研究海德格尔的手势，研究它们的每一种细微的变化以及它们所展现的意义。海德格尔的手代表着他的生活，一种靠手来展开的有思想的生活。

"手"在海德格尔本人的哲学中也确有非同小可的意义。它与"思""言""听"一起构成了海德格尔思想的四大主轴。海德格尔对诗性的张扬、对物性的分析、对神性的敬仰、对人性的探询、对技术的追问、对历史的省思，都直接或间接地通过"手""思""言""听"来展开。《存在与时间》对与"手"相关的词的辨析更是众所周知，它已预示了海德格尔试图借助"手"来思考问题的终身未变的进路。

有趣的是，德里达对"海德格尔之手"的解释是放在"Geschlecht"这个总的标题下进行的。"Geschlecht"这个词在德文中含义很多，没有一个法文词能与这个词相对应，它可以指"性别""种族""类""家族""世代"等，德里达干脆不翻译这个词。在德国哲学中，真正将Geschlecht作为严肃的哲学主题是从费希特（Johann Gottlieb Fichte）开始的。由于费希特常在"民族""种族"的意义上使用这个词，"二战"期间和"二战"后，为防止过多的联想，一些法国人，如著名哲学家杨凯列维奇（S. Jankélèvitch）在翻译费希特的《谈德意志民族》("Redean die Deutsche Nation")时甚至故意漏译或不译这个词。德里达关注的是在费希特文本中"Geschlecht"的多重意义，这不但符合他一贯的策略，而且试图读出连费希特本人也没有注意的意义。他强调，这个词具有无限的包容性，它是一种集合或"汇聚"（Versammlung），是精神的共同体，是无限的"我们"。作为性别，"Geschlecht"提示着"我们"的差别，这一差别在"我们"这里也是通过"手"来体现的。手是人的标志，是人的象征，也是男女差别的重要标志（Zeichen）。

众所周知，海德格尔在《什么叫作思？》（*Was heißt Denken?*）中引用过荷尔德林的《追忆》(Mnemosyne)，并对此诗做过不少解释。这首诗的德文原文为：

Ein Zeichen sind wir, deutunglos
Schmerzlos sind wir und haben fast
Die Sprache in der Fremde verloren

此诗至少有三种法文翻译，柏克(Aloys Becker)和格拉奈(Gerard Granel)在翻译海德格尔的《什么叫作思？》时，将此诗译成：

Nous sommes un monstre privé de sens
Nous sommes hors douleur
Et nous avons perdu
Presque la langue à l'étranger

原诗中的"Zeichen"(符号)被译成了"un monster"(怪物，怪胎)，这种翻译本身带有隐喻的性质①。德里达认为这种翻译有三重价值。首先，它让人想起符号与怪物之间的联系；其次，它表明了对符号的正常状态的偏离；最后，它提出了人的问题。这个问题是，为什么荷尔德林用单数的"Zeichen"？这里的"我们"是指"人类"吗？是指Geschlecht吗？

上面那首诗中的"Ein Zeichen sind wir, deutunglos"无疑是一个隐喻。如何翻译这个隐喻不仅是一个语言学问题和翻译学问题，而且是一个涉及人的本质的哲学问题。这个问题最终归结为，为何说人是符号？按海德格尔的解读，这个问题涉及人的手，涉及人的手与思想、言说的关系，涉及人手与猴子的"手"的区别，涉及性别。手是人固有的器官，也是人特有的器官。海德格尔说："手提供与接受，但不限于

---

① Jacques Derrida, "La main de Heidegger", *Heidegger et la question*, Paris: Flammarion, 1990, p. 183.

物,手伸向他人并被他人所接受,手保持,手搬运,手画符号,手显示,这也许是因为人本身就是符号。"①

按直译,第一句诗可译为:"我们是无意义的符号。"而我们之所以是符号,首先是因为手是我们的符号。为何说手是人的符号呢?因为手时时刻刻显示着人的存在,手将人与其他动物区分开来,首先与猴子区分开来。手发挥人的技术性,是人进步的动力。人从动物界超拔出来就是因为人的手。手制造并使用工具,并在此过程中改变着自己。但工具也日益规定着人的手:拿笔的手与拿枪的手、拿锄头的手是有区别的。手早已进入了人的本质。手艺在德文中便是"Handwerk",德里达认为用"métier"去对译这个词是不恰当的,因为它丢掉了"手"。手艺是由人的栖居的本质引导的,是由茅屋的木材引导的。

为何说我们是无意义的符号呢?那也首先是因为我们的手遭到了危害,所有的手艺都在消亡,人的所有行为都面临机器造成的危险。在海德格尔眼里,人所以思想是因为人的手,因此是手决定思想,而不是思想决定手。海德格尔甚至说,思想就是手艺。现代社会使手处于危险中也必定使思想处于危险中。手在现代社会的"机械化"昭示了思想的荒废。同样,由于在德文中"Hand"与"handeln"有词源上的相关性,用"行动"去对译"handeln"也就会丢掉"手"的意义。

德里达注意到海德格尔不仅把"手"作为特殊的东西,作为仅仅属于人的东西,而且始终使用手的单数形式,仿佛人只有一只手。这表明手不再是把握的器官。因为作为把握器官的手通常是两只。德里达由此断言,海德格尔意在指出"人是怪物",指出人的本质遭到了败坏。基于上述考虑,上面那首诗的法文译者没有将第一句话翻译为"我们是无意义的符号",而是翻译为"我们是无意义的怪物"。这恰恰符合海德格尔对上述隐喻的解读。

从以上分析中,我们可以得出以下结论。在翻译隐喻时仅仅翻译字面意义是远远不够的,因为那样的翻译需要许多解释才能让人明白它的深层意义。但是,如果刻意翻译隐喻的深层意义,字面上的意义

---

① Martin Heidegger, *Unterwegs zur Sprache*, Pfullingen: Neske, 1959, S. 51.

又无法照顾到。这样一来,一种语言系统中的隐喻经过翻译后在另一种语言系统中很可能会丧失它的隐喻特征。把"Ein Zeichen sind wir, deutunglos"这句诗翻译为"我们是无意义的怪物"的确传达了海德格尔所阐述的隐喻意义,但由于它没有再现"我们是无用的符号"这种字面意义,原来的隐喻在译文中已经不再是隐喻了。隐喻的字面意义与隐喻意义之间的这类矛盾和张力的确给隐喻的翻译留下了困难,但也给隐喻的解释留下了空间。由于隐喻不仅起修饰作用,而且可以传达有关事物的真实信息,对隐喻的解释反而显得特别重要。在许多情况下,隐喻的确是抵制翻译的。正因为它抵制翻译,它反而召唤翻译。隐喻的魅力恰恰在于,它总让人想了解那字面背后的意义是什么,它把人引入使用隐喻语言的原始经验中,让人产生求知的欲望、学习的欲望、交流的欲望。对隐喻的解释要求我们了解并超越自身的语言界限、经验界限和生活处境。由于隐喻的使用是受语境限制的,并且在许多情况卜隐喻的意义要由语境决定,隐喻的理解者、解释者和翻译者只有使自己融入特定的语境中才能领悟和把握隐喻的意义。在不同语言系统中,理解和翻译隐喻无疑存在许多困难,这种困难就是由不同的语境、不同的文化环境和不同的生活经验造成的。这里所说的语境既可以是上下文,也可以是历史情境,还可以是使用隐喻者的现实处境,甚至可以是想象的情境。即便是在同一种语言系统中,不同的方言也会造成在隐喻理解方面的困难。前面提到的"张三是二百五"这句上海方言中的隐喻(指傻瓜),如果没有解释,是无法为其他地区的人所理解的。如果你把它直译成英语"Zhang San is 250",英语国家的人会感到非常困惑。因此,我们有理由说,隐喻只有对理解其意义的人才是真正意义上的隐喻,否则就是胡话。

第十章 同名异释：德里达与列维纳斯的互动

像二十世纪法国的许多其他思想家一样，德里达也受惠于列维纳斯。但他反过来通过对列维纳斯的温和批评，促进了列维纳斯思想的转变。德里达与列维纳斯的互动性关系构成了二十世纪法国哲学的一道风景。

一

列维纳斯是最早将胡塞尔介绍到法国的哲学家之一。早在 1930 年他就出版了《胡塞尔现象学中的直观理论》(*La théorie de l'intuition dans la phénoménologie de Husserl*)并获法兰西学院的奖励，次年，他又与派费[Gabrielle Peiffer，他在 1925 年出版了法国历史上最早的现象学专著《现象学与宗教哲学》(*Phénomenologie et philosopohie religieuse*)]一起翻译了胡塞尔的巴黎讲演《笛卡尔式的沉思》。根据法国 F. Poirie 在《列维纳斯你是谁？》(*Emmanuel Lévinas: Qui êtes-vous?*)中的介绍以及列维纳斯本人在《伦理学与无限性》(*Éthique et l'infini*)中的回忆，胡塞尔才是列维纳斯的思想之路的真正起点。

但是，列维纳斯后来脱离了现象学的轨道并声明自己"是为了克服现象学而去研究现象学"。他不仅在许多方面显示出对形而上学问题的关切，而且将伦理学作为第一哲学，对他人的责任问题则是伦理学的核心。作为犹太人,他对犹太教做过相当多的研究,除出版《塔木德四讲》《塔木德九讲》外,还发表数量众多的论文讨论宗教问题,其中有60篇左右与犹太教有关,这一点给身为犹太人的德里达留下了深刻的印象。德里达对宗教、政治和伦理问题的思考或多或少受到过列维纳斯的影响。

在德里达看来,列维纳斯的思想在后来远离了现象学,但他最了解现象学的论题。同时,列维纳斯虽然抛弃了胡塞尔的绝大部分结论,但他保留了胡塞尔现象学的方法论遗产,这一点在其重要著作《艰难的自由》以及《整体与无限性》中体现得非常明显。由于方法与内容很难完全割裂,列维纳斯在引入现象学方法时实际上也不得不隐晦地引入了某些现象学的预设,比如对语言结构和存在意义的预设。此外,列维纳斯一直不愿放弃胡塞尔现象学的意向性概念,他对许多与意识相关的问题的讨论均与这一概念相关,他对欲望问题的解释就是如此,但他强调其超越性特点。

在德里达眼里,列维纳斯对"意向性"和"意义赋予"(Sinngebung)等概念做了过度的发挥和有意无意的曲解。在列维纳斯的重要著作《整体性与无限性》出版之后,德里达在《道德与形而上学杂志》上发表了题为《暴力与形而上学》的长文(此文后来收入《书写与差异》中),对列维纳斯与柏拉图、黑格尔、克尔凯郭尔、胡塞尔、海德格尔乃至整个西方形而上学传统的关系做了仔细的分析,揭示了列维纳斯思想中隐含的困境与问题。这是详细研究列维纳斯的最早文献,也是迄今为止不可忽视的研究列维纳斯的最权威的文献之一。虽然德里达对列维纳斯一直充满敬意并在文章的结尾赞扬列维纳斯表现出的勇气、深刻与果断,但他总是或多或少地阐明列维纳斯的思想的不一贯性乃至其前后矛盾。按照英国学者戴维斯在《列维纳斯》一书中的看法:"德里达就列维纳斯哲学实践的基础上提出了一些问题;据一些评论家解释,列维纳斯后期文本特别是《别于存在抑或超乎本质》中所包含的根本性思考,乃是接纳德里达所提出的这些问题的尝试。"①

---

① 柯林·戴维斯:《列维纳斯》,李瑞华译,南京:江苏人民出版社,2006年,第69页。

《暴力与形而上学》一文向列维纳斯提出了哪些问题呢？这些问题真的提得合理吗？喜欢设问是德里达著述的重要风格，但德里达在此文中的提问本身就带有逼问的味道，或者说，本身就是批评的一种方式。

按照列维纳斯的看法，"暴力只能针对面容"，非暴力语言是可能的。德里达则说语言本身就是暴力。所谓非暴力语言至多是些没有动词的语言（如纯祈祷语言），是些专有名词，是清除了所有修辞的语言。基于这一点，德里达向列维纳斯提出的问题是，没有动词的语言还是语言吗？清除了修辞的语言还是语言吗？德里达实际上采用的是一种归谬方法，他先假定列维纳斯的论点，然后由此论点引出一些荒谬的结论，但他不直接指出列维纳斯的荒谬，而是以反问的形式讲出这样的荒谬。列维纳斯特别重视"面容"（visage），甚至提出了所谓的"面容形而上学"，并断言"暴力只针对面容"。德里达则力图说明面容的确很重要，并欣赏列维纳斯思考问题的独特思路，但他强调面容其实也是一种语言，只有死亡才结束这种语言（这一点当然也是列维纳斯赞同的），因为面部表现人的欲望和情感，它们本身就在断定。什么都不断定的语言是没有的，就像面无表情也是一种表情一样。

对德里达来说，语言与暴力一同存在，"述谓（predication）就是第一种暴力"，"暴力与陈述一同出现"[①]。因此，当列维纳斯要用言语来表述非暴力的形而上学时，他本身已经否认了非暴力形而上学存在的可能性。德里达说，就连列维纳斯本人也无法否认任何历史语言都包含某种暴力。这里所谓的"暴力"当然是广义的暴力，而不是狭义上的"武力"或"强力"，确切些说，它是指人为地抹去差异，将个别的情形普遍化，换言之，是强行将适用于某种情形的东西推广到其他情形。黑格尔曾说，任何东西一经说出就已经是普遍的。德里达暗中肯定了黑格尔的这一观点，并认为列维纳斯的所有哲学几乎都与语言问题相关。语言的暴力所体现的机制不仅折射出其他各种暴力的秘密，而且

[①] Jacques Derrida, "Violence et métaphysique: essai sur la pensée d'Emmanuel Lévinas" (1964), *L'Écriture et la différence*, Pairs: Seuil, 1967, pp. 117–228.

在一定程度上成了其他暴力的强化因素，甚至是其他暴力的源头（想想亚里士多德常举的例子"骂人是打人的开始"这句话吧）。那么，德里达是否承认语言的非暴力性呢？德里达认为语言的非暴力性只存在于沉默中，和平只存在于由言语规定和保护的沉默中。因此，严格地讲，德里达恰恰将暴力看作语言无法摆脱的东西。

按列维纳斯的看法，语言要向他者提供世界。这个"他者"是列维纳斯哲学经久不变的主题。他者不仅不使自身呈现为一，而且维持着差异的不可还原性，他者也提示着责任伦理的必要性、必然性和可能性，所以，他者是伦理的源点，他人与他者在列维纳斯那里是有差异的。他人可以是他者，但他者绝不可等于他人。他者强调的是外在性，是相异性。他人是相对于自我而言，他者是相对于同一而言。列维纳斯在许多重要著作中都触及"他者"这一主题。虽然按德里达的解释，《从实存到实存者》和《时间与他者》这两部著作用"他人"代替了"他者"，但《总体性与无限性》又恢复了"他者"的中心地位。不但如此，他常常使用"无限他者""绝对他者"这类概念。德里达在许多地方对列维纳斯的他者学说进行了分析并进而指出列维纳斯本人没有意识到的意义与矛盾。

在德里达看来，"他者"是列维纳斯讨论问题的枢纽，因为他者的经验不仅被用来质疑传统的哲学，尤其是现象学与本体论（或存在论），而且被用来思考和构建新的哲学话语。比如，哲学对时间的思考就要从他者出发，而没有对时间的思考，对历史和历史性的讨论根本就无法进行。现象学与本体论本质上无法摆脱孤独，因为它们在放弃思考他者时陷入了绝对的孤独中。对列维纳斯来说，他者是无法占有、把握和认知的，因为一旦它能被占有、把握和认知，它就不是他者了。然而，列维纳斯在指出他者的不在场以及他者体现的外在性时对他者进行了不同角度的描述，这种描述本身已经表明了他者在某种程度上的可知性。这一点显然预示了列维纳斯的"他者"概念的矛盾。

德里达主张对"他者"与"同一"这类概念及其关系进行细致的阐

释,而不主张用"他者"去代替"同一"。"他者"与"同一"并非绝不相容的关系,更不是完全隔绝的关系。实际上,只有与他者相遇,内在于我自身的相异性才能得到理解。与他者相遇并不意味着把他者作为一个具体的某物,也不意味着把他者放在一个具体的概念框架中,而仅仅意味着并非绝对隔离的隔离,意味着先于集体性的"面对面"。总之,它是隔离的共在。德里达感到"他者"这个习以为常的词恰恰是导致许多概念混乱的根源。列维纳斯对他者问题的讨论倒是有利于我们认清这种根源。德里达问道:"他者是否只是一个无概念的普通名词呢?不过首先要问的是,它是一个名词吗?"[①]德里达的回答是,"他者"(l'autre)既非代词,也非形容词,它是一个名词,但又不是普通名词。它也不用复数。一旦用复数,它的含义就变了。"他者"也不是专名,因为它并不特指。它首先指的是一般的相异性,有时也指绝对的外在性、陌生性。它无法归结为其他东西。毋宁说,它显示了一种绝对的超越性。所以,德里达断言,对列维纳斯来说,"只有他人的闯入才能进入他者的绝对的无法还原的相异性"[②]。他者本身就显示了本原的伦理关系并使这种关系成为必要。现象学之所以无法描述和解释伦理公正这类问题,就在于它没有并且无法在逻辑上承认他者的本原性地位。相反,它只是将他者问题简单地还原为自我问题,从而陷入了理论的暴力。

然而,德里达发现,列维纳斯在解决"他者"问题时暗中借用了黑格尔、胡塞尔和克尔凯郭尔的思想。他含蓄地批评列维纳斯误读(不管是有意还是无意)了这些哲学家,并且在反对这些哲学家时恰恰最接近这些哲学家。德里达在解读列维纳斯时以丰富的哲学史知识来印证列维纳斯如何在试图走出传统哲学的框架时仍然保留着传统哲学的东西。这既表现在列维纳斯使用的方式上,也表现在他的视角和风格上。比如,列维纳斯虽然不断地谈到"他者",但他总是用描述"同

---

① Jacques Derrida, "Violence et métaphysique: essai sur la pensée d'Emmanuel Lévinas" (1964), *L'Écriture et la différence*, Pairs: Éditions du Seuil, 1967, pp. 117 – 228.
② 同上。

一"的语言去描述"他者";列维纳斯虽然开启了哲学的新视域,但他在移除希腊意义上的逻各斯时却仍然停留在逻各斯中心主义中。德里达在解读列维纳斯时绝不只是把他作为独一无二的批评对象,他实际上也在以对待其他哲学家的方式对待列维纳斯,即把他作为哲学史上的形而上学来加以解构。他在解构列维纳斯的思想时使用的策略就是暴露——暴露他的本源,暴露他的矛盾,暴露他的前后不一致性。同时也使他的文本与其他文本相互参照,从而显示出他的文本的多重意义以及向其他文本敞开的广泛可能性。这一点也恰恰符合德里达一辈子都在从事的思想事业:排除固定的中心,打开封闭的文本,否定固定的意义,促进意义的撒播,倡导介入式的阅读。德里达对列维纳斯的"经验形而上学"的解构也反映了这样一些特征。

按照列维纳斯的看法,尽管离开了希腊我们就无法谈论哲学,因为"哲学"在那里得到了最原初的规定,但是,希腊本身就趋向绝对的他者,它本身就包含绝对的差异。希伯来思想与希腊思想在根本上是互异的,正是这种互异丰富着西方文明及其存在的历史。列维纳斯对所有哲学问题的思考都与语言问题相关,相应地也与逻各斯相关,与存在论(ontologie 亦译本体论)相关。而存在论自柏拉图以来就主宰着西方思想并压抑着西方思想。笛卡尔以来的主体性哲学进一步加剧了这种压制。

德里达在上述方面又是如何解读列维纳斯并展开基于多重立场的反应呢?德里达像列维纳斯一样承认哲学的基本概念源于希腊,离开了希腊的元素就无法谈论哲学,他甚至认为胡塞尔和海德格尔是希腊人的哲学家。在他眼里,列维纳斯在呼吁我们与希腊的逻各斯观念决裂时,在分析证实西方哲学的整体性概念时,在做修复形而上学的努力时,在从形而上学中呼唤伦理关系时,已经深深地震撼着我们。列维纳斯的写作风格是受其写作意图支配的,至少两者之间具有密不可分的关联。德里达十分敏锐地注意到,列维纳斯的思想有赖于救世主义的末世论。当列维纳斯说"伦理学是第一哲学"时,他已经把伦理学看作超越形而上学、解放形而上学的手段。但他谈论伦理学并不使用布道式的语言。他反对胡塞尔式的绝对同一的形而上学,而推崇尊重绝对差异的形而上学,并试图确立一种赋予他者以首要地位的伦理学。从本质上讲,尊重绝对差异的伦理学与确立他者地位的伦理学是一致的。

然而,德里达发现,列维纳斯要质疑的东西与他自己所要确立的东西恰恰暗含着某种一致性。举例来说吧。列维纳斯非常巧妙地运用各种隐喻来谈论许多重要的主题,但他使用的隐喻离不开一个柏拉图也十分信赖的隐喻即"光的隐喻"。德里达赞赏列维纳斯的隐喻风格所获得的令人惊奇的效果(比如,他讨论"面容"、讨论失眠、讨论眼睛非常有说服力),但列维纳斯对传统的绝对同一的形而上学的批评本应直指柏拉图的视觉中心主义观念,直指这种观念所依赖的光的隐喻(太阳隐喻)。

使用隐喻来批评隐喻,这便是列维纳斯的困境,也是德里达的困境。一方面,列维纳斯既必须批判传统哲学关于内外分野的形而上学预设,也必须相应地建立一种对抗光的哲学话语[在传统哲学中,"理论"(theoria)、"本质"(eidos)、"理念"都与"看"和"光"有关];另一方面,列维纳斯又不时地回复到传统哲学话语——从前门赶走的东西又被从后门请回来。柏拉图的"善"乃是哲人心中的太阳,列维纳斯的他者不也是他心中的太阳吗?"他者的绝对性必然就是同一性",而那个同一性不就是列维纳斯曾经试图要抛弃的东西吗?列维纳斯在转向原初他者的差异性时也没有完全放弃那个"绝对同一"概念(或者说只是表面上放弃)。虽然他声称放弃他者就等于自闭于绝对的孤独中,虽然他后来不断用海德格尔来反对胡塞尔,虽然他说"我不与他者相遇,也就不可能从自身中产生出相异性"①。但他在肯定彻底的逻各斯的可能性时仍然强调逻各斯要实现自身就得超越自身的整体性而趋向那个绝对的他者。这样,那个绝对的他者也就成了新的中心。不过,问题的关键并不在此,而在于列维纳斯不断提醒他者可以通过"面

---

① Jacques Derrida, "Violence et métaphysique: essai sur la pensée d'Emmanuel Lévinas" (1964), *L'Écriture et la différence*, Pairs: Éditions du Seuil, 1967, pp. 117-228.

容",亦即通过光照呈现出来,因为,"面容即是在场,是存在"①。这些也恰恰是传统形而上学的核心概念。

二

列维纳斯对德里达的评论是否做了回应呢?德里达的思想是否也对列维纳斯有所影响呢?答案是肯定的。

从根本上讲,列维纳斯的问题也是德里达的问题,后者对问题的提法和解答自然会对前者有所触动并且有启发意义。终其一生,两人对对方都保持着敬意,在相互批评时也不忘相互欣赏。从年龄上讲,列维纳斯比德里达早了整整一代人,现在已经成为研究列维纳斯的经典文献的《暴力与形而上学》发表时,德里达还是个没有多少人知道的青年学者,而列维纳斯已经是名满西方的思想家。但列维纳斯并没有轻视这位"新手"对自己不乏礼貌的批评。相反,那些批评促使他对原有的概念进行重新审视并对某些方面予以修正。更何况,德里达通过他特有的精细从列维纳斯著作中解读出前后不一贯的地方并且它们与事实基本相符(譬如,他一开始反对使用"外在性""同一""他者"这类概念,后来又重新捡起并青睐这类概念)。

针对德里达批评他误读了胡塞尔(比如,列维纳斯说胡塞尔压抑了他者的他者性)和海德格尔(比如,列维纳斯把海德格尔的"共在"理解为"群体合作关系"),列维纳斯没有公开承认,也没有过多地纠缠于一些细节。他关心的是德里达提出的问题,有趣的是,德里达十分谦虚地说这些问题其实是列维纳斯向我们提出的问题。列维纳斯对德里达的评论进行了颇为巧妙的回应。

一方面,德里达关于语言问题在其著作中非常重要的观点,他在《别于存在抑或超乎本质》(*Autrement qu'être ou au-dela de l'essence*)中开始就自己这本书的书名进行了解释。按他的说法,他所说的"本

---

① Jacques Derrida, "Violence et métaphysique: essai sur la pensée d'Emmanuel Lévinas" (1964), *L'Écriture et la différence*, Pairs: Éditions du Seuil, 1967, pp. 117 – 228.

质"并非指"在者"(etant),而是指存在(l'être)。他后来后悔自己没有把"本质"写成法文的 essance。这当然是一个生造的词,但列维纳斯认为用这个词去表示"本质"是非常恰当的,它可以显示自己与传统哲学的重大差别。但是,列维纳斯对语言问题的重视更反映在他试图避免德里达以前的指责,即用词前后矛盾。《别于存在抑或超乎本质》可能是列维纳斯著作中最难读的著作。他常常仿照海德格尔将一个词拆成两半,然后用连字符连接起来(比如,ex-pression,dia-chronie,ex-ception,re-presentation)或故意将一个词的后缀改成斜体(如 transparen*ce*,simultanei*te*),其用意不单单是改变语词的形式,而且是要显示其绝对差异的观念,表明其用语既与传统决裂又与其源头保持某种关联。实际上,这也恰恰是海德格尔和德里达的做法,只是方式稍有不同。他不断更换用语,或给日常语词赋予全新的意义(上面所说的"本质"一词就是一例),这与德里达所说的"旧语移植逻辑"如于一辙。

另一方面,列维纳斯恭维后生德里达展示了哲学的新风格,给人带来"新振奋",这一点主要体现在他为《拱门》(1973 年,德里达研究专号)所写的一篇文章里,这篇文章题为"完全别样",后收入《专名》一书。列维纳斯在该文中这样写道:

> 当我们阅读这些异常明晰而又非常奇特的文本(指德里达的文本——引者)时,我们意识到一种新的思想风格。在抛弃了逻各斯中心主义话语的《语音与现象》中,并没有一个随心所欲的术语。这是在现象学学派学到的令人惊异的严格性,它极为关注胡塞尔的抽象步骤和海德格尔的更为彻底的步骤,对这些步骤的运用显示出一贯性和完美无缺的技巧:将限定性的概念变为先决条件,将缺点变为源泉,将深渊变为条件,将话语变为场所,并将这些重要的转变变成命运;剥夺了这些概念的存在的回声,使其摆脱了要么真要么假的选择。一开始,一切都是适当的;经过几页或几段令人惊叹的质疑后,再也不留下供思想栖居的地方。除了

所有哲学意义之外,这是纯粹的文学效应,是一种新的振奋,是德里达的诗篇。在阅读德里达时,我总是一再看到 1940 年的出逃。①

但是,列维纳斯在这里借"1940 年的出逃"隐射德里达思想的混乱,隐射他把不可能的东西当作现有的东西,隐射他再现了自柏拉图的《斐德若斯篇》问世以来西方形而上学所表现出的"神志不清"。列维纳斯对德里达的批评虽然是隐晦的,但是相当严厉。如果我们把列维纳斯的"完全别样"与德里达的"暴力与形而上学"进行对比,就会发现它们的语言风格和批评策略具有一致之处。列维纳斯实际上是在以其人之道还治其人之身。

首先,列维纳斯也故意用德里达用过的一些术语,如"逻各斯中心主义话语""解构""在场""存在的幻觉""差异""延迟"等来批评德里达的工作。在他看来,哲学就是对一种不可能在场的抛弃,西方形而上学乃至整个欧洲的历史都是通过德里达解构过的那些概念工具而成了那种在场的构建和保存。德里达在批评在场形而上学时不仅表现出缺乏一贯性,而且陷入了新的在场形而上学。抛弃"在场"最终导致了抛弃真理,因为意义不再被视为知识的召唤。至少真理不再是永恒真理层面的真理,真理不是主要的东西,这成了一种超越了历史主义的梦想的怀疑主义。但即便是这种怀疑主义仍然在信赖那个被德里达批评的真理概念。所以,列维纳斯认为德里达也不得不用他所批评的东西来为他的批评本身作辩护,至少是把它作为批评的工具。

其次,列维纳斯在某种程度上承认德里达对自己忽视了康德的批评,但他随即用一些康德式的术语,如"图型"(Schema)、"先验统觉"、"感性直观"等概念来回应德里达所提出的批评。自然,列维纳斯仍然像往常一样避免在康德的意义上使用这种术语。他欣赏康德把宗教与哲学看作两种互不隶属的东西并且始终在讨论犹太教与哲学时遵循康德式的思路。这与德里达其实相去不远。列维纳斯对他者和绝

---

① Emmanuel Lévinas, *Noms Propres*, Montpellier: Fata Morgna, 1975, p. 67.

对差异的论述也引进了德里达的术语,他甚至不断使用德里达在批评他时经常使用的反问式句法和回环式的修辞方法,比如,他问"还有中心吗?""还有引力吗?""还有'有'吗?""如果人们仍然谈论存在,一切都是另一码事?"①像"快乐的快乐""起源的起源""前起源"这类回环或矛盾修辞法也经常出现在列维纳斯的文本中,在使用古怪的词语方面甚至"比德里达还德里达"。

再次,列维纳斯虽然对德里达的解构策略表现了某种同情的理解,但他更关心解构之后的建构问题。他虽然同情德里达在对逻各斯中心主义的批评时所表现出来的消解能指与所指、存在与虚无、主体与对象、真理与谬误等僵硬对立的意图,但他认为,在德里达那里用来解构在场的"差异"是在"撒播"的幌子下表现出来的。他比较欣赏德里达生造的"分延"(differance)一词并后悔当初没有像德里达那样将"本质"(essence)也改写成 essance(在法文中有不少含有 ance 词尾的词),但他显然反对德里达把它视为一种无处不在的散漫力量。他明确指出,解构之后要加以建构的东西肯定是这样一种话语的稳定结构,这种话语在述谓陈述中解构并使用动词 être(是)的现在时形式。他以反讽的语气说,在动摇真理的基础时,在反对为"在场"提供最后避难所的那种活生生的"在场"的自明性时,德里达仍然有力量问:"这是确定的吗?"因为在将一切东西瓦解之后他似乎还想念任何东西在那一点上可能是确定的,仿佛确定性或不确定性仍然重要。"人们很想在反对逻各斯中心主义语言时又从这种语言的求助中获得论据,以便质疑如此形成的解构的有效性。那就是在反驳怀疑主义时常常被遵循的过程。但怀疑主义在被打倒并在首先被践踏之后又振作起来并作为哲学的合法孩子返回了。这便是德里达本人在其论辩中并不总是不屑遵循的过程。"②列维纳斯在批评德里达时一贯采取这种"以子之矛攻子之盾"的方法,事实证明,列维纳斯的批评常常切中了德里达的要害。

---

① Emmanuel Lévinas, *Noms Propres*, Montpellier: Fata Morgna, 1975, p.69.
② 同上。

最后,列维纳斯在发现德里达思想的矛盾和不一致性的同时也暗中接受了德里达提出的问题并在某种程度上接受了德里达的恭维和批评。他认为,德里达的批评使时间摆脱了对现在的从属地位,它不再把过去与将来看作"在场"的变种或样式,它抓住了基于符号(仿佛基于所指)进行推理的思维,它深长地思考柏格森对存在的批评以及康德对形而上学的批语。通过对在场的解构,意识向自身的显现丧失了笛卡尔赋予的那种特权。为了防止重蹈在场形而上学的覆辙,德里达试图让读者为一种业已中断的在场的符号概念寻找不同于那种在场的中断的指称,寻找一种不同于语言的"所说"的场所——一种不同于语言的场所,但是,德里达在这样做时不知不觉地陷入了在场形而上学中。他以"说"与"所说"的关系来替代能指与所指的关系。他认为,"一切说"也就是"未说"。语言既是表达意义的机会也潜存着无意义的危险。"说"是动态的,有自身的意义;"所说"是静态的,比较易于把握。符号像"说"一样是主体性的事件,所以,符号并不始于"所说"。"说"无法通过"所说"穷尽自身①。"对所说的不断排除所说"(un incessant dedit du dit),既隐含着德里达的解构,也残存着传统形而上学的内容。

在对德里达的回应中,列维纳斯既显示出了不安,也表明了自己对他的尊重。许多学者都承认,列维纳斯在《总体性与无限性》问世之后发表的不少论著都与德里达向他提的问题有关,但他仍乐于表明,"对一个真正的哲学家'进行改进'的可笑雄心肯定不是我的意图。我们的道路已经交叉得非常之好,它也许是哲学相遇的方式。在强调德里达所提出的问题的重要性时,我希望表达在相互交错中接触的快乐"②。

三

1995年12月27日,德里达在列维纳斯的葬礼上致了题为"别了,

---

① Emmanuel Lévinas, *Autrement qu'être ou au-delà de l'essence*, pp. 78-79.
② Emmanuel Lévinas, *Noms propres*, Montpellier: Fata Morgna, 1975, p. 73.

列维纳斯"的悼词。次年,他又在纪念列维纳斯逝世一周年的国际会议上提交了长篇论文(长达100多页的"欢迎辞")。不久,这两篇文字被合编成一本小书并首先以希腊语的形式在雅典出版(译者为Vanglelis Bitoris),随后才出法文本。在这两篇文字中,德里达不仅再次表达了对列维纳斯的深深敬意,而且重新理解了列维纳斯的思想并且对列维纳斯的主要学术贡献做了恰如其分的总结。德里达满怀哀伤地说,他长期以来都一直害怕与列维纳斯诀别,在他眼里,列维纳斯是永远的导师,在一定程度上超越了从柏拉图到海德格尔的西方哲学传统,他教导我们学会正直。自《塔木德四讲》问世以来,"正直"(Droiture)以不同于传统的方式并作为真正的形而上学问题而不仅仅是伦理问题呈现给我们。"正直"也昭示着他者存在的绝对性。列维纳斯有句名言:"绝对的正直也是绝对的自我批评。"他本人就是这一名言的忠实实践者,因为他的一生正是自我批评的一生。列维纳斯给我们提供的"正直"观念首先改变了我们对意识的看法,因为它让我们想到意识乃是通向他者的紧迫的目的,而不是向自我的永恒回归,它也让我们想到其他一些伟大的主题,如责任问题、自由问题、死亡问题,等等。他所说的责任是"无限的责任",是"无条件的应允",是超越了自由并先于自由的承诺,是比自发的应允更为古老、更为深刻、更为原始的应允,是与"正直"一致的应允。而正直是对牢不可破的联盟的原始的忠实。列维纳斯甚至把邻人面孔的极端正直看作不加防备地直面死亡的正直。下面这段话真切地反映了德里达对列维纳斯的由衷钦佩与感激之情:

> 我无法,我也不愿意,以三言两语评价列维纳斯的工作,它非常广泛,广泛得无边无际。人们一开始就需要向他学习,向《总体性与无限性》学习,比如,学习如何思考一部作品以及丰产性会是什么样子。人们可以满怀信心地预言许许多多世纪的解读将会以此为任务,我们已远远超出法国和欧洲。在许许多多的作品中,在许许多多的语言中,在各种各样的翻译、课程、讨论班和会

议等中,看到了无数的迹象:这种思想的律动将会改变我们时代的哲学反思的进程,改变我们对哲学进行反思的进程,改变对给哲学赋予秩序的东西进行反思的进程。

这种给哲学赋予秩序的活动是根据伦理学,根据关于伦理学、责任、正义、国家等等的另一种思想,根据关于他者的另一种思想进行的,这种思想比许多新颖的东西更为新颖,因为它是根据他者面容的绝对先在性而安排的。①

按德里达的理解,列维纳斯虽然赋予伦理学以优先性,但他实质上更关注宗教问题,更关注神圣性问题。列维纳斯的确认为伦理学先于并且超越了本体论(或存在论)、政治史乃至关于社会生活的种种其他理论,但列维纳斯将人的领域与神的领域明确地区分开来了,这种区分首先表现为他对神的"神圣性"与人的圣洁性的区分。德里达感到列维纳斯对伦理和宗教问题的思考与他对以色列的命运,对犹太人的命运的思考紧紧联系在一起。虽然德里达和列维纳斯同为犹太人,但前者并不像后者那样对本民族的宗教传统倾注大量的心血。德里达既没有像列维纳斯那样经历亲人在"二战"中的惨死,也没有列维纳斯在集中营中九死一生的苦难经历,但两人都深深理解这个民族的痛苦命运。众所周知,在"二战"中列维纳斯的父母兄弟均在立陶宛被纳粹合作者杀害,他的妻子和女儿在巴黎不得不躲躲藏藏,他本人则被纳粹俘虏后在森林里做苦工并随时面临被杀害的危险。德里达在阿尔及利亚出生并长大,虽然也因为自己是犹太人而受到一些不公正的对待,但毕竟没有像列维纳斯那样亲眼目睹惨绝人寰的大杀戮。这一点决定了两人对死亡的不同程度的体验。

不过,列维纳斯还是在德里达那里发现了知音,因为德里达准确地把握了他的思想脉搏:列维纳斯的思想与他对犹太人的命运和思想的反思不可分割。这种反思包含对《圣经》传统和《塔木德》传统以及

---

① Jacques Derrida, *Adieu to Emmanuel Levinas*, California: Stanford University Press, 1999, pp. 1–15.

我们时代的可怕记忆的重新追问和重新肯定。德里达说自己非常感谢列维纳斯，因为后者的思想、友谊、信任和善意不仅对他本人而且对其他人都将是一种活的源泉。列维纳斯一直在对德里达进行善意的、有时隐含着批评的回应，但他的死打断了这种回应，德里达为此深感惋惜。

德里达赞扬列维纳斯与柏拉图、黑格尔、海德格尔的伟大而高尚的批判性相遇。这种相遇在死亡问题上产生了让人惊叹的观念。在列氏的葬礼上，德里达故意提到了列维纳斯对死亡的独特定义，这种定义显然与列维纳斯对死亡的经验有关。在《上帝、死亡与时间》里，列维纳斯把"死亡"定义为"时间的忍耐"[①]，或定义为"没有回应"[②]。海德格尔曾主张从死亡去看待时间，而列维纳斯主张从时间去看待死亡。在列维纳斯死后来谈死或在葬礼上来谈死虽在许多人看来是多余的、苍白的，但德里达恰恰要借这样的场合来引起我们对死亡意义的关注。德里达本人写过《给予死亡》(Donner la mort)来分析 Adieu 在法文中的多重意义（表示"再见""我能看见你""永别"等）。现在，他借题发挥，同时也传递了他本人的相关观点。德里达以赞同的口吻说道，死首先不是无化，不是非存在，不是虚无，对生者来说死是对"没有回应"的某种经历。传统的哲学或宗教不是把死视为向虚无的过渡，就是把死理解为向另一种存在的过渡，谋杀者也总是把死理解为"虚无"。实际上，我们不能以"存在"还是"不存在"来描述死。与海德格尔的描述相反，死并不意味着"不可能性的可能性"，而是意味着"可能性的不可能性"。

列维纳斯终身都在思考死亡问题，但他对死的思考怀有强烈的伦理动机，因为他不仅仅把死视为生存论现象，而且视为伦理现象。死是独一无二的不可替代的东西。对自己而言，死永远是迫近的可能性，每个人无法经历自己的死，相反，"他人的死才是第一位的死"。正因为他人是有死的，所以，我对他人始终有一份责任。这样一来，列维

---

① Emmanuel Levinas, *Dieu, la mort et le temps*, Paris: Grasset, 1993, p. 16.
② 同上书，第 17 页。

纳斯便很自然地将死与伦理学联系起来。在这一点上,德里达与列维纳斯是有共同语言的,虽然他们着眼点不一样,但都承认对死者的责任始终让人有一种内疚感。德里达在"Adieu"中大段引用列维纳斯对死的论述,除了表达他对列维纳斯的缅怀之情,还想用列维纳斯的语言表达自己的心声。

在列氏眼里,他人的每一种姿态都是向我言说的符号,他人死了意味着他对我的回应终止了。正因为他人无法向我做出回应,我对他人的责任显得越发崇高,因为他人没法向我表达他(她)的谢意,没法向我做出回馈,我对死者的责任是单向的,是不能指望报答和应答的。德里达很重视列维纳斯的这一思想,当他面对一个不再回应的朋友,面对一个曾经给予他激励也给予他不失风度的批评的朋友,面对一个打电话时非常害怕对方沉默,非常害怕电话突然中断的朋友,德里达想到的是,这个作为伟大思想家的朋友的逝世虽然中断了他对别人、对我们所有人的回应,但他的思想依然是我们智慧的源泉,并在这种意义上参与我们这些活着的人对自己时代的思考。列维纳斯过去对德里达的回应不仅可以帮助他以另一种方式思考,而且可以帮助他重新解读列维纳斯的思想。对德里达来说,列维纳斯与布朗肖(Blanchot)的思想友谊不仅是一个时代的见证,而且是一个时代的祝福,也是一个时代的幸运,因为他们以互补的方式向我们呈现了一个哲学与文学互补互惠的世界。

德里达期待自己与列维纳斯之间建立起这样的友谊,事实上他已在某种程度上建立了这样的友谊。他说:"每当我阅读或重读列维纳斯时,我就满怀感激与钦佩之情。"①列维纳斯曾说,语言的本质就是善,语言的本质就是友谊与殷情。他被殷情的法国所接纳,他本人也像殷情的法国一样待人以殷情。他最早将胡塞尔和海德格尔引入了法国并与其他学者一起将他们的思想经过一番改造变成了法国哲学文化的血液。这一过程始于 1930 年,因为列维纳斯的《胡塞尔现象学中的直观理论》在这一年问世。德里达把它视为自己和法国许多哲学

---

① Emmanuel Lévinas, *Dieu, la mort et le temps*, Paris: Grasset, 1993, p. 17.

家的入门书和最好的向导。按德里达的说法,列维纳斯改变了法国思想的风景,他促进了犹太思想与希腊传统的对话,促进了德法两国具有不同格调的思想的对话,他的思想也对基督教发生了微妙的影响。他对德里达来说是导师,是辩手,更是朋友。

第三部分
实用主义再探

第十一章　杜威教育哲学的当代意义

对杜威（John Dewey，1859—1952）的大名，中国读者并不陌生。二十世纪上半叶，中国的新文化运动、社会与教育改革运动、妇女解放运动都直接或间接地受到他的影响。他不仅为中国培养了胡适、陶行知、蒋梦麟、郭秉文（曾任东南大学和南京师范大学校长）等一批杰出人士，而且从1919年春到1921年秋的两年多时间里，他先后到中国11个省市讲演200多场，上自孙中山下至许多百姓都受到过他的广泛影响，一度无处不在的实验学校就是在他的思想的指导下设立的。蔡元培曾把他比作孔子。

虽然作为哲学家、心理学家和社会活动家的杜威不时受到人们的误解和曲解，但作为教育家的杜威在国际上受到广泛的推崇已是不争的事实。在美国，杜威被誉为"教师们的教师"[①]。如果对美国充满活力的教育体制做一个基本了解就不难发现，它在很大程度上是对杜威的教育哲学的成功实践。尽管杜威的教育理念并非没有争议，但他对普及教育的强调，对学用一致的体认，对创造性教育、个性化教育和开放式教育的关注，对教育与社会生活联系的深刻认识，已经深深地改变了人们的教育观念和许多国家的教育实践。

然而，杜威的教育哲学的丰富内涵还远远没有被发掘出来。与他的形而上学相比，他的教育哲学更受到实际生活的推动并显示出长久

[①] Thomas Berry, *Dewey's Influence in China*, in John Elewett S. J. (ed.), *John Dewey: His Thought and Influence*, New York: Fordham University Press, 1960, pp. 199-232.

的生命力。下面,我仅从几个侧面谈谈他的教育哲学的当代意义。

一、教育目标的开放性

杜威不仅是一个社会理论家,而且是一个教育改革者。作为教育改革者的杜威一方面要体现他的实用主义哲学的探索精神,另一方面要通过实践验证他的教育哲学的可适用性。为此,他和夫人一起在芝加哥办了一所实验学校并且不断进行理论总结。他在1897年写的《我的教育信条》、在1899年写的《学校与社会》和1902年写的《儿童与课程》,勾画了他的教育哲学的基本轮廓。在转赴哥伦比亚大学任教之后,杜威花了相当多的时间继续进行教育哲学的探讨。他在1909年写的《教育中的道德原则》以及1916年写的《民主与教育》,就是这一时期的教育哲学的代表作。

在教育哲学领域,杜威常问的第一类问题是:教育的意义何在?教育的目标是什么?要回答这些问题自然并非易事,因为这些问题在过去常被掩盖。重要的是,杜威不仅重视这些问题,而且把这些问题放在一种全新的背景下加以讨论。

杜威在《我的教育信条》中这样写道:"所有教育都是从个人分享种群的社会意识开始的。"[1]仅就这段话表达的观点看,杜威的教育哲学与中国古典教育传统似乎没有太大分歧。然而,杜威除了谈论教育的"守成"方面之外,更关注教育的"开新"功能。毫无疑问,前者是后者的基础并且对文明的延续极其重要。杜威敏锐地发现,教育如果不注重"开新"功能,"守成"的目标也是很难实现的。原因很简单,人类是不断进化和发展的。两千年前的老鼠与今天的老鼠没有太大的区别,今天的人类与两千年前的人类却有很大的不同。以后人类朝哪个方向发展今天很难预料。如果我们的教育不能与时俱进,而是一味强调文化的传承,社会就会退步,人类就只能停留在暗中摸索的状态。

---

[1] John Dewey, *The Early Works*, 1882-1898, Vol. 5, edited by Jo Ann Boydston, Carbondale: Southern Illinois University Press, 2008, p.84.

因此，在杜威看来，教育哲学应当提倡给人类以方向感的教育，应当将守旧的教育变成"开新"的教育。所谓"开新"的教育就是在改造以前教育目的、方法和材料的基础上培养适应新时代的需要并且面向未来的现代人才的教育。这种教育以适应时代和引领时代为己任，它力图在教育的主要方面贯彻变化与发展的观点。因此。它特别强调教育与环境的互动，强调教育目标与教育手段的一致性。与此相反，守旧教育的特点是不顾时代的变化，不顾环境的变化，只让学生关注已有的书本知识，而无视知识的创新及其社会运用。这种教育观导致的后果是不让教育去适应社会生活，而是指望社会生活去适应教育，以至于学校成了与社会隔绝的地方，成了最守旧的地方，而不是产生新思想、新观念的地方。我国许多学校采用的灌输式教育就是守旧式教育的特殊形式，它无需激发学生的创造能力，也无需要求学生对已有的东西进行批判性思考。这种教育的消极后果是容易培养思想懒汉。此外，守旧式教育只重视书本而不重视生活；只重视少数人而不重视普罗大众。这就决定了此类教育的封闭性与狭隘性。

杜威认为，教育之所以重要，是因为教育既关乎个人的成长，也关乎社会的成长。"教育与成长是很有关系的。教育就是长进。没有教育就没有长进。教育不进步，社会也不能进步。"[①]关乎成长的教育乃是一种开放式的教育，一种面向未来的教育，而不仅仅是面向过去的教育。开放式教育的一个重要特点是，它不采取固定不变的教育模式，而是采取因时施教和因材施教的方针，换言之，采取个性化教育的方针。在杜威看来，这与教育就是要让学生接受普遍的知识的观念并不矛盾。原因是，教育的目标是变动的，而不是僵死不动的规定。每个人有不同的气质与性格，有不同的接受能力并且受不同环境的影响。同时，每个人都有自己的思想与情感，都有自己的主动性。每个时代对人也有不同要求，这就决定了我们无法用静态的眼光去审视教育及其目标。在1916年写的《民主与教育》中，杜威从根本上改变了

---

① 袁刚、孙家祥、任丙强：《民治主义与现代社会——杜威在华讲演录》，北京：北京大学出版社，2004年，第412页。

对教育目标的静态理解。他认为,教育目标不在教育过程之外,而在教育过程之中。换言之,教育目标不是外在设定的,而是内在于教育经验中。在一个开放的社会中,个人经验的自由发展要求人们不断适时地调整教育目标。脱离个人特点、环境变化和社会要求去谈论教育目标是没有意义的。用他本人的话讲:"目标必须是灵活的。它必须能够改变以适应环境。"①

1933 年,杜威在《我们如何思维》中写道:"当然,教育并不单单表现在智力方面。还要形成有效的实践态度,增强和发展道德品质,培养审美能力。"②但是,杜威接着强调,在所有这些方面中,培养反思性的思维能力非常重要,因为这种能力可以使实践活动摆脱机械性,可以使道德摆脱盲目性,可以使审美更具深度。学习意味着学习思维、学习理解和领会。而理解与领会意味着把握已知信息的各个部分的关系。如果把学习仅仅理解为接收信息,那就等于把人看成了容器。信息只有通过领会才能变成可以灵活运用的知识。所以,知识教育始终要将人的思维能力的培养放在优先地位。

杜威非常重视体育。近百年来,美国的小学、中学和大学形成了一种重视体育的传统,这种传统对塑造美国人的强健体格和坚强意志是大有帮助的。时至今天,美国的所有教育机构都有良好的体育设施并在学生中形成了热爱体育活动的风气。如果我们追根溯源,就会发现,这不但与美国的体育文化相关,而且与杜威和其他教育家对体育的大力倡导有关。其背后隐含的教育观念是,教育要顺乎人的天性,既然儿童和青少年天性好动,我们办教育时就要充分考虑这种因素。热爱运动不仅会显示生命的活力,而且陶冶性情,减轻个人的内心压力并有利于培养青少年的团队精神。同时,我们的社会也因为广大成员热爱体育而大大受益。这一点既表现在体育活动可以增进社会成员的身心健康,因而也间接增进社会的健全并为我们的社会注入活

---

① Larry A. Hickman and Thomas M. Alexander (ed.), *The Essential Dewey*, Vol. 1, Bloomington and Indianapolis: Indiana University Press, 1998, p. 252.

② John Dewey, *The Later Works*, 1925 - 1953, Vol. 8, edited by Jo Ann Boydston, Carbondale: Southern Illinois University Press, 2008, p. 176.

力,又表现在体育在激发社会成员的竞争精神的同时又是社会的融合剂。体育的普及既推动经济的发展,又能有效减少医疗开支。它对个人和社会所起的作用也是其他教育难以取代的。

杜威的上述思想对于今天的意义在于,它已经提出了人的全面发展问题。尽管我们已在理论上承认德育、智育、体育和美育的重要性,但在实践上我们的一些做法恰恰违背了人的全面发展的精神。在许多学校,知识教育几乎成了教育的唯一内容。儿童的天性被不恰当地扼杀。学习成了难以忍受的痛苦过程。沉重的书包已让孩子们失去了金色的童年。这一切只源于我们紧守狭隘的教育观念和僵死的教育目标,源于我们的教育只重竞争不重视合作。而后者不仅会造成人们的自私,而且会影响社会的和谐和集体的工作成效。今天重温杜威的教导可以提供反省我们教育状况、革除教育弊端的机会。此外,杜威对教育中的实践态度的强调不仅在张扬一种学以致用的观念,而且将开放的精神引入了教育,从根本上改变教育的未来。此外,杜威早就提出了终身教育的观念,这种观念是基于他对教育的开放性、社会的开放性以及知识的开放性的思考。继续教育之所以在世界上方兴未艾,就是因为人有终身学习的需要,有不断学习的需要。学习的革命不仅是围绕如何掌握新知识而进行的,而且是围绕如何掌握新的学习手段、实现新的学习目标而进行的。学习不仅在于掌握已有的知识,而且在于学会运用已有的知识以及创造新知识、新思想、新技能。

二、教育的社会生活向度

在教育哲学领域,杜威常问的第二类问题是:学校与社会生活的关系如何?教育应如何促进社会的进步?对这些问题自然很难做简单的回答。但是,如果不能首先解决这种方向性的大问题,教育就会走入死胡同。

不少人对实用主义的教育哲学常有误解,以为实用主义旨在强调教育对个人谋职业、谋幸福的重要性。实际上,杜威讲的"实用"是广义上的"实用",即不仅是对个人的"实用",而且是对社会、对国家的"实用"。与马克思相近,杜威非常强调人的社会性。这使他的哲学常被归入社群主义的范畴。他认为,"受教育的个人是社会的个人,社会是不同个人的有机联合。如果我们排除了儿童的社会因素,我们就只剩下一种空洞的抽象物。如果排除了社会的个人因素,我们就只剩下一堆惰性的无生命的物质。因此,教育始于对儿童的能力、兴趣和习惯的心理洞察"①。在个人主义思想盛行美国的时代,杜威恰恰通过强调个人的社会性来纠正个人主义的流弊。在中国讲学的两年多的时间里,杜威只要谈教育都会特别强调教育的社会功能,强调教育一定要牢牢树立为社会服务的理念。既然他坚持认为"所有教育都是从个人分享种群的社会意识开始的",那么,他自然合乎逻辑地得出这样的结论:教育的根本价值在社会。因此,脱离社会生活的教育不仅会失去生命力,而且扭曲了个人与社会的关系。

正是基于对个人与社会的内在有机联系的理解,杜威主张教育要适应社会的需要,学科的设置和课程的安排都要从社会的需求出发,但这种需求不仅是指物质方面的需求,而且超越个人的精神方面的需求,特别是确立人与人的精神联系方面的需求。比如,教育需要培养学生的公民意识、公正意识、公共精神和团结互助的精神。教育还要培养学生的法制意识和规则意识。杜威明确指出,没有普及的国民教育就不可能有真正意义上的法治国家;唯有普及的国民教育,才能造就一个平等的社会。从根本意义上讲,要建立一个平等的社会就要从教育入手。这不仅因为恰当的教育能培养平等的意识,而且因为平等的教育机会为社会成员的平等开辟了广泛的可能性。因此,早在九十多年前,杜威就断言,中国的强盛当寄希望于教育的发达。当教育立国的观念代代相传并能落实到人们的行为时,一个繁荣昌盛的中国就有望出现。

也正是基于对个人与社会的内在有机联系的理解,杜威断言,唯一真正的教育只有按儿童所处社会环境的要求来培养他们的能力,因

---

① John Dewey, *The Early Works*, 1882 – 1898, Vol. 5, edited by Jo Ann Boydston, Carbondale: Southern Illinois University Press, 2008, pp. 84 – 95.

为正是通过社会的要求我们才能把儿童培养成集体的成员,使他们摆脱行为与情感方面的狭隘性并从群体的福利出发来设计自己。通过他人对儿童行为的反应,儿童渐渐知道这些行为在社会上意味着什么,人的选择能力就是在这一过程中培养起来的。人的主观选择与社会的要求有时会产生矛盾,但是人有自我调节能力,这种调节能力恰恰反映了人的主动性。与成人不同,儿童的可塑性很大,他们的兴趣也是可以培养的。一个人与另一个人固然有性格、智力方面的差异,但合理的教育可以把这种差异变成互补的有利因素。更为重要的是,社会不但为我们的选择创造条件或设置障碍,而且规定了我们进行选择的基本目标。社会的改造并非一朝一夕之功,但是要改造社会必先适应社会,因为熟悉社会条件、选择并利用这些条件是以适应这些条件为前提的。

然而,上面那些观点还只是从个人与社会联系的角度提出来的。从学校与社会的关系看,杜威的教育哲学更有针对性,对当代中国的价值依然很大。杜威始终强调教育是一种社会化过程,正因如此,他认为学校不应成为孤立于社会的静修场所,而要成为承担道德理想和人类关怀的社会机构。教育是一种生活过程,而不只是为将来做准备的。儿童天性上是喜欢学习的。只要顺应这种天性,教育就可以成为快乐的社会化过程,这一过程可以被看作浓缩的生活过程。学校作为一种社会机构本身就是由来自各种不同背景的社会成员组成的,它几乎涉及群体生活的所有规则。杜威指出:"不可能有两套伦理原则,一套是校内生活的原则,另一套是校外生活的原则。就像行为是同一种行为一样,行为的原则也是同样的。讨论学校的道德原则,仿佛学校是独立的机构——是非常不幸的。学校的道德责任以及承担这种责任的那些人的责任是对社会而言的。学校基本上是社会建立起来做某种特殊工作——在维持社会生活和增进社会福利方面执行某种特殊功能的机构。"[1]

---

[1] John Dewey, *The Middle Works*, 1899-1924, Vol. 4, edited by Jo Ann Boydston, Carbondale: Southern Illinois University Press, 2008, p. 269.

由于把学校生活理解为群体生活的重要形式,所以,杜威主张学校要再现现实的生活——像家庭、邻里和游乐场的生活那样的真实生活。"除了参与社会生活之外,学校没有其他的道德目的。只要我们限于把学校作为孤立的机构,我们就没有指导原则,因为我们没有目标。"①杜威之所以提倡在学校多采用表演的形式上课,就是因为表演可以让学生有身临其境的感觉,并且表演最能体现"做"与"学"的深刻联系。就像希腊文 drama(戏剧)本意是指"做事"一样,表演性的学习大体上能反映做事的要求。通过把生活情境引入学习过程,学生发现自己就是生活的主角,就是生活意义的承担者。这样,学校既是学习的地方也是做事的地方。试想,学习医学、商业和管理如果脱离了"做事"的方面还能取得多少实质性的效果。近代教育的许多失败就源于它忽略了一条重要原则,即将学校视为社会生活的基本样式。这种教育总是把学校设想为提供信息的地方、学习功课的地方、形成习惯的地方、接受教训的地方,而这些东西的价值体现在遥远的将来。如果学习只是为了某个外在的目的,只是为将来做准备,学生就难以发挥主动性与创造性。

由于把学校生活理解为社会生活的一种形式,杜威也就自然地得出这样的结论:学生不应成为只接受管理而不能自我管理的被动对象。学生是学校生活的主体,他们通过参与学校的事务来体现生活的意义并通过广泛的参与来提高自身的能力,培养服务精神和团队精神,而这些精神是从事许多其他社会工作同样需要的。即便是儿童也要参加学校的管理训练。因为参与不仅可以让儿童懂得遵守规则,而且可以了解它对于社会生活的意义。所以,杜威告诫说,学校道德教育的重点不应当是过分关注学生的错误行为,而要引导他们形成积极的人生态度和服务习惯。学校的生活应当并且是可以丰富的,关键是积极引导,使学生发挥自主性,使他们成为既有很高的智识又有高尚品德的社会成员。由于教育涉及人生的几乎所有方面,所以它既是困

---

① John Dewey, *The Middle Works*, 1899-1924, Vol. 4, edited by Jo Ann Boydston, Carbondale: Southern Illinois University Press, 2008, p. 270.

难的,又是有趣的。许多学生觉得学习是痛苦的事,责任不在学生,而在教学方法不当、教学理念不正和教育体制不良。

杜威的这些观点今天仍然没有过时。相反,它对我们反思和改革我们的教育体制、改进我们的教学方法、树立并贯彻良好的教育理念是很有帮助的。学校是微缩的社会。在明确了学校生活也是社会生活的一种形式之后,我们就理所当然地要强调学生之间的互动、学生与老师之间的互动、学生与其他社会机构的互动。通过这种互动,学生更容易形成社会共同体的意识。学生既生活在家庭里,也生活在社会共同体中。这一点决定他们受影响的方式是多样的,也决定他们的生活不是静态的。学生既通过家庭参与社会生活,又通过学校参与社会生活并对这种生活有所贡献。起码,他们能让这种生活更富有色彩、更富有想象,因而也更富有内容。杜威主张学校既要教会学生具有领导能力,也要教会学生学会服从。只有前者,我们的社会就不得安宁;只有后者,我们的社会就无法获得杰出人才。所以,杜威说成功的教育就是要让学生既有自我指引的能力,又有引导他人的能力;具有行政管理能力和承担责任的能力。这对我们当下的社会实在是金玉良言。现在,一些美国的社区大学常以杜威的名言做广告:"教育不是为生活做准备的,教育就是生活本身。"杜威在教育观上所做的这一重大转变开辟了教育哲学的新时代。

三、道德教育是教育的最高目的

传道是教育的灵魂。道德教育是传道的重要方面。杜威始终把道德教育作为教育的最高目的。抽象地讲,传统教育观也很重视道德教育,就此而言,杜威的教育观似乎与传统教育观没有太大的差别。问题在于,我们需要什么样的道德教育?怎样开展道德教育?

道德教育本身就是一个流动的概念,它的内容应当并且可以随着时代的改变而改变。既然杜威倡导的教育是面向未来的开放式教育和创造性教育,他也就会顺理成章地用发展的观点去审视道德教育。

在杜威眼里,道德教育始终是围绕如何塑造人的品格而展开的。在现代条件下,道德教育需要为社会塑造心胸豁达、思想开放、为人诚实、有责任感和正义感的公民。但是,这绝不等于道德教育的全部内容。因为个人的角色是多种多样的,他(她)既是家庭、群体、组织、国家的一员,也是人类的一员,这就决定了他(她)的道德角色和道德情感的多样性,也决定了他(她)的道德责任的多样性。杜威把学校比做社会的器官,并认为社会有机体正是通过学校来确定它的伦理结果的。这不仅因为从学校培养出来的社会成员的总体道德素养决定了社会风气和社会环境的好坏,而且因为社会进步本身就包括精神文明(spiritual civilization),有趣的是杜威早就使用了这个词来描述社会的进步,而精神文明在最终意义上是通过社会道德水准的提高实现的。

杜威认为,道德教育的最终目的是为了建立一个人人都能得到公正对待、广大社会成员的福祉能得到充分保障的良好社会。杜威强调道德教育的社会意义,从而打破了近代早期一些思想家将道德与伦理分离的做法。大家知道,直到黑格尔的时代,两者在很大程度上仍然是分离的。黑格尔认为道德涉及的是个人修养和内心生活,伦理则是外化的道德,它是超越个人的社会化的东西,与社会风气相关。其实,这也是古希腊人的一种观念。"伦理"一词在希腊文中一开始就是指"风气"和"习惯"的意思,而"道德"(moral)一词源于拉丁文的mos,意思也是"习惯"。只不过到近代,哲学家们虽然区分了伦理与道德,但又常常喜欢将道德与伦理放在一起讨论,两者之间的密切联系今天则反映在人们常将这两个词混用或合用。

杜威实际上将黑格尔的观念做了进一步发展。他认为一切道德都是社会化的东西,道德教育应当贯彻社会生活的所有方面。在学校里,智育、体育和美育度要贯彻道德教育的基本原则。那些以为道德教育就是专门开一门德育课就万事大吉的人要么扭曲了道德教育的本质,要么完全混淆了德育与智育的差异。对杜威来说,衡量道德教育是否成功并不在于教师将多少道德概念和原理灌输给了学生,而在于是否成功地塑造学生的道德品格。如果将德育等于上一门与其他课程并列的课程，那就等于说谁记得那些课本上的概念和原理谁就最有道德了。正是基于这种考虑，杜威认为，虽然单独研究和讲授道德概念和原理并非没有用处，但指望通过设立一门伦理课来进行道德教育是无济于事的，因为道德本质上在于行动，它不是单纯的理论知识，而是行动的智慧。这一点决定我们不能脱离行动去进行道德教育。

将道德教育放在实践中进行，体现了学校生活是社会生活的一种形式的观念。其根据是，个人的道德观念是在社会中形成的，个人也只有通过社会生活才能将道德观念付诸实践并由此体现道德观念的价值。最好的道德教育就是将思想与行动统一起来的教育，并通过与他人发生适当的关系才能产生效果。只通过书本进行道德教育实际上等于割断了道德教育与生活的内在联系。杜威批评当时的教育制度无视道德教育的实效性，忽视了道德教育只有扎根于生活才能发挥作用的事实。在他看来，道德教育必须贯穿于教育的所有方面，孤立地对待道德教育是没有意义的自欺欺人的做法。

应当说，杜威的这一思想具有相当大的合理性。他道出了道德教育的实质，也指明了道德教育的基本途径。他对当时的道德教育的状况的批评切中要害，对我们今天开展道德教育依然具有启迪意义。从某种意义上讲，杜威的批评也适用于我国的道德教育现状。比如说，虽然我们提出了德、智、体、美全而发展的教育观念以及德才兼备的人才观，但在落实和贯彻这类观念时我们常常陷入了抽象肯定但具体否定的境地。其原因是，我们常把德育与生活分离，与实践分离，而不是把它作为贯穿于所有活动的主线。此外，德育的内容往往限于课堂教育，即开设一门理论课，专讲一些概念和原理，结果是，学生可能记得一些概念和命题，甚至记得某些口号式的东西，但并没有真正学会如何做人。通过背诵概念和原理进行道德教育，就好比在教室里教人游泳。道德是做出来的，而不是背出来的。伦理是实践的智慧。德育越是被理解为理论学习，其实际效果反而越差。久而久之，学生不但会失去兴趣，而且心生抵触，以致误解乃至轻视道德教育的意义。

其实,道德教育是天底下最重要的教育,因为它事关天下安危,事关社会和谐,事关伦常次序和社会正义。所有人都在某种程度上受到道德的保护,虽然大家未必明确地意识到这一点。假如没有道德的保护,人人尚力而不尚德,我们的社会就会变为战场,或像霍布斯所说的那样人对人就像狼一样。道德并非像某些人所说的那样只是为保护弱者而设,道德在保护弱者的同时也保护强者。道德既然如此重要,德育就应当成为终身学习的过程。当然,杜威并非反对开设伦理课,但他反对将道德教育狭隘地理解为知识教育。当我们将道德教育归结为上几次伦理课时,道德教育与知识教育又有何区别呢?道德教育是将知与行统一起来的纽带,应当培养人的同情心、廉耻心、是非感等道德情感。不能激发道德情感的道德教育不但使道德观念成了无源之水,而且无法形成有利于做出恰当的道德判断的道德情境。道德情感主要是在实际生活中形成的。儿童在家庭和学校里可以通过对特殊情境的感受和体验形成这样的情感。通过对儿童及成人的道德观念的形成过程的仔细观察,杜威发现对道德习惯的培养是道德教育的基本任务。为了完成这一任务,学校首先要形成有利于培养道德习惯的环境。一旦学生通过与教师、同学乃至社会的互动养成了积极的服务习惯,他们也就更容易形成良好的责任意识。所以,杜威说教师不能老是盯着学生的错误不放,而要把学生对环境的消极态度变为积极的态度。对学生的批评只能偶尔为之,而不能成为常态。换言之,学校要以鼓励性教育为主。因为这种教育更符合人性的需要,也有利于学生形成积极向上的人生态度。更重要的是,它能使道德变成一种互动的过程。批评性教育尽管偶尔是必要的,但它老是让人盯着静态的规则。从儿童发展的观点看,那些规则可能带有任意性,它们很可能是学校为了维持自身的运作而制定的规则,这些规则如果不能与成人的社会规则相衔接,学生就会感到学校的道德教育是专断的。

杜威的上述观点指出了道德教育的着力点和根基所在,对我们开展道德教育具有借鉴价值。我国的道德教育只有摆脱空洞的说教,重建与生活实践的联系,才能产生它应当产生的实际成效。只靠空洞的口号进行道德教育非但不能取得预期的效果,而且会起相反的作用。其根本原因是,道德教育本是与现实生活密切相关的过程,也是最生动、最丰富的体验过程,因为它既涉及人的情绪、情感与习惯,也涉及人的理性判断,还涉及人的社会化行为,更涉及一个国家和民族的精神遗产。当道德教育变成了空洞无物的单纯说教时,它也就丧失了最可宝贵的东西——活生生的实践,从而也丧失了它赖以存在的根基。

总之,杜威的教育哲学是对教育实践的生动总结,也是对未来教育的一种充满信心的期待与谋划。他对教育的开放性、实效性和创造性的强调,对教育与生活实践的内在联系的揭示,对教育的道德价值的张扬,已经成为一种时代潮流。

第十二章　杜威眼中的科学对精神生活的意义

说到"科学"与"民主"两个关键词,不能不提及美国哲学家、教育家杜威。他不仅在许多讲演和论著中强调科学对于发展物质文明的重要性,而且重视科学精神的培养及其社会效应。从某种意义上讲,科学精神的培养比从事某项具体的科学研究更加困难,也更加重要。尽管两者之间存在着互动关系,但前者比后者更需要持久的努力和不懈的追求。对科学的自觉使杜威并没有因实证主义的影响而陷入科学万能论的陷阱,相反,他通过把怀疑精神、批判精神和探索精神引入他所提倡的科学精神的范畴,为科学地、伦理地对待科学预留了空间。

一、科学对精神生活之意义

"当我们没有意识到科学的意义时,科学是不会发展的。"[①]这是杜威在考察科学的历史和社会效应时反复申明的观点。科学的意义是多方面的。在杜威生活的时代,特别是二十世纪头二十年,科学对人类物质生活面貌的改变已经日益明显,以致生活在日趋工业化的西方国家的人们都能感受到科学对日常生活的广泛影响。正因如此,杜威

---

① John Dewey, "The Development of Modern Science", in Robert W. Clopton, Tsuin-Chen Ou (trs. and eds.), *John Dewey Lectures in China*, 1919 – 1920, Honolulu: The University of Hawaii Press, 1973, pp. 230 – 236.

以前在美国发表的论著没有在这方面多着笔墨。但在中国讲演时,杜威也许有感于中国科学的落后而反复强调科学对于减轻人的劳动和改善物质生活的重要性。

然而,杜威提醒我们注意一个很多人至今依然忽视的事实:在英国工业革命的早期,科学发展所遇到的阻力比在中国遇到的阻力要大得多。这种阻力来自三个方面:一是势力强大的教会的阻挠,因为科学的发展直接冲击了一些宗教信条,损害了教会的权威;二是遇到了一些政治人物的阻挠,因为科学家的工作在当时造成了蔑视权威的风气;三是由于技术发展导致一些工人的工作被机器所取代,有些工人放火焚烧厂房和机器,错误地以为是机器本身剥夺了他们的工作。这些事实反而使杜威感到不仅要从物质层面去理解科学,而且要从精神层面去理解科学。

从精神层面去理解科学意味着什么呢?意味着不仅要看到科学的结果,不仅要看到科学在物质生活方面给我们带来的各种便利,而且要看到科学如何改变了人的精神世界。在杜威看来,科学既改变了人们的生活方式和社会组织方式,又改变了人们的自然观、时空观,也改变了人们对自身的看法,还改变了人们的道德理想以及人们与宗教传统的关系,更改变了人们的思维方式和人生态度。在二十世纪,越来越多的人通过科学研究激发了探索的热情,找到了探索的乐趣。对于长期从事科学研究的人来说,科学探索甚至成了精神生活的主要内容。

首先,通过对科学的效应史的考察,杜威发现,近代科学出现之后,人们的世界观出现了四个重要的变化。这些变化分别以自然律概念、自然统一性概念、能量概念和进化概念的出现为标志。

在近代科学出现之前,人们最多只是模糊地认识到自然有一定的秩序,并在此基础上形成了宇宙和谐的观念〔在希腊文中,"宇宙"(cosmos)一词最早就有"和谐"的意思〕。近代科学出现之后,人们认识到自然界的一切都遵循特定的规律,这些规律可以用数学进行精确的描述。这样一来,人们就不会面对表面上杂乱无章的自然现象茫然若失,而是因自然现象的可预见性而对自己有了更多的信心。

近代科学出现之前,人们只能以思辨的方式抽象地谈论自然界的统一性。近代科学出现之后,人们能从宏观和微观两个层次精确地解释自然界的统一性。而自然界的统一性观念的形成给人类的认识领域带来的显著变化是,人类的认识兴趣首次有了共同的中心,所有社会的知识阶层有可能被一个共同的事业联系起来。不同民族、不同国家和不同地域的人在知识领域的这种联系为知识共同体,进而也为人类共同体观念的形成奠定了牢固的基础。在一定意义上讲,自然界的统一性观念的形成与知识共同体观念的形成具有一定的对应性,因为当我们要去认识共同的东西时,我们不仅被引导到共同的目标之下,而且意识到我们有了共同的生活基础并且被迫面对共同的问题。

"能量"概念的出现在近代科学中具有革命性意义。它不仅使我们能深入研究光、热、电等自然现象,而且将古人对宇宙的静态理解变成了今人对宇宙的动态理解。杜威认为,恰恰是"能量"概念的出现导致了新天文学、新物理学和新化学的产生,也导致了新生物学以及一系列其他科学如人类学、人种学、社会学和语言学的出现,因为"所有这些学科的产生都源于人们意识到宇宙除有静态方面还有动态方面"[①]。更重要的是,这种新思维方式使人们勇于质疑传统的权威,特别是宇宙由永恒实体构成的观念。

"进化"概念的出现使人们得以重新审视所有生命现象,包括人和人类社会的起源与演进,因而从根本上改变了人的历史观。杜威深受达尔文进化论的影响,并认为进化概念的直接效应是摧毁了预成论的世界观以及中世纪神学的永恒真理观念。按杜威在《达尔文主义对哲学的影响》一文中的看法,将"物种"与"起源"这两个词结合在一起本身就"体现了一次理智的反叛并引入了一种新的精神气质","《物种起源》引入了一种思维方式,这种思维方式肯定会改变知识的逻辑并因

---

① John Dewey, "The Development of Modern Science", in Robert W. Clopton, Tsuin-Chen Ou (trs. and eds.), *John Dewey Lectures in China*, 1919-1920, Honolulu: The University of Hawaii Press, 1973, pp. 230-236.

此改变对待道德、政治和宗教的方式"①。对真理相对性的承认使人们有可能去怀疑过去的权威,探求新的知识,并树立了一种"向前看"的思维方式,而不是"向后看"的思维方式。与此相应,人们也牢牢树立了一种"发展"的观念,这种观念虽然在某些人看来与其说是一种基于历史事实的描述性观念还不如说是一种对未来的信念,但它显然培养了一种积极的人生态度并主导了近百年来人类所做的许多重要努力。

其次,通过对科学的效应史的考察,杜威发现,科学给人的生活带来了新的希望并为人们走向新生活鼓起了新勇气。就像一个人年龄大了就需要新的力量、新的勇气并要防止自己过于守旧一样,一个民族要保持青春的活力就需要新的希望和新的勇气。科学能为一个民族和国家带来青春的活力,是因为科学让人们树立了对自己的理智力量的信心。尽管科学并不能解决所有问题,有时甚至有某些负面的影响,但科学本身就是人的智慧的结晶。只要科学地对待科学,合理地对待科学,人类就能有效地、合理地发展科学并运用科学。在精神世界里,科学为人们使用和开发理智开辟了崭新的途径。过去,人们在遇到生活的困难和危机时总是习惯乞求于神灵的保佑。现在,通过科学,人们学会了依赖自己的聪明才智去解决自己的问题并摆脱了大量的愚昧与错误,从而树立了更好的是非标准。至少,现代人可以通过科学对自己和自己生活的世界有了更真切、更完整的认识,人们在面对错误与愚昧时不再采取愚昧的态度。对自身的理智力量的确信使人们不再迷信古人,不再盲从权威。正因如此,人们更容易采取面向未来的前瞻态度。这种精神取向的转变也使人们更容易从未来看现在,而不是从过去看现在或以过去的标准去衡量现在的一切。

最后,科学的出现使人们摆脱了宿命论和悲观主义对人的精神生活的控制。科学无疑改变了知识的格局,但更重要的是改变了知识的性质。在近代科学出现之前,人类的知识多半限于单纯的直接

---

① John Dewey, "The Influence of Darwinism on Philosophy", John Dewey, *The Middle Works*, 1899-1924, Vol. 4, edited by Jo Ann Boydston, Carbondale: Southern Illinois University Press, 2008, pp. 3-14.

经验或主观臆测,没有严密的体系和合理的论证,因而经不起推敲和检验。近代科学的出现使人们不仅意识到精确性对于知识的重要性,而且意识到知识的成长不但要重视量的积累,还要重视质的提高。科学革命的意义首先就在于把知识的质的提高摆在优先地位。科学不断地解决问题,但也不断地产生问题。杜威更多地强调前一方面而不大注意后一方面,这自然是其时代条件决定的并且与其时代要求相一致。

但是,杜威敏锐地看到,科学的发展改变了两种对社会精神生活起压迫作用的世界观,一种是把自然看作毫无秩序和不易控制的东西的世界观;另一种是认为自然虽然遵循一定的规律但人类对它无能为力的世界观。这两种世界观产生了三种形式的悲观主义①。第一种悲观主义认为一切都已命定,非人力所能为,因此,抱这种悲观主义的人在社会生活中采取逆来顺受的态度。杜威认为,科学的兴起使人们能借助精密的方法洞悉自然的奥秘,控制自然的进程,因而给人们带来了希望,这种形式的悲观主义自然烟消云散了。第二种悲观主义抱着摘不着葡萄就说葡萄酸的心态去对待自然,其结果自然是认为自然现象不值得我们去控制,因为我们压根儿控制不了。科学的兴起以铁的事实说明自然进程不仅值得控制而且能够控制。第三种悲观主义是将眼光放在过去,而不是瞩目将来。按照这种悲观主义,古人一切都好,古人的智慧远远超过今人且不犯错误。持这种观念的人看到的人类知识图景是灰暗的,它所显示的人类历史是一种退步史,而非进步史。"言必称古人"是其精神生活的真实写照。科学出现之后,人们终于发现了自己的理智的伟大力量,他们不仅以前所未有的广度与深度掌握着自然的奥秘,而且能不断发明新的技术和工具为人类服务。从此,人们不再轻视对自然的研究,相反,认为这种研究是一件富有挑战性的有趣工作。

如果停留于此,杜威还不成其为杜威。他对科学意义的阐述并不

---

① 袁刚、孙家祥、任丙强编:《民治主义与现代社会——杜威在华讲演集》,北京:北京大学出版社,2004年,第439—458页。

停留于对科学效应的现象描述,而是深入对科学精神的探讨上。对杜威来说,科学绝不等于单纯的技术和工程。科学首先是思想的自由事业,是对真理的不懈追求。没有研究的自由和思想的自由,就没有真正意义上的科学。因此,他不仅深入研究了科学与民主的关系,而且详细阐述了科学精神的要义。

二、科学精神的要义

科学精神体现在具体的研究中,但又不限于具体的研究。从广义上讲,科学的人文理想也是科学精神的一部分。科学生根于文化的土壤中,这一点决定了科学活动的人文性质。以科学的精神对待科学不仅体现了科学的自觉,而且是科学向自身提出的正当要求。当这种要求成为社会的普遍需要时,科学才能找到合理的定向。

然而,科学活动是以自然律概念的出现为背景的。这一概念将确定性与不确定性区分开来并使这种区分成为必要。科学探究是解决问题的活动,但正如麦可尔·哈姆普(Michael Hampe)和班贝克(Bamberg)所言,在杜威那里,"科学探究在很大程度上不是由解释某物的冲动支配的,而是由将不确定的情境变为确定的统一的情境的愿望支配的"[①]。科学探究是科学活动的主要部分。科学精神贯穿于科学活动中,但随着科学活动的普遍化以及人们对科学的逐步推崇,科学精神也渐渐渗透到其他领域。杜威对科学精神的论述实际上是以自然律概念和确定性概念为依归的并将科学方法视为科学精神的具体体现。这是因为,他认为科学研究首先是以揭示和运用自然律为目标,从不确定性中求确定性则成了它的根本特征。由于揭示自然律是人们勇于运用自己的理性并且不断探索的结果,我们就可以合乎逻辑地得出这样的结论:科学精神首先意味着勇于探索的精神。

---

① Michael Hampe/Bamberg, "A Pragmatic View of Law of Nature", *Die Zukunft des Wissens*, Hrsg. von Jürgen Mittelstraβ, Konstanz: Universitätsverlag Konstanz, 1999, S. 447-453.

勇于探索又意味着什么呢？意味着勇于破除迷信，勇于打破陈规，勇于革除传统的习惯，勇于尝试和实验。由于失败总是与探索联系在一起的，勇于探索也意味着不怕失败。杜威特别强调科学方法的重要性，正是科学方法显示了科学研究的探索性质。因此，他对科学方法做了大量的论述。在他看来，科学并不等于书本上的知识，物理、化学、生物学、天文学只是科学努力的结果，而非科学本身。科学的重要意义不在其结果，而在其方法。用他本人的话讲，"只知科学的结果而不知科学方法的人并不真正懂得科学的意义"①。他还说："科学的重要性在于它引进了求知的方法，它使人们能根据现有的经验预见并控制将来。这就是我们所说的真正意义上的科学。"②

然而，由于对实验方法的偏爱，杜威常常把科学方法等同于实验方法。比如，他说："科学方法是什么？简单地说是实验的方法，是通过人类的活动在心灵的功能与自然事实之间建立联系的方法。"③但杜威所说的实验要从广义上去理解。实验具有目的性，甚至具有预见性。在实验中，研究者提出假设，证实假设或否证假设，人们也可以根据新事实得出新观念，提出新假设。这一过程无疑具有探索的性质。在通常情况下，当有人提出某项建议时，人们往往以两种方式做出反应。如果那个建议好，就予以采纳，如果不好就加以拒绝。实验方法引入了第三种反应方式，即把那个建议看作假设，其价值由实验结果决定。

与强调实验方法相对应，杜威提出了"真知始于意见"、科学源于假设的观点。著名的科学哲学家莱欣巴赫（Reichenbach）在谈到杜威的科学理论时虽多有批评，但肯定了杜威对实验方法的重要洞见。因为对杜威而言，近代科学的一个显著特点是将实验方法引入了科学，从而可以不断提出假设和验证假设。这一点，导致人们放弃了科学中

---

① John Dewey, "Science and Knowing", in Robert W. Clopton, Tsuin-Chen Ou (trs. and eds.), *John Dewey Lectures in China*, 1919 - 1920, Honolulu: The University of Hawaii Press, 1973, pp. 245 - 251.
② 同上。
③ 同上。

的教条并随时准备接受实验检验的结果①。科学中的假设不同于思辨或随意的假定,它以既有的理论为根据并受某种理论的指导,科学实验通过人为的组织和安排来体现实验者的目的。科学不承认永恒真理,它只承认真理的有条件性。科学的观点都是有待其结果所证实的假设,一旦被证实,它就成了暂时的真理并需要受到进一步的检验和证实。从这种意义上讲,所有科学活动都带有探索的性质。后来胡适所说的"大胆假设,小心求证"就是对杜威上述思想的高度概括。

科学精神也意味着追求真理的精神和实事求是的精神。求真是科学的本性,也是科学对自身的基本要求。一旦走上科学探究的道路,人们就被迫把自己的个人兴趣、情绪、臆断置于科学规律的统摄之下。任何理论和观点在未经证实的情况下都不过是假设。科学帮助我们实现由假设向真理的过渡,也帮助我们揭示自然、社会和人自身的真谛。"牺牲真理以及放弃探索真理迟早都会招致牺牲社会福利。"②在1911年写的《真理问题》中,杜威区分了"truth"这个英文词的不同意义。它既可以表示与谎言相对的真话,又可以表示与谬误相对的真理,也可以表示事实、真相。从词源上看,这个词一开始就与信念有关、与价值评判有关。在神学和道德哲学中,它甚至与不可挑战的权威有关。然而,科学的出现恰恰与打破对这类权威的迷信联系在一起。科学把真理视为理智与对象的逻辑关系和认识关系③。这种观念上的转变客观上要求人们具备求真的意志和求真的理想。忠于事实而不是忠于主观的臆断在所有科学研究中成了首要要求。因此,当权威的意见与事实相悖时,科学要求我们无条件地尊重后者;当某种

---

① Hans Reichenbach, "Dewey's Theory of Science", *The Philosophy of John Dewey*, ed. by Paul Arthur Schilpp and Lewis Edwin Hahn, La Salle Illinois: Open Court Publishing Company, 1989, pp. 157 – 192.

② John Dewey, "Science and the Moral Life", in Robert W. Clopton, Tsuin-Chen Ou (tr. and ed.), *John Dewey Lectures in China*, 1919 – 1920, Honolulu: The University of Hawaii Press, 1973, pp. 37 – 244.

③ John Dewey, "The Problem of Truth", John Dewey, *The Middle Works*, 1899 – 1924, Vol. 6, edited by Jo Ann Boydston, Carbondale: Southern Illinois University Press, 2008, pp. 12 – 68.

信条有碍于真理的探究时,科学要求我们放弃那种信条。独立于个人主观愿望的真理的客观性让个人获得了一种行为的校准:科学研究要求诚实,科学研究要求讲真话,科学研究要求采取实事求是的态度。

但是,杜威注意到一个事实,这就是,个人利益常常与诚实相冲突。虽然诚实历来是一种美德,但要做到诚实的确很困难,因为一个人要诚实就要讲真话,而讲真话在某些情况下可能影响个人的利益。所以,一旦讲真话与实际利益相冲突,很多人往往选择后者而不是前者,这为社会的不安和冲突制造了土壤。很显然,错的不是讲真话而是个人把自己的利益看得过重或者被偏见所左右。实际上,讲真话最符合社会的总体利益并且最符合社会治理的经济原则。如果社会成员都能做到诚实,这个社会的内耗就少,反之,大量的资源就要被浪费于对事实的还原和澄清。社会公正是与求真的理想和求真的意志联系在一起的。这就是为什么在一个诚实的社会里更容易做到公正。

科学的发展有利于诚实的态度在社会里生根下来,而在一个相对诚实的社会里,科学的发展具有更好的外部条件。虽然"自然喜欢躲藏起来",但只有实事求是的人才能揭示自然律。不遵循这一原则,就难有真正的发现。科学研究中的不诚实最终会给研究者带来耻辱。从这种意义上讲,科学活动的确能培养实事求是的态度,这种态度如果能扩展到科学活动之外,社会就能大蒙其利。

科学精神还意味着将自由探讨和严谨求实相结合的精神。如前所述,科学是思想的自由事业,它只服从真理的要求,而非服从外在权威和教条的要求。由于任何科学原理和理论需要不断得到检验和证明才能保证其确实可靠性和真理的有效性,科学的发现必须具有可重复性才能得到认可。但是,可重复性只有在理论得到公开时才能被确认。所以,科学发现虽然可以由个人来完成,但它并不属于私人领域的事。科学理论需要被带到公开领域接受别人的批评与驳难,才能受到真正的检验。但科学家在研究的过程中是不应受到机械的束缚和无理限制的。这就是研究的自由。杜威说,自由有两层意思,一是就方法而言,一是就目的而言。在科学活动中没有人能规定哪种方法可用,哪种方法不可用,关键要看哪种方法更便于发现真理。自由探讨意味着不接受方法上的强制。此其一。其二,就目的而言,"做事的时候能发现真理也是极好的自由。这种自由带有知识的性质,是真正的自由"①。比如说,知道汽车运行原理的人比不知道的人更加自由。

然而,在《自由的哲学》一文中,杜威强调,自由的可能性深深地扎根于我们的存在之中。用他自己的话说,"事实上,自由是一种坚定的意志,在某些方面尚不确定的世界上这种意志正发挥作用,因为它开辟并趋向新的未来"②。包括科学探讨在内的认识上的自由建基于我们自由存在的天性。发现真理其实是人的天性之一。儿童的好奇心就反映了这一点。但迷信与偏见不断消蚀人要求发现真理的这种天性。科学研究可以看作是人的自由天性的部分实现。

不过,科学研究有它自身的逻辑。科学不是主观的想象,也不是松散的知识,更不是随意的猜测,而是严密的系统。科学有它自身的标准,这种标准不是由外在权威制定的,而是经科学研究反复检验的结果。从根本上讲,它是真理的客观性向人们提出的一种要求。研究者不仅受制于研究的条件和研究的方法,而且受制于科学成长的规律。同时,研究者还要承担某种道义上的责任。这种责任使他们不能不关注研究的结果的可靠性和安全性。自由探讨如果不与严谨求实的精神相结合,科学活动就会变成不顾后果的游戏。正是在这里,杜威渐渐给科学提出了伦理的要求。这也是他作为伦理学家而存在的重要价值之一。

三、在科学活动中贯彻人文精神

杜威并未直接使用"人文精神"这一概念。在中国,这一概念是牟

---

① 袁刚、孙家祥、任丙强编:《民治主义与现代社会——杜威在华讲演集》,北京:北京大学出版社,2004年,第533—534页。
② John Dewey, "Philosophies of Freedom", John Dewey, *The Later Works*, 1925-1953, Vol. 3, edited by Jo Ann Boydston, Carbondale: Southern Illinois University Press, 2008, pp. 92-114.

宗三在 1952 年首先使用的。尽管这一概念比较模糊,我仍然借用它来表示在科学活动中那种体现美的理想和善的价值的精神。具体地说,它意味着尊重人的审美需要,尊重人的价值、尊严与自由;用更思辨化的语言说,就是使物的物性在任何时候都服务于人的人性。康德所表达的"任何时候不仅要将人作为手段,而且要作为目的"的观念已经在很大程度上蕴含了人文精神的内容。科学精神与人文精神的统一最终体现在真、善、美的统一中。杜威在不同领域的学术工作充分表现了这种统一的必要性和可能性。

杜威没有把事实与价值的领域截然分离开来,他的经验形而上学也不允许他将它们分离开来。对他来说,无论是审美活动还是道德实践都不过是人的广泛经验的一部分。人在科学活动中贯彻审美理想和伦理关切可以防止事实与价值的分裂。在《经验与自然》中,杜威明确指出,"艺术再现了自然的重大事件和经验的极致。在这方面,人们通常对艺术与科学所作的截然分离遭到了批评。我们主张,作为方法的科学比作为主要内容的科学更为基本。科学探究是一种艺术,它既是控制的工具又是作为纯粹的精神享受的最终手段"[①]。如果说科学的主要目的是求真,那么,艺术的主要目的是"判美"(我在这里取庄子所说的"判天地之大美"之义),伦理的主要目的则是"企善"。虽然"不同的问题需要探究不同的解决方式"[②],但它们在本质上是相通的。正如著名的杜威研究专家希克曼(Larry Hickman)指出的那样,"杜威坚定而一贯地主张,艺术与技术科学具有不同的题材和不同的工具,在这一点上,它们构成了探究的不同方面"[③]。但技术科学主要与事实领域打交道并不妨碍它为创造美的王国、提升美的理想、创造新的审美形态、展示美的多样性做出贡献。反之,作为经验的艺术可以帮助科学朝美的理想前进,或者说,使科学的发展更符合人类的审美要求。

[①] John Dewey, *The Later Works*, 1925 - 1953, Vol. 1, edited by Jo Ann Boydston, Carbondale: Southern Illinois University Press, 2008, pp. 8 - 9.
[②] 同上书,第 82 页。
[③] Larry Hickman, *Philosophical Tools for Technological Culture*, Bloomington and Indianapolis: Indiana University Press, 2001, p. 89.

由于人类对美的尊崇促进了人的自由与和谐,将美的要求贯彻到技术的发明和应用当中可以使技术更符合人性的需要。技术本身是中性的,它自身并未规定如何应用。一切取决于掌握技术的人如何合理地对待技术和使用技术。所以,杜威提倡艺术地使用技术,因为艺术可以表达技术和科学所阐明的意义。在《作为经验的艺术》中,杜威简洁地说:"科学阐明意义,艺术表达它们。"①

带着审美的眼光去从事科学研究可以帮助人们更容易发现科学规律,更容易揭示自然的奥秘。因为从本质上讲,科学所揭示的自然规律往往符合美的规律,体现美的节奏和韵律。从天体运行规律的发现到化学分子结构的揭示,从动物行为的分析到植物光合作用的研究,无不反映了这一特点。毕达哥拉斯、达·芬奇和爱因斯坦等人的科学研究与艺术实践就是生动的说明。在最高层次上,艺术的审美经验与科学研究中的想象有着惊人的一致性。有艺术素养的科学家更容易在研究中找到发现和发明的灵感。因为艺术经验以及与这种经验相关的想象力可以帮助人打开视域展现新的可能性。

科学和艺术都促进了人的解放。就此而言它们具有共同的目标。科学可以让艺术经验更具深度和广度。比如,天文观测可以让人类把目光引向遥远的天体并从中获得某种崇高感与和谐感。海洋科学让人认识到深海领域的奇妙,而海洋深处的奇观让我们获得了新的审美经验。照相机、广播、电影、电视和互联网的出现以及新的音响系统和舞台照明技术的不断发展,使艺术的表现手段和传播方式获得了空前的丰富和质的提高。在这种意义上说,求真可以为审美提供手段和工具并为审美开辟广泛的可能性。以审美的态度去从事科学研究可以使我们的研究成为一种令人快乐的事情。所以,杜威常说,科学探究体现了生活经验的审美特征。

然而,科学探究并不自动地把人引向良善的方向。尽管杜威提倡将科学方法用于其他领域,但"他并不想否认技术决定常常无法服务

---

① John Dewey, *The Later Works*, 1925-1953, Vol. 10, edited by Jo Ann Boydston, Carbondale: Southern Illinois University Press, 2008, p.90.

于人类,也不想否认技术有时会失控并且结果是异化和苦难。但他主张,无论何时出现了这种情况,那都不是技术本身的过错"①,而是由于人们不恰当地使用自己的想象力,不恰当地将科学技术的自行发展凌驾于"共同的善"之上,归根到底是因为人们没有将伦理的要求和责任置于科学的研究和应用中。因此,给科学活动以合理的定向符合人文精神的基本要求。这一要求将求真与积善统一起来。求真可以培养诚实的品格,也可以促进人的自由。在《新旧个人主义》中,杜威指出,"认为自然科学会以某种方式限制自由,会使人服从于固定的必然性,这种观点并非科学的内在产物"②,也就是说,科学本身并不内在地限制自由,相反,只要运用恰当,科学本身可以增进自由。一切取决于我们如何以人文理念和规范引领科学的发展和具体运用。既然科学技术本身具有工具性特征,我们在开发和运用这种工具时就要贯彻善良意志,进而言之,我们要将道德选择引入科学活动本身。在这方面,古代的希波克拉底已经为我们做出了表率。杜威还以培根为例说明科学为何要以人的幸福为依归。科学的后果并非科学自身决定的,而是由掌握科学的人的道德选择决定的。比如,一项技术可以用于杀人,也可以用于为社会谋福利。人们采用什么价值观决定了他们以什么方式进行选择。人是技术的主人,而非技术的奴隶。以善的理念贯穿到科学活动中恰恰体现了人的这一特点。

然而,杜威在很大程度上是一个后果论者。在讨论科学活动中的道德选择时,杜威不仅看重动机,而且看重后果。"一方面,人并不是停留于内心生活中,一个人的愿望再好,如果不借行为及其后果来表现,将显得毫无意义;另一方面,行为的后果并非自然而然地产生的,它在很大程度上是人选择的,受制于自我并体现了自我。"③杜威也注意到,人的行为总是与现实的条件和道德情境相关。"一个人越有良知,就越关心其

---

① Larry Hickman, *Philosophical Tools for Technological Culture*, Bloomington and Indianapolis: Indiana University Press, 2001, p. 153.

② John Dewey, *The Later Works*, 1925 – 1953, Vol. 5, edited by Jo Ann Boydston, Carbondale: Southern Illinois University Press, 2008, p. 105.

③ 汪堂家:《道德自我、道德情境与道德判断》,载《江苏社会科学》2005 年第 5 期。

行为的道德性质,就越会意识到发现何为善这一问题的复杂性。"①

杜威倡导"有良知的科学活动"。早在1926年9月,杜威在《动物试验的伦理学》一文中就提出了用动物进行试验的道德原则问题。在他看来,科学探究的自由自然应当得到尊重,但科学毕竟是服务于社会进步和启蒙的工具,将人本身作为科学活动的目的可以确保科学朝好的方向发展。具体而言,要衡量一项科学活动的正当性就必须了解它能否增进人类的根本利益。比如,为了减少人的疾病及其痛苦,用动物而不用人进行药物试验就是正当的,这种试验甚至不仅是权利而且是责任②。防止对动物的残忍在道德上当然是没有异议的,但为了人的健康和拯救人的生命对动物进行试验却有道德上的正当性。由于科学活动越来越依赖投资,将有限的资源用于哪个研究领域本身就是一个伦理问题。在一项科研成果问世之后,将它运用到哪个领域同样是一个伦理问题。经过两次世界大战,人们更加认识到科学技术成果可以运用到两个完全相反的领域——为人谋福利和伤害人的生命。科学技术本身不必也不可能为其应用负责。一切取决于掌握科学技术成果的主体做出何种选择。在这种选择中实现求真与企善的统一正是人文精神的基本要求。

总之,科学活动不仅带来物质财富,而且造就一种精神品质,一种社会氛围,一种价值校准。通过科学活动来培养科学精神是使我们这个物质生活日益丰富的世界变得更加合理、更加安全的途径之一。杜威的贡献在于,他对科学精神的强调和阐述使我们认识到,科学活动可以并且应当促进人文理想的实现,反之,以人文精神统领科学活动可以使我们的社会更加合理,可以使人生活得更加幸福,更富有意义。从这种意义上说,科学精神与人文精神在根基处不是分裂的。它们的互渗,可以为我们正为之奋斗的合理化的社会开辟道路。

---

① John Dewey, *The Later Works*, 1925 – 1953, Vol. 5, edited by Jo Ann Boydston, Carbondale: Southern Illinois University Press, 2008, p. 279.
② John Dewey, "The Ethics of Animal Experimentation", *The Later Works*, 1925 – 1953, Vol. 2, edited by Jo Ann Boydston, Carbondale: Southern Illinois University Press, 2008, pp. 98 – 103.

第十三章 道德自我、道德情境与道德判断
——试析杜威道德哲学的一个侧面

杜威的伦理学是他的哲学的最有创见、最具活力的部分之一。从1871年到1953年,他对伦理问题一直保持着浓厚的兴趣,并写了一些论著来阐述一般的道德问题、源于特殊生活经验的特殊道德问题以及道德问题与其他问题的相关性。但杜威并没有建立严格意义上的伦理学体系(比如,像康德和罗尔斯那样的体系)。他曾自诩在哲学上进行了另一次"哥白尼革命",而伦理学是实现这场革命的关键,因为他的伦理学不仅抛弃了传统的二元论的假设,而且真正把道德作为一种生活经验来对待。1922年的《人性与行为》、1930年的《道德中的三种因素》以及1932年的《伦理学》都体现了他的成熟的伦理思想。下面,我将主要根据这三部论著对他的伦理思想做一些分析。

一、道德自我与选择

杜威不愿用"主体"与"客体"这类二元对立的方式去思考伦理问题。他把道德作为一种经验,而经验始终离不开活生生的情境。因此,杜威比许多其他伦理学家更关注情境对于道德判断和道德行为的重要性。也正因为这一点,他在许多方面开辟了当代情境伦理学的先河。

杜威在考察道德情境时发现,我们无法回避自我与情境的相互影

响。自我对行为目标的选择以及这种选择的后果均与情境相关。在不少情况下,人的行为选择常常能产生一种新情境。从这种意义上说,情境也可以是选择的某种结果。在人类的生活中,只要我们面对不同的可能性,我们就需要选择,即使我们面对那些可能性不做选择,我们也是在做出选择。所以,杜威总是把选择作为自我的最典型特征。正如希克曼在《杜威的伦理学:作为经验的道德》一文中所说,在杜威的"伦理学中,道德自我是在道德上重构令人困惑的情境的过程的一个组成部分。因此,当某个特殊情境中发生交易时,这个自我既影响发生的事情又受发生的事情的影响。这一点在我们所做的事情的性质与我们给情境所赋予的特征的性质之间确立了一种重要的有机的关系"①。

由于道德自我与情境的这种互动关系,道德自我常常受到各种内在和外在因素的制约。因满足急切的单一目的并因此宰制这种满足时,自我应该明智和审慎,在承认自己在与他人的关系中提出的那些要求时,自我要忠实可靠;在赞扬和指责时应慎用认可或不认可。此外,道德自我要积极地发现新的价值观念,并修改旧的观念。在对待传统的价值观和道德理论时,杜威一直主张采取继承与变革并重的态度,那些极端的道德理论虽然荒谬,但对价值观的变革可能有促进作用。最关键的事情是有效地运用其积极的方面。本着这种精神,杜威在考察康德的义务论伦理学、美德伦理学以及各式各样的功利主义理论时总是采取建设性的批评态度。这种态度使他一方面看到了上述道德理论的局限,另一方面不断从中汲取智慧与灵感。

按杜威的分析,康德的伦理学确立了道德自我的至高无尚性,原则先行体现了它的基本旨趣。在社会实践中,这种理论虽然无法彻底贯彻,但塑造了一种尊重理性的传统,这种传统为道德知识发挥积极作用留下了空间。在康德那里,自我即是最高的独一无二的道德目

---

① "Dewey's Ethics: Morality as Experience", in *Reading Dewey*, edited by Larry Hickman, Bloomington and Indianapolis: Indiana University Press, 1998, pp. 100 - 123.

的。除行为后果之外,善良意志乃是唯一的道德之善。美德伦理学与康德的义务伦理学不乏相通之处,比如,它将道德的善与美德统一起来,这样,做一个好人的最终目的就是保持自己的美德。如果将自我作为唯一的目的,那么,行为及其后果自然要被作为单纯的手段,作为保持善良自我的外在工具。早期功利主义者们就持这种立场,因为他们把某种结果即快乐作为唯一的目的,自我则成了实现快乐的手段。

杜威宣称其伦理学要改变自我与后果的这种僵硬对立,因为他认为自我与后果是必不可少的两面。一方面,人并不是停留于内心生活中,一个人的愿望再好,如果不借行为及其后果来表现,将显得毫无意义;另一方面,行为的后果并非自然而然地产生的,它在很大程度上是人选择的,受制于自我并体现了自我。自我并非产生结果的纯粹手段。后果进入了自我的结构中,自我也进入了道德后果中。杜威还用砖与房子的关系来解释道德自我与道德后果的关系。砖是建房的手段,但又不仅仅是手段,因为它们最终成了房子本身的一部分。同样,行为及其后果是与自我不可分的,它们既显示自我,也形成和检验自我。

由于受米德的影响,杜威对自我的分析常常借用行为主义的术语并遵循了米德的某些思路,把行为选择作为自我的重要特征就是其中之一。杜威把选择分为两种:即自发选择(偏好)和故意选择。自发选择先于故意选择。前者受欲望、刺激、偏好的重要影响。比如,无论欲望如何盲目,它都会促使人选择一个而放弃另一个,自我在同时注意某些对象时,也总是把其中的某个东西的价值看得更高,尽管其他东西对他并非不重要。在影响自发选择的各种因素中,习惯是最持久、影响最大的一种因素。它时时刻刻左右着人的行为,使人不必每遇事情就来一番比较,也不必就此仔细思考一番。从某种意义上讲,它是自然与社会的共同产物,也是人应对万事万物变化的一种非常经济的方式。因为它使人不必对各种事物进行比较后再做决定,从而节省了大量的时间和精力。所以,好的习惯是增进人的利益的很经济的手段。道德上的自发行为,虽然有赖于培养,但一旦养成,就会使人在面对变化的情境时不假思考地做出选择。道德教育如果有利于好的自发行为的产生,有利于好的习惯的形成,就算达到了成功。杜威对习惯的分析使人不禁想起将习惯作为"人生的伟大指南"的休谟,但杜威在分析时引进了现代的道德心理学的成果,而没有像休谟那样停留于单纯的狭隘的经验主义框架中。

与自发选择相反,故意选择体现了道德自我的主动性。由于它是人的有意识的活动,所以,它比自发活动更能表现人的高贵性,也更能表现人的复杂性。人有很多意愿,有充分的想象力,这使得人不像其他动物那样容易满足,人的精神世界均与人的故意选择相关。在故意选择中,人一开始表现出某种犹豫,但随后又摆脱犹豫。这个过程也是人的比较过程,因为人在面对不同对象、不同可能性时,总是有意对那些对象和可能性进行比较。在这里,人表现出对对象的价值的意识。尽管不同的人可能对同一对象有不同的价值意识,但他们并不完全从个人的喜好出发进行选择,他们会融合已有的个人经验以及直接和间接的知识进行判断。值得特别关注的是,人的选择中始终包含着对自我的意识,特别是人对自身能力的意识。人们之所以很少选择做自己完全办不到的事情,就是因为人会对自身的能力与实现目标的可能性进行比较,然后做出适当的选择。杜威与其他实用主义者都特别重视这一点。基于这一点,实用主义有时被解释为实效主义。杜威指出:"每一种故意选择都维持着与自我的双重关系。它显示现存的自我,也形成未来的自我。被选择的东西就是被发现适合于自我的欲望与习惯的东西。思想在这一过程中起着重要的作用,因为每种不同可能性在呈现给想象时诉诸自我构造中的不同因素,从而为品格的各个方面提供了在最终选择中发挥作用的机会。最终的选择也形成自我,在某种程度上使之成为新的自我。"①

上述论断表明,杜威是从两个方面去思考自我:一是从现在出发去思考自我,一是从未来着眼思考自我。选择与这两个方面都有关

---

① John Dewey, *The Later Works 1925–1953*, Vol. 7, edited by Jo Ann Boydston, Carbondale: Southern Illinois University Press, 2008, p.286.

系，因为选择往往涉及习惯与欲望。习惯与过去相关，欲望与未来相关。人在选择对象时也在选择成为什么样的自我。杜威有时将自我称为人格，并认为人格并非达到某种目的的手段或工具，而是实现结果的能动力量。自我或人格也不仅仅是外在的动力因，它本身就是内在目的。亚里士多德和黑格尔都曾提出过人格是由一系列行为表现出来的观点。杜威对此做了进一步的发挥。他认为，人格其实是由人的不断选择造成的，好人选择成为好人，坏人选择成为坏人。从某种意义上讲，道德教育的一个目标就是让人懂得如何选择。明辨是非、懂得善恶最终是为了选择。自我是行为的动因，但不仅仅是动因，因为自我在选择时已经融入行为之中，并且显示了自身的本性。因此，对一种行为做出道德判断也就是对表现这种行为的自我做出道德判断。把自我与行为割裂开来不仅会导致我们仅仅根据一个人的动机去判断一个人的道德品质，而且会导致我们错误地把自我作为手段。杜威是一个强调知行合一的哲学家，尽管不同时期强调的程度有所不同。这一点决定了他会将人的道德行为与认知联系起来考察并突出动机与效果的统一性。所以，杜威说，只有希望并努力争取善的结果的自我才可能是善的。正确的道德理论总是承认自我与行为的统一，而错误的道德理论总是把自我与行为、行为与后果割裂开来。我们之所以没有给其他动物的行为和自然事件赋予道德价值，也不对它们做出道德评价，正是因为它们并无道德自我，没有道德意识。比如，我们并不说一只猫吃掉了邻居家的鱼是不道德的。

在杜威看来，强调自我与行为的统一还有另一层意义，这就是它有助于我们理解动机的本性。如果不承认这种统一性，动机就会被看作外在的东西，而自我也就成了惰性的被动的东西。实际上，自我始终是能动的、有道德的人。将动机看作从外面影响自我的诱因，实际上是混淆了动机与刺激。对伦理学而言，区分这两者是非常重要的，因为动机是道德自我的一部分，它为人的活动确定方向，从而影响人的现实选择。

二、道德情境与道德判断

杜威特别关注道德情境中的不确定因素问题,并认为过去的道德理论特别是约定论由于忽视了这一问题而陷入了困境,因为这种理论只看到了善恶的冲突并断定这种冲突中不应有任何不确定的方面,从而导致了理论的僵化和解释的无效。杜威列举了不少实例说明,讨论道德问题不能脱离现实的情境。我们有足够的根据说,做一个彻底的实用主义者就意味着做一个情境论者。

孤立地、抽象地谈论善恶在杜威看来没有多大意义,因为人的行为总是与现实的条件和道德情境相关。一个人越有良知,就越关心其行为的"道德性质,就会越意识到发现何为善这一问题的复杂性"①。即便是最不道德的人,在某些情况下也可能做出符合道德的事情,甚至那些罪犯也曾在是否履行某些义务之间摇摆不定,因为他并非生来就是罪犯。然而,这并不意味承认道德情境的复杂性会陷入道德相对主义。考虑道德情境的具体性、复杂性,只是要求我们考虑行为的具体条件和其中的不确定因素以及道德观念的冲突。杜威认为,道德的进步取决于人们对那些不确定的相互冲突的因素做出细微区分的能力,取决于人们感知未注意到的善恶的各个方面的能力。相反,道德的退化则取决于上述能力的丧失。道德行为就存在于不确定性因素和冲突的可能性中。这一点恰恰决定了我们要在做出道德判断时尊重道德情境。换言之,内在冲突乃是道德情境的本质。

人是在具体经验中做出判断并采取行动的。道德情境至少有三种独立的变项或因素,这些变项或因素都有自身的源泉和基础,起着不同的作用,在道德判断中发挥不同的影响,正因为这些因素性质不同,我们有必要分别考察它们与道德情境的关系。

首先,我们有必要考察冲动与欲望。它们是人类行为中的重要因

---

① John Dewey, *The Later Works*, 1925 – 1953, Vol. 5, edited by Jo Ann Boydston, Carbondale: Southern Illinois University Press, 2008, p. 279.

素。正因如此,无视人类冲动与欲望的伦理学将是苍白无力的。因为冲动与欲望在决定人的行为取向方面起着重要作用。活生生的人有各种各样的欲望,做一个好人并不在于消灭这种欲望,而仅仅在于懂得何时克制这种欲望。如果欲望无法预知地起作用,人们就无法评估它的价值。而当欲望获得了满足,情境就发生了变化。但从行为的结果看,欲望和冲动是可以衡量并且可以比较的。一种情境可以激起冲动与欲望,也可以被欲望和冲动所改变。欲望可以引导人对情境做出反应,从而在一定时间内影响甚至彻底改变情境。由于人有预见、反省和理性筹划的能力,他可以有意识地强化或减弱这种欲望。比如,一个人想得到某个东西,也就是说,他对这个东西有某种欲望,但得到的途径可能很多,或者说满足这种欲望的方式可能很多。如果他选择偷盗,他的行为无疑与道德要求相悖。此时,他如果根本不考虑道德要求,他就会选择最省力的方式来满足欲望,不道德和犯罪往往在这时发生。对个人而言,选择不道德和犯罪可能是暂时最经济的方式,但对群体来说恰恰是最不经济的方式,因为它对群体利益非但不会增加,反而会有减损。当一个社会形成了一种合理的机制使得不道德行为和犯罪付出的代价远远大于遵守道德和法律所带来的不便时,有理性和预见能力的人们会选择后者。尽管有些人在被欲望支配时可能根本没有考虑行为的后果,但通过与其他类似情境的比较,他很可能在一闪念间改变自己的行为。在道德教育和预防犯罪的教育中,情境教育之所以比抽象的说教更有效,其秘密就在这里。

在杜威心目中,人的道德判断能力、比较能力和估算能力可以随人的预见和反思能力的提高而提高。而从其他类似的情境中获得的经验和判断可以有助于人们在某一情境中修正自己的当下判断。人的理性能力使人面对具体的道德情境进行预见和比较,对自己的欲望和冲动进行克制或强化。杜威甚至说,人的日常理性能力就是预见和比较的能力,这种能力可以将人提升到拥有尊严的层次。

与冲动和欲望相关,我们需要考察情境的第二个独立因素,即目的。目的在道德经验中的重要性是毋庸置疑的。它不仅给人以方向感,而且使人的行为尽可能少地浪费于无用的东西上。它不仅引导人的行为选择,而且影响行为的性质。在日常情境中,目的有高远主次之分,次要的目的可以上升为主要目的,不同的目的可以形成统一的目的系统。一旦预见能力被用于招致客观的结果,目的观念在行为中就是自明的。结果可以体现行为的目的,是目的的实现,也可以是不经意的东西,未预料到的东西。但这不妨碍人们去按目的行事。道德判断往往是对体现行为目的的结果的综合评估,评估正确的东西后来常常成为道德经验的一部分,或成为后来行动的参照。人类的祖先往往关注健康、财富、战斗中的勇敢、与异性关系的成功这类初步的目的。随着人类社会的进化,人们为自己确立了更高的生活目标,并确立了一个等级的价值系统。最高目的,即善的价值渐渐成了价值系统的顶点。所有道德理论的确立都有赖于这一观念的产生。许多宗教的形成也或多或少与这一观念有关,至少对西方来说是如此。杜威甚至断言,善的观念在希腊哲学中一开始就与秩序(宇宙秩序和城邦的秩序)有着密切的关联。法律实际上体现了受善引导的价值体系的要求,其目的在于维护共同体的基本秩序。

最后,杜威谈到了道德情境中的第三种独立因素,这就是个人对他人行为的赞扬和指责、鼓励与谴责、奖励与惩罚。这种因素以个人评价为基础,它们包含个人对他人行为的道德判断,并且出现在他人的行为之后。它们一开始就体现了道德评价的社会性。一方面,赞扬和指责、鼓励与谴责、奖励和惩罚旨在影响他人的后续行为,并且隐含着某种行为的道德标准;另一方面,它们反映了某种程度的社会共识。遭到普遍赞扬的行为往往成为原始的美德,而遭到普遍指责的行为往往成为原始的恶行。

杜威把赞扬和指责视为人性的自发表露,认为它是自然的,或者说是出自本能的,它们既不取决于对对象的考虑,也不取决于向他人提出某种要求。但它们的确折射出对美德与恶行的观念并在相当大的程度上涉及得到社会认可和不认可的行为。虽然个人在运用社会公认的道德标准时可能融入个人的感情和好恶,但其主轴不会从根本上改变。

在具体的道德情境里,各种因素交织在一起。虽然每种因素各有自身的源泉并且正是这一点决定了道德情境的不确定性,但这些因素需要综合地起作用。善恶的对立、对错的对立并不是绝对的,它们有时可以相互转化。从欲望的角度看是好的东西,从社会要求的角度看却是坏的;从欲望的角度看是坏的东西恰恰得到舆论的认同。道德生活是极为复杂的,进行道德判断时不能将道德情境的各种因素简单地还原为几条抽象的原则。这是杜威反复强调的观点。

在1932年问世的《人性与行为》中,杜威指出,"对行为的反思意味着不确定性并最终需要就哪种做法更好做出决定"①。如果想知道哪种东西更好,我们自然得进行比较,这就需要有相应的知识。善恶的区分只有就行为而言才有意义。但有关善恶的知识对我们做出判断却是非常必要的。因此,杜威在1932年的《伦理学》中还专门就道德判断与知识的关系进行过论述。在《人的问题》以及《经验与自然》中我们也偶尔可以看到相关的讨论。

然而,我们首先应当明白的是,杜威所说的知识是广义的知识,人的行为甚至也可以被看作知识。"一切知识都表达了一种选择与整理材料的技巧,以便有助于维护生命的过程和活动。"②道德知识是涉及行为的知识,它是道德判断的前提,而道德判断也可以是一种新知识。当我们对孩子们说某种行为是好的时候,我们也在向孩子们传递一种道德知识;当我们在孩子面前表现出公认的道德行为时,这种行为对孩子们来说也是一种知识。在这方面,杜威的看法与我们中国人所说的"言传身教"的观念是一致的。重要的是,我们要认识到杜威比较关注道德知识的本质、功能与起源以及它与道德判断的关系问题。

杜威认为,传统道德理论在对待上述问题时各执一辞,它们代表了理论家对道德生活中的不同倾向的强调。一类道德理论家强调道

---

① *The Middle Works of John Dewey*, Vol. 14, edited by Jo Ann Boydston, Carbondale: Southern Illinios University Press, 1976.
② 杜威:《人的问题》,傅统先、邱椿译,上海:上海人民出版社,1986年,第242页。

德中的情感因素,一类道德理论家强调道德生活中的理性因素。杜威则主张综合地对待这些因素。但在这些因素中,理性的作用需要予以足够的重视。当我们考察道德知识与道德判断的关系时,这一点尤其明显。苏格拉底曾说"美德即知识",柏拉图则说"无知是万恶之源"。他们显然把以理性为根源的道德观念引入了伦理学并深刻地影响了两千多年的西方道德哲学传统。

但杜威提醒我们,只有在反思性的道德行为中,理性的因素才能明显地表现出来,因为反思性的道德本身就包含思想与知识。道德行为并不是完全脱离日常行为的,我们很难在生活经验中将道德领域与非道德领域截然分开。在家庭、邻里和群体的关系中,我们的行为总是与某种价值观联系在一起,但我们有时并没有明确意识到这一点。

按杜威的看法,道德判断是一种价值判断,而价值判断并不限于具有道德意义的事情。只要我们对对象或行为做出评价、比较,我们都在形成一种价值判断。杜威甚至认为我们在对待天气这样的自然事件时也不满足于单纯的外在陈述,因为所有的判断都意味着给某物赋予价值,即便它有时是隐含着的,它在具体的情境中往往会一一显露出来。因此,我们在认识对象的性质之后通常会将这些性质与我们的需要联系起来考虑,进而言之,它会对对象有重构性的作用。

基于这种认识,杜威断言,道德知识会形成某种框架,从整体上影响我们在特定情境内的道德判断。道德判断可能是直观性的判断,即在看到某种行为后不假思索地得出的判断。这时,原有道德知识仿佛成了一种标准,在瞬间决定了我们如何看待对象。道德判断也可能是经过一番了解分析之后得出的判断,这时,原有的道德知识发挥作用的过程就显得特别复杂。但是,有一点是十分肯定的,道德知识之外的知识也可以促进道德知识的发挥。比如,有些人可以很快洞悉别人的需要与情感,而一个儿童可能在这方面显得迟钝。一个训练有素的行为科学家可以更深刻地理解和预见某种行为所造成的社会影响,如此等等。

从总体上看,道德判断大多是直觉性的判断,大部分人都能根据已有的经验和接受的教育对一种行为很快做出判断和直接的评价,而不必来一番推理。这一点决定了伦理研究与一般科学研究的区别,忽视这种区别会使我们简单地相信一般科学研究方法可以直接搬用到伦理领域中来。然而,这并不表明,我们可以走向极端的直觉主义。杜威认为,极端的直觉主义与极端的保守主义常常会走到一起。它的最终后果是否定人类可以理性地规划自己的未来。

三、简短的评论

杜威一生著述宏富,他的思想不断变化、发展和完善。但是,他一辈子总有一些不变的主导观念,道德的性质、目的等一直是他关心的问题,在讨论这些问题时,他总是离不了道德自我与道德情境两个主题,因为前者体现了道德的相对确定方面,后者体现了各种不确定方面与确定方面的复杂关系。杜威的伦理学的一个鲜明特点就是不把道德看作僵死不动的规定,而是强调道德的适时性,用我们今天常用的语言说,就是强调道德要与时俱进。从这种意义上说,杜威的伦理学的确反映了伦理学兴趣的重大转变,同时也带来了伦理学研究方法的变革。

首先,自苏格拉底、柏拉图到康德的西方主流伦理学家一直非常重视对道德概念的厘定和道德原理的探究,换言之,他们的着力点在于道德价值的普遍性和恒常性。即便他们关心道德情感、道德经验这些不确定的方面,他们也主要是为探讨一般道德原理服务。自启蒙运动以来,这一点更为明显。杜威则一直认为,道德是学习和成长的过程,脱离了活生生的生活实践,道德原理和概念就没有多少意义。"社会的情形,天天不同,道德所以适时宜,便应该求新经验新观念的生长来应付时势,不应盲从旧法,所以道德无止境。"[①]杜威的这一基本思想使他合乎逻辑地关注道德情境问题。因为正是道德情境体现了道德

---

① 袁刚、孙家祥、任丙强编:《民治主义与现代社会——杜威在华讲演集》,北京:北京大学出版社,2004年,第155页。

行为的多样性和流动性。而对道德情境的关注也意味着生活经验真正进入了伦理学视野。这势必给道德教育提出"从生活出发，从实际经验出发"的要求，"从做中学"这一口号尤其适用于道德教育领域。因此，杜威的伦理学为道德指出了面向生活的可能性。

其次，杜威对道德自我做出了新的阐释。他不再像康德那样坚执于绝对的先天结构，也不像休谟那样一味强调习惯。他看到了道德行为中变与不变的因素。由于刚刚谈到的原因，杜威明确地指出了道德的历史性，并主张化被动的道德为主动的道德，从而比较令人信服地说明了道德的革新与继承的关系。根据杜威的解释，在专制时代，道德自我隐而不显，其原因在于人压抑着。而在现代社会，影响人的因素更多，人受挫的可能性反而更大，刺激情绪的机会也更多，如果人不能对自身行为的后果有更清楚的预知和判断，人所面对的社会环境就无法得到有效的改善。人所需要的幸福感就不能提高。从这种意义上说，杜威的伦理学为人的道德自我的完善探索了新的道路。

最后，杜威在伦理学研究中采用了发生学方法，这一方法的引进自然反映了杜威对达尔文理论的创造性运用。不管这种方法有多大的局限，它被自觉地用于伦理学领域本身就表明了杜威的改革尝试。更为重要的是，在十九世纪末和二十世纪上半叶，发生学方法的广泛运用推动了整个人文社会科学的繁荣。伦理学因为采用了这一方法而比以往的道德理论更能有效地解释个人的道德观念的形成过程以及社会转型时期的道德转换更新过程，从而为个人的道德教育和新社会的道德的塑造提供了理论根据。

总之，杜威的伦理学是不可轻视的。了解他的伦理思想不仅有利于了解他的哲学理论的基本取向，而且有助于我们汲取他的实践智慧为新时代服务，因为他的理论中的确有许多富有现代意义的洞见。

第十四章　身体与经验的多样性

在杜威的哲学中,长期遭到学界忽视的身体概念是占有重要地位的。近些年来,人们对其身体概念的兴趣与日俱增,这不仅是因为被重新激活的梅洛-庞蒂等人的身体哲学的意义在新的学术环境中不断显示出来,而且是因为人们从中看到了克服心身二元论和还原论的双重困难的崭新机会。此外,神经科学和心身医学的发展向我们提出的种种尖锐问题,使我们有一种到杜威的身体概念中去寻求潜在的解决方案的动力。尽管杜威对身体的哲学意义未做系统化的阐发,但他的未曾发挥的萌芽性思想可以为我们解决上述问题提供一种启迪。即便是为了透彻理解杜威本人的哲学思想,我们也不能不对他的身体概念做一番探讨,因为无论是在他的经验形而上学中,还是在他的教育哲学中,抑或是在他的艺术哲学中,身体概念从逻辑上讲都是必不可少的。

身体概念对杜威的教育哲学的重要性比较容易理解,因为杜威基于人的全面发展的观念非常强调体育对人的成长的重要性。在他看来,体育顺乎儿童的天性,它"不仅显示生命的活力,而且陶冶性情,减轻个人的内心压力并有利于培养青少年的团队精神。同时,我们的社会也因其广大成员热爱体育而大大受益。这一点既表现在体育活动可以增进社会成员的身心健康,因而也间接增进社会的健全并为我们的社会注入活力,而且表现在体育在激发社会成员的竞争精神的同时又是社会的融合剂"①。杜威有时还直接使用

---

① 参见汪堂家:《杜威教育哲学的当代意义》,载《江苏行政学院学报》2009年第5期。

cultivation of body(字面意思就是对身体的培养、修炼)一词来表达新时代的体育理念,他甚至感到体育可以增进个人的自由与独立。他的"寓教于乐"和"在做中学"的教育思想也使他在哲学上有关注身体的正当理由。

身体概念对杜威的经验形而上学的重要性则表现在,假如没有身体概念,就无法对其形而上学的两个核心概念,即自然概念和经验概念进行完整的说明和有效的解释,也无法说明自然与经验的连续性。对艺术哲学来说,身体是艺术经验的第一"自然"。脱离身体来谈艺术经验如果不能说是隔靴搔痒,至少可以说是不完整的。由于篇幅所限,本文暂不讨论杜威的身体概念对其教育哲学的意义,而仅仅从身体与经验形而上学的关系以及身体与艺术经验的关系出发探讨身体对杜威哲学的意义。

一、身体与经验形而上学

我们要了解身体对于杜威哲学的意义,首先要了解"身体"概念对杜威来说意味着什么,其次要了解"身体"概念对于经验形而上学意味着什么。

杜威赋予身体以多重的意义。比如,我们可以谈论医学和生物学意义上的身体,也可以谈论哲学人类学意义上的身体,又可以谈论作为经验之源和意义之源的形而上学意义上的身体,我们甚至可以谈论作为实践哲学主体的行动着的身体。虽然从不同角度去看的身体是同一个身体,但杜威所说的身体绝不能从心灵的对立面去理解。这既是因为他一贯反对自笛卡尔以来的心身二元论并把克服这种二元论作为自己的重要理论目标,而且是因为他已在相当大的程度上改变了传统的心灵概念和身体概念的用法并且以流动的观点、过程的观点和相互作用的观点去看待精神。胡克在给杜威晚期著作第一卷所写的导言中甚至说他对心身问题的探讨是主张"生物学的-物质的东西与精神的东西、身体的东西与心理的东西并非独立的实体,而是'相互作用着的事件的特殊领域的性质'"①。对杜威来说,传统的心身并列或平行的观念在逻辑上也是成问题的,因为按照那样的观念,心灵要么被作为身体的指挥或舵手,要么被作为身体的一部分存在。如果心灵是作为舵手或指挥而存在,就意味着它是可以离开身体的,但我们谁也无法证明心灵可以离开身体;如果心灵是作为身体一部分而存在的,那么,将这个部分与作为整体的身体并列在逻辑上就是错误的,因为整体与部分的关系是包含关系而非并列关系。从这种意义上讲,杜威已经指出了二元论所犯的一个重大错误,这个错误就是赖尔(G. Ryle)所说的"范畴错误"(Category Mistake)。

在杜威看来,身体是人的"第一自然",因而体现并规定人的性质。身体并非封闭的实体,而是与自然相通并与自然具有连续性的东西,它同化着自然物而又介入自然物。当我们谈论各种感觉时,我们不仅假定了外物的存在,而且假定了人的各种感觉器官的存在,因而也假定了人的感官的综合体,即身体的存在。在英文中,body 这个词既可以指"身体"又可以指"物体"的事实,恰恰说明了身体与物体具有相同性和相通性的方面。在西方文化传统中,body 与 flesh(肉身)是两个不同的概念,后者带有基督教的意味并且常与"精神"(spirit)成为一对概念。人的堕落被认为是肉身引诱的结果。所以,肉身成了邪恶的化身。在道德上,人对肉身似乎有一种恐惧。当然,spirit 有时也与matter(物质)相对使用。精神与物质在人体中结合在一起。"精神是单纯的、单一的、永久的和不可分解的,物质则是杂多的、易变的和易于分解的。"②但这两个相互对立的东西的结合在西方文化传统中始终是一个问题。按照亚里士多德的形而上学,自然是潜能与现实化由低到高的系列,有机体处于物质系列的最高点和精神系列的最低点。人体是物质特性的潜能的充分实现,但人体具有显示理想的现实性的潜能。人体之所以在存在物的等级系列中占有特殊地位,恰恰是因为它

---

① "Introduction", John Dewey, *The Later Works*, 1925–1953, Vol. 1, edited by Jo Ann Boydston, Carbondale: Southern Illinois University Press, 2008, xvi-xvii.

② 同上书,第192页。

既有心灵的潜能,又有物质潜能的最高现实性。希腊思想、希腊宗教、希腊雕塑和娱乐之所以非常关注人体,其原因也正在这里。杜威从亚里士多德的论述中既看到了矛盾又看到了解决矛盾的希望。他发现,唯有放弃心物分离的想法,才可以避免陷入二元论思维的怪圈。

那么,我们有什么正当的理由放弃心物分离的想法呢?为回答这个问题,杜威求助于功能主义的解决方案。他说,一个活生生的有机体是通过其活动才显示其作为有机体的特性的。生命是以需要、努力和满足为特征的。需要是能量的紧张分配的条件,身体因为有需要而处于不稳定的平衡状态。努力则是改变环境的活动,它通过机体自身的运动而实现了主动的平衡。假如机体不能与环境互动,机体就无法实现这种平衡,因而也无法维持下去。人就生活在一个有赖于偶然性的世界上,这个世界是他冒险的舞台。正因如此,杜威说,生活有点像赌博。人不能确切地知道自己的行为会给自己和周遭的一切带来哪些具体的影响。这一特征不仅是由世界本身规定的而且是由贯彻着人的意志的身体活动规定的。身体不但是人的一切活动的可能性的条件,而且是介入自然的所有活动的主体。对于自然而言,身体是心灵的延伸;身体力量是精神力量的展示;因为脱离了精神力量,身体就会成为一堆惰性的毫无生气的东西并消解为纯物理的东西,因而也就不再是人的身体。对精神而言,身体不但是向外显示自身活动的窗口,而且是接纳世界、同化世界并改变世界的中介。作为有机体,身体始终保持开放的姿态,否则,它就无法作为有机体而存在;同时,身体渗透着精神的因素,否则,身体便与其他自然物无异。在人身上,我们实际上是无法把精神与物质完全分离开来的。它们只能根据其功能性来界定。换言之,对身体的说明离不开对身体功能的使用的说明;对精神的说明离不开对其运用的说明。无论是身体结构还是心灵结构都不是静态的结构。因为只要人存在,人就会作为欲望的东西、感受的东西、思考的东西和具有感情的东西而活动于自身与环境的相互联系、相互交流和相互影响当中。

杜威使用"身体"一词的频率并不高,而且多半是在批评心身二元论时谈及身体。其原因是，他害怕别人误解他，害怕他对"身体"的看法被打上传统形而上学的二元论色彩。在他看来，传统意义上的身体概念要么忽略了身体与其他自然物体的重大差异，要么把身体作为一个封闭的实体。他本人更愿意从心理-生理一体性的角度去看待人。所以，他经常用"心-物"或"心理-物理"（the psycho-physical，有些情况下要译为"心理-生理"，"生理"兼有"心理"和"物理"的双重特点）这样的词来描述人。他认为，人类的一切活动都可以看作心理-物理事件或事态，其核心内容是给人类经验的东西确立和赋予意义，而"意义的实现给心理—物理的性质提供了最终意义和价值"①。在《自然，生命与身心》一文中，杜威力图填平心身与自然的鸿沟。他不仅通过分析心身问题的希腊起源和中世纪哲学乃至近代哲学对待心身问题的不同态度而保持着对身体概念的历史意识，而且通过吸取最新的生物学和生理学的成果说明传统哲学意义上的"心物"概念本身就应理解为一个整体。"心灵和物质所属的那个东西乃是构成自然的诸事件的复合体。"②过去的哲学家所寻求的那个"心灵处所"不过是心灵的静态阶段，它其实只是有机体行为的性质，而那些性质是以语言及其结果为条件的。

但是，杜威很快发现要批评传统形而上学还不得不使用传统形而上学的概念。换言之，我们需要一只脚站在传统形而上学之中而另一只脚站在传统形而上学之外才能批评传统形而上学。因此，在了解这一点之后我们就不难理解杜威为何要在批评传统形而上学的身体概念的时候仍然继续使用身体概念。不过，我们需要明白，他此时所说的身体概念已经是指心理-物理事件的主体，而不是传统形而上学所说的独立于精神活动的单纯具有广延性的存在物。

那么，在他的经验形而上学中身体又处于什么地位呢？众所周知，杜威常把自己的理论称为"直接经验主义"或"经验自然主义"，有

---

① John Dewey, *The Later Works*, 1925 - 1953, Vol. 1, edited by Jo Ann Boydston, Carbondale: Southern Illinois University Press, 2008, p. 229.

② 同上书，第 66 页。

时也称为"自然主义的经验主义"。按照这种理论,我们不要说经验是认知的一种方式,而要说认知是经验的一种方式。直接经验主义的基本假设是,事物就是我们经验到的那个样子。经验是人类事务的唯一材料。但经验既显示了自然对象的性质,也显示了意识的性质。即便按常识,我们也可以知道,意识并非与事物直接打交道,而是通过身体的各种官能与事物打交道。身体既有与事物相通的方面又有与意识相通的方面,只有这样它才能作为中介性的东西。否则,我们的意识无法与非人类的世界建立连接。身体当然不仅仅是被动的感受器,它还是能主动影响被经验对象的施动者(agent)。经验中的人性因素不但通过身体来赋予,而且通过身体来体现。在《经验中的自然》一文中杜威指出,"事实是,经验的器官,即身体、神经系统、双手和双眼、肌肉与感官是我们接近非人的世界的手段"[1]。无论如何,现实中的一切首先是通过经验而显示出来的那个样子。虽然英文中用 experience 这个词既可以描述外在的经验又可以描述内心的体验,但杜威作为心理学家还是要强调它们的区别。正是这种区别促使我们思考外在经验与幻觉所显示的内容是怎样区别开来的。杜威举例说,就像"我受惊吓"与"我知道我受到惊吓"是不同的一样,外在经验与内心的体验的确是有差别的。人们之所以知道错觉之为错觉以及错觉与事物的本来状态的区别,首先是因为人们那些受理智支配的感官先行确认了什么是真实状态,其次是因为经验有其客观性。这种客观性可以通过以下现象而得到印证:认识的经验具有某种能在以后的经验中得到进一步填补的东西。人们通常所说的真理问题在杜威那里并不涉及被经验的究竟是存在还是非存在,是实在还是单纯的假象,而是涉及某种被经验到的事物的价值。人的身体和精神的需要把这些被经验的事物的价值显现为价值。

杜威说经验始终有分散性、不稳定性的特征,但这些分散的经验因为人的身体而具有完整性、稳定性和连续性。比如,我们的眼睛能

---

[1] John Dewey, *The Later Works*, 1925 – 1953, Vol. 14, edited by Jo Ann Boydston, Carbondale: Southern Illinois University Press, 2008, pp. 141 – 154.

看到颜色、耳朵能听见声音、手能感知硬度。如果没有身体的整合,这些颜色、声音和硬度就无法成为一个统一的东西的特性。它们就只能作为单个的性质呈现出来。在这种情况下,我们甚至无法说我们感知了某个东西。人对所有东西的印象就是分离的。反过来说,如果我们的某种官能丧失了,事物就不能向我们呈现与这种官能相应的特征。这就意味着我们的经验在此种情况下是残缺的,不完整的。然而,我们的感官仍只是作为身体的局部的东西而存在的。我们的身体把不同的感官统一为整体,也把不同的感觉综合起来,使之形成对外在事物的完整印象和抽象观念。

杜威虽然不断谈论经验,但并不把经验限于感觉和知觉或内心的体验。他所说的经验是广义上的经验。这种经验既包括日常经验,也包括形而上的经验,还包括审美经验和宗教经验。对他来说,"从感觉对象怎样推出外部世界的存在"这一古老问题是一个伪问题,因为在提出这类问题时人们已经假定了外部世界的存在,而且,只要我们谈论感觉和知觉,我们也已先行假定了作为身体一部分的感觉器官的存在。

对人而言,身体既是经验的主体,又是经验的符号。身体还是心灵的语言。身体总是显示我们的意向和意义。杜威常举情感的例子来说明这一点。情感通过身体体现了心灵与外在环境的复杂而精微的关系。这种关系可以看作经验连续性的证明。杜威甚至说"感受性(sentiency)特有的性质是宇宙事件的性质"[1]。但感受性是有赖于身体的,它是经验的基本环节。刺激-反应代表了感受性的基本结构。如果把世界上的东西分为三个层次,即物理层次、心理物理层次和精神层次,那么,感受性就属于第二个层次。这些层次代表着自然事件的复杂性和相互作用的程度。物质无非是在相互作用层面的自然事件的性质,而心灵则是相互作用的特殊领域的性质。所有无生命的物体与有生命的身体的区别就在于,前者无法对性质做出回应,后者则

---

[1] John Dewey, *The Later Works*, 1925-1953, Vol. 1, edited by Jo Ann Boydston, Carbondale: Southern Illinois University Press, 2008, p. 204.

能做出回应。生命和心灵对物理事件的依赖性在杜威看来是毋庸置疑的。我们要讨论的并非有没有这种依赖性,而是这种依赖性的程度是怎样变化的。经验自然主义的形而上学恰恰将外在的经验和内心的体验作为具有心理-物理性质的东西。

二、身体与艺术经验

杜威强调审美经验的完整性,并认为这种完整性与身体的完整性以及经验与自然的连续性是一致的。从逻辑上讲,身体是自然与心灵的中介。如果从传统意义上使用"身体"与"心灵"这两个词的话,情况就更加如此。但杜威力图克服传统的心身二元论,主张人的身体不仅是自然的一部分,而且是经验得以可能的条件。既然艺术作品的审美价值取决于它们如何吸取和表现人类集体生活的意义,那么,艺术经验就离不开人类的集体生活环境。我们通常所说的环境无非是指自然环境和社会环境,而自然环境本质上是指人力所及和思想所及的环境。它也包括人为的自然,亦即人工产品构成的环境。自在的自然对审美是没有意义的。身体是思想对自然发挥作用的桥梁,也是人类经验的核心。由于经验与环境的一体性,特别是与自然的连续性,审美就不得不考虑艺术品与环境的相关性。艺术作为普遍性与个体性的结合,一方面与思想、观念和感觉相关,另一方面与处于自然和社会环境中的个别对象相关,即便是虚构的对象,其要素依然与经验的素材相对应。审美经验的完整性涉及两个方面:一个方面是指将审美对象放在一定的环境中加以审视;另一个方面是指要把艺术作品的各种要素综合起来并把它们与整体联系起来欣赏。

就第一个方面而言,我们在欣赏艺术品时要尽量关注它与环境的协调和关联。这一点当然是由艺术品的功能决定的,即它要表达人的生活。生活除了满足身体的官能需要,还要透过物质需要表达包括审美需要在内的精神需要。生活是艺术的素材,也是艺术的根基。脱离生活去理解作品,作品就是一件死气沉沉的东西。比如,建筑就不仅仅是为人提供安全和保护的,它也为人提供第二自然,并表现人类的集体生活经验。它既表现生活又直接进入生活、塑造生活并指导生活。"雕塑则是以个体化的形式表现生活。"①很多作品单独看可能显得平淡无奇,但如果放在一定的环境中欣赏可以立即显示出特殊的意义。这是因为环境将作品与生活联系起来。因为有身体,环境才被赋予意义;因为有环境,身体才是活的身体。身体对艺术经验的重要性就体现在身体与环境的相互作用中。杜威敏锐地发现了雕塑与建筑的相关性,他甚至怀疑离开建筑的雕塑还有多高的审美价值。比如,你在一个空旷的广场和公园里发现一个孤零零的雕塑会觉得有点不协调。如果这座雕塑与周围的环境相协调且包含与周围的建筑相关的因素,你会觉得其审美意义可以被充分展示出来。杜威对作品与环境的相互关联的看法对我们认识作品的审美价值意义重大并且与审美经验非常一致。比如,你在西安以外的地方孤立地看某个兵马俑与你在西安博物馆原址看兵马俑的感觉是很不一样的,原因是单个的兵马俑并不足以显示其独特性,也不足以显示它的整体意义。再如,徽州民居是与徽州的山水融为一体的,甚至是在与其他民居的呼应和映衬中,亦即在村落中显示它的美感的。如果把其中的一栋房子移到北京或上海市中心去,它就会丧失原有的美感。这实际上给我们的文物保护提出了一个有趣而重要的问题。

就第二个方面而言,杜威强调艺术作品本身的整体观。诚然,整体的美感离不开各个部分的协调与和谐,但局部之美只有通过与之相关的整体才能显示其深层的审美价值。在谈到雕塑和建筑时,杜威指出:"雕塑和建筑都必须拥有统一性并且必须表达统一性。但建筑的整体的统一性乃是许许多多因素的汇聚的统一性。雕塑的统一性是比较独特和确定的——只要通过空间来实现,它就被迫如此。——甚至黑人雕塑也被迫遵循独特性原则——设计的作品是根据人体各个

---

① John Dewey, *The Later Works*, 1925 – 1953, Vol. 10, edited by Jo Ann Boydston, Carbondale: Southern Illinois University Press, 2008, p. 237.

相互联系的部分,即头、手臂、腿、躯干而制做出来的。"①杜威不止一次地提到黑格尔的一个观点,即人的每个器官都应与整个身体联系起来理解。手脱离了人体就会死亡,耳朵只有作为人体的一部分才能成为活的耳朵。人的脚趾离开人体甚至是可怕而又可憎的。同样,作为审美对象的人体与作为感受者和施动者的人体是统一的。它们并非两个绝然不同的东西。它们的统一也决定着审美经验和创作经验的完整性。从最终意义上讲,感官的协同性、身体的统一性乃是审美经验和创作经验的完整性的根源。杜威甚至提醒我们,"美学"与"审美"(esthetic)这个词就是表示作为鉴赏、感知和享受过程的经验。但"它表示消费者的立场而不是生产者的立场"②。如果说传统的艺术理论大多从消费者的立场去看艺术,那么,杜威则力图不仅从消费者的立场而且从生产者的立场去看艺术。《作为艺术的经验》充分体现了这种努力。在这种努力中,审美经验和创作经验被给予特别的关注。身体则成了不可或缺的环节。

从生产者的立场看,身体之所以显得重要,是因为身体不但将艺术观念和艺术构思实现出来,而且通过工具介入对自然物的改变,它也在这种改变中改变自身。在这里,艺术家的工具(如画笔、道具、刻刀,等等)成了人的器官的衍生物或延长了的人的器官,它把感觉、知觉与思想连成一体。身体的中介性使它既是艺术活动的主体又是艺术活动的手段,它的能动性和可控性直接决定了艺术作品的成功与否。比如,书法艺术在很大程度上乃是融入了思想和感觉的肢体艺术。正因如此,古人将练气与练笔统一起来。由于运笔成了融合思想和感受的肢体动作,练身与练心在这里不再是两个东西,而是同一过程的两个方面。

在绘画中,杜威发现了创作经验与审美经验在艺术表现上的统一性。在"做"画的过程中,画家不但要用到我们通常所说的感觉、知觉与想象,而且要运用理智的力量。可以说,"做"画的动作成了综合各

---

① John Dewey, *The Later Works*, 1925–1953, Vol. 10, edited by Jo Ann Boydston, Carbondale: Southern Illinois University Press, 2008, p. 236.
② 同上书,第53页。

种感知因素和思想因素的中介化活动,身体在这里是作为一个整体出现的。尽管画画看上去只是动动手而已,但这只手不是孤零零的手,而是作为那个充满艺术活力的身体的一部分的手。"一个画家必须有意识地经受他的每一个笔画的影响,否则他就不会意识到他正在做的事情,也不会意识到他的工作向何处去。而且,他必须在与他渴望创造的整体的关系中看到'做'与'经受'(undergoing)的每一种特殊联系。领会这种关系就是思想。并且,这是最激动人心的思想样式之一。"①从这里我们可以看到杜威比许多人都更加强调绘画中的思想因素。在他看来,绘画不仅是想象与直观的产物,而且是思想的产物。艺术的灵感是在酝酿中产生的。"那种认为艺术家不像科学探索者那样进行有意识的、富有穿透力的思考的想法是荒谬的。"②这是因为,对所做的事情与所经受的事情之间的关系的把握是理智的工作;这也是因为,艺术家在创作过程中受制于他对他已经做的事与下一步要做的事之间的联系的把握。忽略理智在艺术创作过程中所起的作用是由于人们将思维等同于对材料、言语符号和语词的使用。经验中的身体不同于尸体,因为它是有活力和有表情的,而它显得有活力和有表情,乃是因为他的意识在起作用,否则给尸体画像也就等于给活人画像了。

在歌唱艺术中,五官和四肢服务于、服从于艺术表达,人对声音的控制、调节在达到自如的程度时,生命的节律与艺术的节律达到了统一,这时并且只有这时,身体的自由与审美的自由才成了同一种自由。此时的身体仿佛是会说话的身体和会思想的身体。这一点在舞蹈艺术和其他造型艺术中表现得相当明显。在舞蹈中,创作经验与审美经验达到了高度的统一。一个真正懂得欣赏舞蹈的人在看到别人跳舞时自己也常常禁不住要舞动起来。整个身体仿佛都在说话,都在自由地表达心灵的全部感受并邀请其他的身体与它交流。即便是孤独的

---

① John Dewey, *The Later Works*, 1925-1953, Vol. 10, edited by Jo Ann Boydston, Carbondale: Southern Illinois University Press, 2008, p. 52.
② 同上。

舞者也总能从他（她）的环境中发现他（她）的回光，找到他（她）的共鸣。在舞动身体时他（她）既在进行艺术的创造也在进行艺术的欣赏。此时，舞者的身体会向你发出会意的回响或与自然的韵律相应和。所以，舞者的身体仿佛透出诗心与灵韵，它是自然之诗，也是经验之诗。它不仅向我们显示审美的意义，而且显示自由的意义。

从生产者的立场看，艺术是"想"出来的，也是"做"出来的。希腊人的"技艺"（techne）和"诗"（poesie）这两个词非常巧妙地反映了艺术与"做"之间的内在关联。在真正的艺术创作中不再有娱乐（游戏）和工作的严格分离和对立。儿童就没有明确地意识到游戏和工作的对立，这种对立在杜威眼里只是成人生活造成的。杜威试图消解它们的对立。对他来说，艺术家的工作就是改变材料并把它作为表现的中介，但这一过程充满游戏的性质。与传统的游戏理论不同，杜威的艺术经验理论试图表明，艺术创作中没有自发性与客观秩序的对立，没有自由与必然的对立，那种对立不过是二元论的思维方式造成的。因为在创作中，材料并非从外面压迫我们的东西，而是服务于我们游戏经验的东西。换言之，"在艺术中，游戏态度对改变材料感兴趣以便服务于一种发展的经验。欲望与需要要通过客观的材料才能实现，因此，游戏也是对对象感兴趣"①。

然而，艺术的游戏特征体现了自由。由于人的自由不只是思想的自由，而且是由思想自由引领的行动的自由，身体就成了自由的实践者和体现者。思想的自由表达是民主的重要条件，也在最终意义上靠民主来保证。但杜威强调艺术创作的自由是自由的真正试金石。艺术靠形象说话，当然也靠浸透了感受、体验和思想的身体说话。因此，通过身体而进行的自由表达如果不能作为自由的见证，至少能作为自由的先声。艺术通常是通过解放身体来最终解放自身的。"艺术的自发性并非与任何东西对立的自发性，而是标志着循序渐进的沉醉。这种沉醉就是审美经验的特征。但它是所有经验的理想，并且那种理想

---

① John Dewey, *The Later Works*, 1925–1953, Vol. 10, edited by Jo Ann Boydston, Carbondale: Southern Illinois University Press, 2008, p. 284.

要通过科学的探究者和专业人士的活动来实现,此时,自我的欲望和急切之情(urgencies)完全灌注于客观上所做的事情。"①

从审美经验看,身体的经验决不是可有可无的。身体是艺术的根源也是艺术的原形。脱离身体的经验,我们很难对艺术做出符合实情的解释,至少对某些艺术门类是如此。所以,杜威说,"审美经验包含对客观材料的确定的重构,这种重构乃是舞蹈艺术和歌唱艺术以及造型艺术的特征。比如,舞蹈就包含着转变身体及其动作的自然状态的方式来使用身体及其动作"②。创作和欣赏其实都是对自然状态的改变。通常情况下,没有人是以舞蹈的方式走路的,也没有人以唱歌的语调跟别人说话。即便是照镜子,人们也会明白镜子中的形象与实际的东西有出入。镜子(或类似镜子的东西)的发明和使用是人类自我品评的见证。它是为弥补触觉的不足和自我观看的盲区而发明的。当人从水中映照出自己,看出自身的模糊形象,他(她)已经懂得了镜子的意义。镜子服务于人的自我认知和自我欣赏的需要,有时也在一定程度上满足人的自恋的需要。在其中起作用的是审美的经验。它一开始注重的是人的面容,而非整个身体。但人的面容并非与身体毫无联系,它在一些时候甚至可以通过身体向你发出微笑,它也通过整个身体而显得更加生动。由于面容之于身体就好比眼睛之于面容,身体反衬出面容的完整意义和优先性。个人对自己身体的经验是他对自身独特性的确认,也是个人自我认识的必要步骤。

在历史上,人类对身体的完美性的追求一刻也没有停止过。从人们的日常生活到文学艺术作品,身体的审美意义在历史上的不同时期被赋予不同的重要性,从而也得到不同程度的关切。这是因为身体的自然性与社会性常常处于相互的矛盾中。人的体型不仅受食物和劳动的影响,而且受审美观念的影响,这已经不是什么秘密。同样,社会的文化因素,尤其是道德因素制约着对身体的审美经验。到目前为

---

① John Dewey, *The Later Works*, 1925 - 1953, Vol. 10 edited by Jo Ann Boydston, Carbondale: Southern Illinois University Press, 2008, pp. 284 - 285.
② 同上书,第 284 页。

止,各种女性主义的文化观之所以大畅其道,不仅是因为性别平等和权利观念在起作用,而且是因为它们注意到社会文化因素对性别和身体的影响。在禁欲主义的时代,身体是掩盖的对象,是不能公开展示的对象,或者说,它只是个人思想中的对象,或只是在私室中打量的对象,而不是公开谈论的对象,当然也不是视觉艺术和音乐艺术刻意表现的对象。这是因为人们在很大程度上把"身体"(body)与"肉体"(flesh)混为一谈并担心它会燃起人们的邪念。在禁欲主义的时代,身体被有意无意地排除在公开的审美经验之外。为实现这一目标,各种社会文化因素经常介入对身体的规训、陶冶、改变与塑造。由于身体与欲望甚至与邪念联系在一起,对身体的欣赏被长期压抑着自有其宗教、道德乃至政治的根源。杜威注意到,在柏拉图之后的西方传统中,哲学家们对心灵和身体的等级式区分为贬低身体的重要性创造了条件。因为在他们那里,心灵本质上是有秩序和纯洁的,而低劣性"与身体、与感觉,与物质性的东西,与不确定的变化内在地联系在一起,而那种变化的东西与因为不变而变得确定的东西恰恰相反"①。由于把身体归于低劣的东西之列,限制身体在他们那里就有了正当的理由。但基于生命的延续的审美力量不时地侵蚀乃至瓦解对身体的限制因素,甚至成为解放身体的前奏或解放身体的力量本身。

审美经验是以"看"和"听"为中心的,创作经验则不但需要"看"和"听",而且需要"做"、需要行动。这一点与杜威的哲学主调是一致的。如果从生产者的角度看艺术,"做"显得尤为重要。正是在"做"中,身体具有特殊的表现力。也正是在"做"中,感觉经验与思想统一起来。"做"中包含目的和计划。

"做"中无疑包含了"看"与"听",但它能将思想实现于外,而实现的手段就是身体。与强调"看"的视觉中心主义哲学(以柏拉图为代表)和强调"听"的海德格尔主义不同,杜威强调"看"与"听"的互补性和统一性。无论是对科学探索而言还是对审美而言,"看"与"听"都是

---

① John Dewey, *The Later Works*, 1925-1953, Vol. 4, edited by Jo Ann Boydston, Carbondale: Southern Illinois University Press, 2008, p.66.

人"打量"对象、欣赏对象的不同方式,确切地说,对象可以在"看"和"听"中显示给我们,它仿佛是在经验的总体中建构出来的。能随随便便地"看"和"听"被视为自由的表现。能随随便便地"看"与"听"也被认为是思想自由的前提和象征。但这还只是从接受者的立场来看问题。杜威力图改变这一局面。他不仅提倡从接受者的立场看问题,而且提倡从发出者、生产者和行动者的立场看问题。在艺术哲学领域,他特别强调要从创作活动本身与生活经验的角度看问题,因为艺术活动本质上是通过人的官能乃至整个身体来体验、介入和表现不同于现实世界的世界。

如果考虑到望远镜、听诊器和显微镜的发明给人类的"看"与"听"所带来的变化,我们就可以发现,"看"与"听"甚至不是被动地接受,而是能通过"打开"事物而介入事物本身。"看"与"听"尽管体现了感官的不同功能,但它们能够代偿的事实已经说明了它们是协同活动的。比如,一个盲人的听觉和触觉可能特别敏锐,以弥补视力的欠缺;一个聋人的眼睛和其他器官可能变得特别敏锐,以弥补听力方面的欠缺。在正常情况下,"听"能让人联想到要通过"看"来显示的形象,此时,跳动的音符宛如流动的风景。最典型的事例是,我们在欣赏"高山流水"的乐曲时仿佛能看到水的奔流,因为过去的经验已在我们脑海里浮现出流水的意象。换言之,在一种感觉经验里,声音与形象是在相互联系中出现在我们的心灵里,结果,我们在听到声音时连带着想到其形象。杜威对这一现象的解释是,"耳朵与眼睛互补。眼睛提供事情发生的场景,各种变化被投射到这一场景上——甚至使一种场景处于混乱不堪的状态。耳朵将视觉和触觉的协同活动所提供的背景作为理所当然的事情,它将变化之为变化向我们生动地显示出来。因为声音始终是结果,是各种自然力进行撞击、影响和抵挡的结果"[1]。

"看"与"听"一向被视为人类最基本的经验,其他的经验是以这两种经验为核心而组织起来的。因此,对它们的哲学说明始终是所有经

---

[1] John Dewey, *The Later Works*, 1925 - 1953, Vol. 10, edited by Jo Ann Boydston, Carbondale: Southern Illinois University Press, 2008, p. 239.

验主义哲学或对经验问题感兴趣的哲学的重要课题。与此相应,"看"与"听"的器官,即眼睛和耳朵也得到了更多的关注。依赖这两种官能的艺术在有关审美经验的理论中得到了最多的发展和研究。

作者后记

本书既不是以问题为引领的哲学史研究,也不是对过去的哲学体系的系统描述和理论分析,更不是对某个理论或学派的深度探讨,而是对产生已久并依然在当今社会文化领域发生广泛影响的一些哲学概念进行微观研究。这当然并不意味着否认对哲学史进行宏观研究的重要性和必要性;相反,我始终认为宏观研究和微观研究都是必不可少的。不过,我以为,时下学术界最需要的恰恰是微观的研究。这样的研究不仅构成了哲学史宏观研究的补充,而且使哲学史研究更加丰富和具体,从而避免我们的研究陷入空洞浮泛的状态。因此,本书着眼于思想的基本单元——概念。由于篇幅所限,本书甚至不打算揭示一个概念与另一概念的关联,而是指出一个概念怎样以及为何不断获得意义并为我们赋予新的意义提供了哪些可能性。正如本书的副标题所标明的那样,为一些概念清淤意味着把那些沉积在哲学史领域的一些概念的不同意义开显出来,这样做既是为了澄清用语的混乱和思想的混乱,也是为了消除各种可能的误解并为打开概念的封闭状态和新意义的赋予与移植开辟道路。被本书挑选出来加以清淤的概念不是像"存在""形式""实体""偶性""始基""逻各斯""理性""努斯""反思""先验""超验"等之类的概念,而是像"文化""进步""启蒙""后现代""死亡""自我""符号""记号""隐喻""文本""身体"等概念。这些概念今天已经远远超出了狭隘的哲学领域,而成为普泛性的文化概念。

概念是思维的工具,也是思想的载体,又是"思想之网的纽结",更是思想的细胞。尽管二十世纪的确出现过罗蒂所说的那种语言学转折,也出现过德里达所说的哲学形态的多样性,但是,不管哪种类型的哲学最终都不得不借助一些概念。即便分析哲学给我们开辟了有别于西方近代形而上学的新的哲学研究方式,它也不得不使用一些自身的概念和分析方法。众所周知,每个正常人都能进行形象思维,但不是每个人都善于进行抽象的概念思维。运用概念进行思维使我们多了一种接近世界和领会世界的方式,也使我们有了"以道观物"的可能性。只有把握这种可能性,我们才能培养超越的眼光,培养涵天盖地的胸襟,通达无滞无碍的境界。因此,概念史的研究实在是一件值得认真对待的工作。

  本书涉及的主题似乎比较松散,各个主题之间表面上没有什么逻辑联系。但是,它们就像构成了一根绳索的不同纤维,服务于一个总体目标并且保持其应有的开放性。本书虽不能呈现那种一气呵成的著作所能呈现的一贯线索和统一主题,但是它有类似的风格,我试图以这种风格来展现我对哲学史的理解,而这种理解是与我对历史上的哲学文本的解读策略密切相关的。这种有意展现的解读策略实质上是将一些哲学概念在历史上被赋予的不同意义尽可能地挖掘出来、展示出来,并指出其流变和演进的过程;此外,它尽可能选择具有典型意义的哲学家对这些概念所做的多方面阐释,并指出它们对于我们这个时代的多重意义。同时,为了表明我不只是被动的观察者,而是概念的改造者,我也试图在清淤的同时准备了一些新工具和新内容。由于本书不追求宏大的叙事方式,也不刻意展示一种看上去环环相扣的整体结构,它反倒给我一种在细节上用功的自由。哲学史其实恰恰是由细节构成的。仅仅关注细节自然不免让人陷入只见树木而不见森林的境地,但不关注细节的哲学研究肯定是无法深入下去的,特别是当大部分人都出于这样或那样的原因而沉迷于宏观研究时,注重研究细节显得尤为重要。况且,关注细节之后我们还可以反过头来关注整体,我们也可以在关注细节时不忘使用整体的眼光。从细处着眼并向整体用力,始终是我遵循的原则。我相信,通过整体来解释细节与通过细节来解释整体的诠释学循环如果说不能完全突破的话,至少也是可以得到有效调整的。

然而,我并不希望我的解读是对过去了的哲学概念的外在铺排或简单再现,也不希望我的解读是一种无视哲学史逻辑的随意发挥。我始终认为,在研究哲学史时给想象力以一定的限制就像研究其他领域的历史一样重要和必要。先搞清对象"是什么",再问对象"为什么"以及对象对现在的我们和将来的我们"意味着什么",应当成为我的哲学史研究努力实现的目标。至于本书是否实现了这些目标,只有有兴趣的读者才能给出合适的判断。

解构和重构常常成为人们对待哲学史的两个极端策路。前者以解构主义为代表(德里达不愿意把他的工作称为理论和方法,而是称为策略),后者以建构主义为代表。而这两种"主义"一直是我多年研究的对象。但研究和应用常常不能混为一谈,就像研究宗教的人并不一定相信某种宗教一样。我是采取解构策略,还是采取重构策路?抑或两者兼而有之?我倾向于走中间道路,但根据对象的不同而给它们赋予不同的重要性。

本书构思于1986年夏天,它的各个部分则写于不同年份并且许多部分曾以单篇论文的形式呈现出来。本书只是我的工作的第一部分。为了体例上的一致,我对发表过的少数文章的标题和部分内容作了更改。我要感谢这些刊登文章的杂志是:

1.《我们需要什么样的哲学教育——评哲学教育的理念与危机》,载《探索与争鸣》2009年第8期

2.《"文化"释义的可能性》,载《复旦学报》1999年第5期

3.《"进步"概念的哲学重审》,载《复旦学报》2010年第1期

4.《"启蒙"概念及其张力》,载《学术月刊》2007年第10期

5.《"后现代"概念的哲学诠释》,载《复旦学报》2001年第3期

6.《隐喻诠释学:修辞学与哲学的联姻》,载《哲学研究》2004年第9期

7.《道德自我、道德情境与道德判断》,载《江苏社会科学》2005年第5期

8.《文本、间距化与解释的可能性》,载《学术界》2011 年第 11 期

9.《记号、符号及其效力》,载《复旦学报》2004 年第 3 期

10.《对海德格尔和列维纳斯的"死亡"概念的比较分析》,载《江苏行政学院学报》2007 年第 3 期

11.《世俗化与科学的诠释学因素》,载《世界哲学》2008 年第 1 期

12.《同名异释:德里达与列维纳斯的互动》,载《同济大学学报》2007 年第 5 期

13.《论笛卡尔的自我概念》,载《中国社会科学》1988 年第 5 期

14.《多重经验中的身体》,载《复旦学报》2012 年第 4 期

15.《科学、科学精神与人文精神》,载《学术月刊》2009 年第 11 期

16.《杜威教育哲学的当代意义》,载《江苏行政学院学报》2009 年第 5 期

17.《隐喻:翻译与诠释》,载香港中文大学哲学系编:《现象学与人文科学》第 2 期

最后,我要感谢复旦大学出版社对本书的接纳以及陈军先生的辛劳。此外,郝春鹏和周羽极为本书材料的汇编做了不少工作,在此我也要向他们表示谢意。

编 后 记

《哲学的追问——哲学概念清淤录之一》是汪堂家先生生前于2012年12月在复旦大学出版社出版的作品。这部作品汇集了先生在概念史、诠释学和实用主义方面的研究的主要成果，是先生在这些领域的学术思想的集中呈现。

先生于2014年4月去世以后，我们就着手编纂先生的文集，而《哲学的追问——哲学概念清淤录之一》无疑应成为文集的重要组成部分。经复旦大学出版社，特别是陈军老师的大力帮助，该书得以以再版形式进入文集。

先生为本书所设计的书名，体现了先生最初的打算，即后面继续撰写"哲学概念清淤录之二"甚至"之三"，然而天不假年，先生于2013年患病，大半年后去世，他的计划也极令人遗憾地没能实现。我们将本书收入文集时，出于整体编排考虑，将书名改为《哲学的追问——哲学概念清淤录》。

另外，原书的第一章是"'文化'释义的可能性"，在内容上与本文集另一部作品《生命的关怀——汪堂家伦理学文集》中的"文化的人生"一文在内容上有交叠，而原书的第五章"'自我'概念的奠基"与收入本文集的先生的博士论文《自我的觉悟》第三章在内容上有交叠，因此我们编纂文集时删去了这两章。除此之外，我们在本书编纂过程中，还根据文集的体例进行了重新编校。

感谢复旦大学出版社再版本书，尤其感谢陈军老师为本书收入文集所做的努力，以及在本书前后两版的编辑中所付出的大量心血！

吴　猛

2019年3月20日

图书在版编目(CIP)数据

哲学的追问:哲学概念清淤录/汪堂家著.—上海:复旦大学出版社,2019.6
(汪堂家文集.著述卷)
ISBN 978-7-309-13941-9

Ⅰ.①哲… Ⅱ.①汪… Ⅲ.①哲学理论-研究 Ⅳ.①B0

中国版本图书馆 CIP 数据核字(2018)第 212687 号

哲学的追问:哲学概念清淤录
汪堂家 著
责任编辑/陈 军

复旦大学出版社有限公司出版发行
上海市国权路 579 号 邮编:200433
网址:fupnet@fudanpress.com http://www.fudanpress.com
门市零售:86-21-65642857 团体订购:86-21-65118853
外埠邮购:86-21-65109143
上海盛通时代印刷有限公司

开本 640×960 1/16 印张 15.75 字数 201 千
2019 年 6 月第 1 版第 1 次印刷
印数 1—2 100

ISBN 978-7-309-13941-9/B·677
定价:48.00 元

如有印装质量问题,请向复旦大学出版社有限公司出版部调换。
版权所有 侵权必究